古典文獻研究輯刊

十　編

潘美月・杜潔祥　主編

第 18 冊

王靜安先生生平及其學術（下）

陳光憲　著

國家圖書館出版品預行編目資料

王靜安先生生平及其學術（下）／陳光憲　著－初版－台北
縣永和市：花木蘭文化出版社，2010〔民99〕
目 4+186 面；19×26 公分
（古典文獻研究輯刊 十編；第 18 冊）
ISBN：978-986-254-156-2（精裝）
1. 王國維　2. 傳記　3. 學術思想　4. 治學方法
782.884　　　　　　　　　　　　　　　　99001921

ISBN - 978-986-254-156-2

古典文獻研究輯刊
十　編　第十八冊　　　　　　　　ISBN：978-986-254-156-2

王靜安先生生平及其學術（下）

作　　者　陳光憲
主　　編　潘美月　杜潔祥
總 編 輯　杜潔祥
企劃出版　北京大學文化資源研究中心
出　　版　花木蘭文化出版社
發 行 所　花木蘭文化出版社
發 行 人　高小娟
聯絡地址　台北縣永和市中正路五九五號七樓之三
　　　　　電話：02-2923-1455／傳真：02-2923-1452
網　　址　http://www.huamulan.tw 信箱 sut81518@ms59.hinet.net
印　　刷　普羅文化出版廣告事業
初　　版　2010 年 3 月
定　　價　十編 20 冊（精裝）新台幣 31,000 元

王靜安先生生平及其學術（下）

陳光憲　著

目

次

第七章　王靜安先生之訓詁學

第一節　概　說

　　王靜安先生爲一代大儒，生平無論治任何一業，皆能深造自得，蓋得力於先生精通文字、聲韻、訓詁之故也。先生藉文字、聲韻、訓詁之綜合研究，以考證經史者甚多，於《觀堂集林》中處處可見，其中有關訓詁之專門研究者，以《爾雅草木蟲魚鳥獸釋例》之撰著、《方言》郭注例、聯綿字與詩書中成語之研究，最爲重要。

　　《爾雅》一書，爲溝通雅俗古今之名而作。黃季剛先生稱其爲「諸夏之公言」、「經典之常言」、「訓詁之正義」，然自〈釋草木〉以下，古今學者皆病其艱澀難讀。民國五年春，先生自日本返國，居上海，與沈曾植子培過從甚密，常往問古音韻之學。一日，沈氏曰：「棲霞郝氏《爾雅義疏》於詁言訓三篇皆以聲音通之，善矣！然草木蟲魚鳥獸諸篇，以聲爲義者甚多，昔人於此，似未能觀其會通，君盍爲部分條理之乎。」先生因得沈氏之啓發，遂於民國五年十二月撰成《爾雅草木蟲魚鳥獸釋例》一文。先生曰：「凡雅俗古今之名，同類之異名與夫異類之同名，其音與義恆相關。」由此可知先生所用之法，亦即訓詁學上「聲同義同」之證，故先生此例一出，《爾雅》之可讀者已過半矣，謂先生爲《爾雅》之功臣可也。

　　《方言》十三卷，相傳爲漢揚雄所撰。《方言》注解以郭璞爲最早，郭氏著書之目的，乃在於以己所知，以補方言之闕漏，其著書因晉音以注漢音，故於語音之創發，貢獻良多，吾人循此可瞭解漢晉音變遷之大略。靜安先生〈書郭注方言後〉三作，於郭氏方言注之闡發甚多，深具意義，由先生之著

述，吾人可瞭解漢晉方言之異同，并有音無字各詞之讀法。

「聯綿字」一詞，最早出現於宋代張有《復古編》，在此之前，一般學者均以「連語」稱之，近代聯綿字之研究，以先生開其端，著有《聯綿字譜》三卷，上卷爲雙聲之部，中卷爲疊韻之部，下卷爲非雙聲非疊韻之字。先生聯綿字之研究，首見於先生任北大研究所國學門通信導師所提「古文學中聯綿字之研究」一題中，其所下字義及研究方法，均爲後人所本，於聯綿字之研究頗具貢獻。

靜安先生於北大研究所之研究發題，有「詩書中成語之研究」一題，其目的在解六藝古籍難解之成語，示吾人以讀經之法，先生論六藝古籍難解之故有三：譌闕一也，古語與今語不同二也，古人頗用成語，其意義與其中單語分別之意義又不同三也。先生解成語之法爲比校法，其法亦有三：一、取詩書本文比校之，以求其意義；二、參之彝器銘文，以定其意義；三、旁徵故籍，以求相沿之意義。

訓詁者，訓釋故言也，其目的乃在於通古今之異語，本師林景伊先生認爲訓詁之用途，計有十二：一、溝通名詞之不同，二、明瞭語意之變遷，三、探究語言之根源，四、通曉聲韻之變轉，五、明辨文字之異形，六、窮究假借之關係，七、曉悟古今之異制，八、瞭解師說之不一，九、校勘古書之訛奪，十、考求古義之是非，十一、明曉語法之改易，十二、辨析語詞之作用。

靜安先生貫通文字、聲韻、訓詁之學，應用小學以解金石彝器、經學、史學者甚多，爾雅釋例等之撰著爲先生訓詁學之重要研究，以下分四節論述之，以明先生於此學之貢獻。

第二節　《爾雅草木蟲魚鳥獸釋例》

《爾雅》一書，爲通雅俗古今之名而作，然自〈釋草木〉以下，古今學者，皆苦於艱澀難讀，自先生《釋例》一出，而可讀者已過半矣。先生自序曰：

> 丙辰春，復來上海，寓所距方伯居頗近，暇輒詣方伯談。一日，方伯語余曰：「棲霞郝氏《爾雅義疏》於〈詁〉、〈言〉、〈訓〉三篇皆以聲音通之，善矣。然〈草〉、〈木〉、〈蟲〉、〈魚〉、〈鳥〉、〈獸〉諸篇，以聲爲義者甚多，昔人於此似未能觀其會通；君盍爲部分條理之乎？」又曰：「文字有字原、有音原，字原之學由許氏《說文》以上溯殷周古文止矣，自是以上我輩不獲見也。音原之學，自漢魏以溯

諸群經《爾雅》止矣，自是以上我輩尤不能知也。明乎此，則知文字之孰爲本義，孰爲引申、假借之義，蓋難言之，即以《爾雅》權輿二字言，〈釋詁〉之『權輿，始也』、〈釋草〉之『其萌虇蕍』，〈釋蟲〉之『蠸輿父守瓜』，三實一名。又〈釋草〉之『權黃華』，〈釋木〉之『權黃英』，其義亦與此相關。故謂權輿爲虇蕍之引申可也，謂蠸蕍、虇蕍即用權輿之義以名之可也，謂此五者同出於一不可知之音原，而皆非其本義，亦無不可也。要之，欲得本義，非綜合其後起諸義不可，而亦有可得有不可得，此事之無可如何也。」余感是言，仍思爲《爾雅聲類》以觀其會通，然部分之法，輒不得其衷。蓋但以喉、牙、齒、舌、脣分類，則合於《爾雅》之義例，而同義之字聲音之關係讀之若不甚顯；若以字母分之，聲音之關係顯矣，然古之字母有幾，又某字當屬某母，非由魏晉六朝之反切以溯諸漢人讀爲、讀若之字，及諸經傳之異文、篆文、古文之形聲，無由得之。即令假定古音爲若干母，或即用休寧戴氏古二十字母之說，以部分《爾雅》，則又破《爾雅》之義例。蓋古字之假借、轉注恒出入於同音諸母中，又疑、泥、來、日、明諸母，字雖不同，音亦互相出入。若此者，《爾雅》既類而釋之，今欲類之，而反分之，顛倒孰甚，因悟此事之不易，乃略推方伯之說，爲《爾雅草木蟲魚鳥獸釋例》一篇，既以「釋例」名，遂併其例之無關音聲者亦並釋之。雖未必能盡方伯之意，然方伯老且多疾，未可強以著書，雖以不佞犬馬之齒弱於方伯者且二十寒暑，然曩者研求古字母之志，任重道遠，間以人事，亦未敢期以必償。而方伯音學上之絕識，與余一得之見之合於方伯者，乃三百年來小學極盛之結果。他日音韻學之進步，必由此道。此炎炎小冊者，其說誠無足觀，然其指不可不記也。

　　先生民國四年春歸自日本，返里掃墓，曾謁沈方伯曾植於上海麥根路寓廬，質古音韻之學。民國五年返國之後，居上海，更與沈氏過從甚密，民國五年十二月，先生撰成《爾雅草木蟲魚鳥獸釋例》一文，實沈氏有以啓之。序中所言之「音原」，亦即訓詁學上所謂之「語根」。先生之《爾雅釋例》計有十四條：

　　（一）釋雅以俗。

　　（二）釋古以今。

　　（三）草木蟲多異名，故釋以名。

（四）獸與畜罕異名，故釋以形。

（五）雅與雅同名而異實，則別以俗。

（六）俗與俗異名而同實，則同以俗。

（七）雅與雅異名而同實，則同以俗。

（八）雅與俗同名而異實，則各以雅與俗之異者異之。

（九）雅與俗異名而同實，則各以其同者同之。

（一〇）凡雅俗多同名而稍變其音。

（一一）凡俗名多取雅之共名，而以其別名別之。

（一二）同類之異名與異類之同名，其音與義往往相關。

（一三）同類之異名，其關係尤顯於奇名。

（一四）異類之同名，其關係尤顯於偶名。

後先生又刪訂之，爲文二篇，載之《觀堂集林》卷五，較初稿尤爲精密。其上篇曰：

> 物名有雅俗，有古今，《爾雅》一書，爲通雅俗古今之名而作也。其通之也謂之釋，釋雅以俗，釋古以今，聞雅名而不知者，知其俗名，斯知雅矣。聞古名而不知者，知其今名，斯知古矣。若雅俗古今同名，或此有而彼無者，名不足以相釋，則以其形釋之。草木蟲魚鳥多異名，故釋以名；獸與畜罕異名，故釋以形。凡雅俗古今之名，或同實而異名，或異實而同名。雅與雅同名而異實，則別以俗（如葝山蘢鼠尾之類）。俗與俗異名而同實，則同以雅（如薜山蘄薜白蘄之類）。雅與雅異名而同實，則同以俗（如櫬木堇、椴木堇之類）。或雅與俗同名異實，則各以雅與俗之異者異之。雅與俗異名同實，則各以其同者同之（如荼苦菜蕒苓荼鵹黃楚雀倉庚黧黃也之類）。凡雅俗多同名而稍變其音（如萑蓷粢稷之類）。凡俗名多取雅之共名，而以其別別之。有別以地者，則曰山，曰海，曰河，曰澤，曰野；有別以形者，形之最著者曰大小，大謂之荏，亦謂之戎，亦謂之王；小者謂之叔，謂之女，謂之婦，婦謂之負。大者又謂之牛、謂之馬、謂之虎、謂之鹿。小者謂之羊、謂之狗、謂之兔、謂之鼠、謂之雀。有別以色者，則曰皤、曰白、曰赤、曰黑、曰黃。以他物譬其色，則曰蕢、曰烏。有別以味者，則曰苦、曰甘、曰酸。有別以實者，則草木之有實者曰母，無實者曰牡，實而不成者曰童。此諸俗名之共名，皆雅名也。是故雅名多

別，俗名多共，雅名多奇，俗名多偶，其他偶名皆以物德名之。有取諸其物之形者（如垂比葉舲九葉之類），有取諸其物之色者（如夏扈竊玄之類），有取諸其物之聲音（如蜇蜻蜻之類），有取諸性習者（如皇守田壤醫桑之類），有取諸功用者（如箭王彗藺蘆之類），有取諸相似之他物者，或取諸生物（如苐蒕豕首之類），或取諸成器（如鸍綬経履之類），其餘或以形狀之詞，其詞或爲雙聲（如薢茩英芺類蕭蘁之類），或爲叠韻（如茋蒩蓲芌熒之類），此物名之大略也。

胡樸安《中國訓詁學史》，本王靜安先生之說，析爲十四例，茲列之如下：

（一）雅與雅同名而異實，則別以俗。如櫬：木堇（草），櫬：梧（木）之類。「櫬」「櫬」同名，一爲草，一爲木，而以俗名之「木堇」「梧」別之。

（二）俗與俗異名而同實，而同以雅。如杜：甘棠，杜：赤棠之類。「甘棠」「赤棠」實同而名不同，則以雅名之「杜」同之也。

（三）雅與雅異名而同實，則同以俗。如櫬：木堇，椴：木堇之類。「櫬」「椴」實同而名不同，則以俗名之木堇同之也。

（四）雅與俗同名異實，則各以雅與俗之異者異之。如荼：苦荼。「蔈」芺：荼。雅名之荼與俗名之荼，實不同而名同。雅名之荼，俗名爲苦荼。俗名之荼，又名蔈，又名芺。則以「苦荼」、「蔈」、「芺」異之也。

（五）雅與俗異名同實，則各以其同者同之。如鵹黃：楚雀，倉庚：鵹黃之類。雅名之倉庚與俗名之楚雀，實同而名不同，則以鵹黃之名同之也。

（六）雅俗多同名，而稍變其音，如倉庚、商庚之類。倉、商叠韻。

（七）俗名多取雅共名，而以地別之。別之以山者，如雚：山韭。別之以海者：如薄：海藻。別以河者，如檉：河柳。別以澤者，如旄：澤柳。別以野者，如白華：野菅之類。

（八）俗名多取雅之共名，而以形別之。形之最著者曰大小：如洗、大棗。鱮、小魚之類。大謂之荏，亦謂之戎，如荏叔謂之戎菽之類。又謂之王，如蟒：王蛇之類。又謂之牛，如菩：牛藻之類。又謂之馬，如葴：馬藍之類。又謂之虎，如蒤：虎杖之類。又謂之鹿，如藺：鹿藿之類。小亦謂之叔，如鮥：叔鮪之類。又謂之女，如女蘿：菟絲之類。又謂之婦，如鱓鮂：鱥婦之類。又謂之負，如艸蟲：負蠜之類。又謂之羊，如遵：羊棗之類。又謂之狗，如蘩：狗毒之類。又謂之兔，如蒩：兔葵之類。又謂之鼠，如蓳：鼠莞之類。又謂之雀，如蘦：雀麥之類。

（九）俗名多取雅之共名，而以色別之。有別以皤者，繁：皤蒿之類。有別
以白者，如芑：白苗之類。有別以赤者，如虋：赤苗之類。有別以黑者，
如秬：黑黍之類。有別以黃者，黃蕵之類。有別以他物譬其色者，如葍：
藑茅，澤：烏蕵之類。

（十）俗名多取雅之共名，而以味別之。有別以苦者，如荼：苦荼之類。有
別以甘者，如杜：甘棠之類。有別以酸者，如樲：酸棗之類。

（十一）俗名多取雅之共名，而以有實無實別之，有實者曰母，如莔：貝母
之類。無實者曰牡，如薜：牡贊之類。實而不成者曰童，如稂：童梁
之類。

（十二）以俗名釋雅名，而以物之德名之，有取諸其物之形者，如溓：委葉。
輔：小木之類。有取諸其物之色者，如夏扈：竊玄之類。有取諸其物
之聲音，如宵扈：嘖嘖之類。有取諸性習者，如皇：守田之類。有取
諸功用者，如荓：馬帚之類。

（十三）以俗名釋雅名，而以與他物相似之形名之。有取諸生物者，如蟧：
白魚之類。有取諸成器者，如剫：鰽刀之類。

（十四）以俗名釋雅名，而以雙聲、疊韻名之。有取諸雙聲者，如蔈藜：蜘
蛆之類。有取諸疊韻者，如果蠃：蒲盧之類。

物名之中，同類異名、異類同名，其音義皆有相互之關係，此雖屬語言學之
範圍，然亦可作爲訓詁學聲同義同之旁證，靜安先生於《爾雅草木蟲魚鳥獸
釋例》下篇中言之至詳。其言曰：

凡雅俗古今之名，同類之異名與夫異類之同名，其音與義恆相關。同
類之異名，其關係尤顯於奇名；如〈釋草〉：苹莽、其大者蘋苕、陵
苕、黃華蔈、白華茇、蒹薕、葭蘆、菼薍、菓芩茶、菻蘺芀。〈釋蟲〉：
食苗心螟、食根蟊。〈釋名〉：鯤，大鯛，小者鮵。〈釋鳥〉：烏鼠同穴，
其鳥爲鵌，其鼠爲鼵。苹與蘋、蔈與茇、薕與蘆薍、螟與蟊、鯛與鮵、
鵌與鼵，皆一聲之轉，此不獨生物之名然也。〈釋宮〉：樴，大者謂之
栱，長者謂之閣，栱閣一聲之轉也。廟中路謂之唐，堂途謂之陳，唐
途陳皆一聲之轉也。二達謂之歧旁，三達謂之劇旁，四達謂之衢，八
達謂之崇期，九達謂之逵。歧、劇、衢、期、逵，皆一聲之轉也。

〈釋器〉：輿革前謂之鞎，後謂之第，竹前謂之禦，後謂之蔽。鞎與
禦、第與蔽，皆一聲之轉也。

〈釋天〉：天氣下地不應曰雺，地氣發天不應曰霧，霧謂之晦。雺霧晦，亦一聲之轉也。

〈釋丘〉之重厓岸，〈釋山〉之重巘隒，厓岸巘隒四者皆一聲之轉也。又如〈釋山〉之多大石磝，多小石礐；〈釋水〉之川注溪曰谷，注谷曰溝，注溝曰澮，大波爲瀾，小波爲淪。磝礐谷溝澮瀾淪，亦皆一聲之轉，其餘仿此，蓋其流期於有別，而其源不妨相通，爲文字變化之通例矣。

異類之同名，其關係尤顯於偶名。如〈釋草〉：果蠃之實栝樓。〈釋蟲〉：果蠃蒲盧，案果蠃、果蠃者，圓而下垂之意，即易雜卦傳之果蓏，凡在樹之果與在地之蓏，其實無不圓而垂者，故物之圓而下垂者，皆以果蓏名之。栝樓亦果蠃之轉語，蜂之細腰者，其腹亦下垂如果蓏，故謂之果蠃矣。

又〈釋草〉：虉薞葍。案薞葍長意，郭璞說薞葍云：其葉似蒲而細，是長葉之草。又〈釋天〉之螮蝀，其字從虫，本是蟲名，沈方伯說以莊子蝍蛆甘帶之帶，虹形如帶，故以螮蝀名之，是螮蝀、薞葍亦語之轉矣。

又〈釋草〉葵蘆萉，〈釋蟲〉蜚蠦蜰。案蘆萉、蠦蜰乃符婁、蒲盧之倒語，亦圓意也。蘆萉根大而圓，蜰形亦楕圓如蘆萉，故謂之蠦蜰，後世謂之負盤，亦以此矣。

又〈釋草〉：薢茩芵茪，薐掫擩。案薢茩、芵茪、掫擩皆有圭角之意。薢茩，郭注以決明釋之，決明秋生，子作角，而薐亦有角，故得芵茪掫擩之名，薐之一名薢茩，亦以此矣。又草之蒩蔨、苗脩，木之柚條。蒩蔨、苗脩、柚條，皆有抽達攸長之意，故得此名。

又〈釋草〉：蘄茝，蘪蕪，虉馬，羊齒。〈釋木〉：木髦、柔英。〈釋蟲〉：蠓、蟻蠓。案蘪蕪、虉馬以下皆有小意。郭注云：蘪蕪葉小如蔓狀。又云：虉馬草細葉羅坐而毛有似羊齒，是二者皆小草，草之小者曰蘪蕪，曰虉馬，木之柔者曰木髦，蟲之小者曰蟻蠓，鳥之小者亦曰虉鱉（《毛傳》虉鱉小鳥貌），殆皆微字之音轉。〈釋天〉：小雨謂之霡霖，亦同語之轉也。又〈釋草〉：芄、符離。〈釋木〉：瘣木、符婁。〈釋蟲〉：果蠃、蒲盧。〈釋木〉：蚹蠃、蟠蝓。案符離、符婁、

蒲盧、蚹蠃,皆有魁瘣擁腫之意。又物之突出者,其形常圓,故又有圓意。茪之名符離,以其首有臺也。瘣木之名符婁,以其無枝而擁腫也。又蒲盧之腹與蚹蠃之甲,皆有魁壘之意,故四者同名。〈釋詁〉:毗劉、暴樂也。毗劉、暴樂皆符婁之轉語,其義亦由是引申矣。

又〈釋草〉:蓬薚,馬尾。〈釋蟲〉:王蛈蜴。案蓬薚、蛈蜴皆有值當之意。《說文》薚,艸枝枝相值葉葉相當。昆蟲之足亦無不相當者,故均得此名矣。

又〈釋草〉:其萌虇蓄。〈釋蟲〉:蠸輿父守瓜。〈釋詁〉:權輿,始也。案權及權輿皆本黃色之名。〈釋草〉:權黃華,〈釋木〉:權黃英,其證也。蟲之蠸輿父,注以為瓜中黃甲小蟲,是凡色黃者謂之權,長言之則為權輿矣。余疑權即黰之初字,《說文》:黰,黃黑色也。《廣雅》:黰,黃也。今驗草木之萌芽無不黃黑者,故蒹葭之萌謂之虇蓄,引申之則凡草木之始。《逸周書》文酌解一幹勝權輿,《大戴禮·誥志篇》百草權輿是也。又引申為凡物之始,《詩·秦風》不承權輿,《逸周書·日月解》日月權輿是也。始之義行,而黃之義廢矣。

又〈釋草〉:終葵繁露,中馗菌。案終葵中馗皆椎之音變。《考工記·玉人》注:齊人謂椎曰終葵。終葵,大莖小葉,菌端有蓋,皆與〈玉人〉之大圭杼上終葵首相似,故皆得此名。

又〈釋草〉:菟奚顆涷。〈釋魚〉:科斗活東。案顆涷,科斗、活東(活讀如括)皆有活動圓轉之意,如唐宋人言筋斗,今言跟兜矣。

又〈釋木〉:諸慮山櫐。〈釋蟲〉:諸慮奚相。諸慮猶言支離。《莊子·養生主》云:支離疏者,頤隱於齊,肩高於頂。支離疏三字,即諸慮之長言矣。又〈釋蟲〉:螾衝入耳。〈釋魚〉:蚹蠃蜬蝓。〈釋鳥〉:鼯鼠夷由。案螾衝、蜬蝓、夷由,皆緩行之意。《楚辭·湘君》:君不行兮夷猶。王逸注:夷猶,猶豫也。螾衝、蚹蠃,其行皆緩,鼯鼠五技而窮,故皆得此名矣。

又〈釋蟲〉:蒺藜蚏蛆,次蟗鼅鼄。〈釋魚〉:鼊鼄蟾諸。案蚏蛆、次蟗、鼅鼄、鼊鼄、蟾諸,亦皆緩行之意,即易其行次且之轉語,蚏蛆多足,次蟗、鼊鼄皆碩腹而行緩,故得此名。

又〈釋蟲〉:蟋蟀蛬蜻蟊蚣蟵蠮蛸長踦。案:蟋蟀、蚣蟵、蠮蛸皆細

長之意，皆以蟲足名之。〈上林賦〉：紛溶箾蔘。箾蔘亦此語之轉，則謂草木之細長矣。

又〈釋蟲〉：螒天雞。〈釋鳥〉：鶾天雞。案螒鶾即易翰音登于天之翰，謂其鳴長也。翰音之物，以雞爲最著，故又謂之天雞矣。

其餘如〈草〉有茮藡，〈蟲〉有蛾蠬，〈草〉有蘢天蕍，〈鳥〉有鸄天鶌，〈草〉有苬莖藸，〈木〉有味莖著，〈草〉有落麋舌，〈鳥〉有鴿麋鴰，〈木〉有密肌繼英，〈鳥〉有密肌繫英。今雖不能言其同名之故，要其相關必自有說，雖其流期於相別，而其源不妨相同。古人正名百物之意，於此亦略可睹矣。

由先生之所證，可見古昔命物之名，皆有其聲韻之關係，且「聲」之關聯尤多於「韻」之關聯，由此可知《爾雅》雖爲義書，仍當以聲韻爲其關鍵。

第三節　《方言》郭注的研究

《方言》十三卷，全名《輶軒使者絕代語釋別國方言》，相傳爲漢揚雄所撰，其著書動機及經過，具見於與劉歆往返之書信中。歆〈與雄書〉云：

三代周秦軒車使者，道人使者，以歲八月巡路，求代語，僮謠，歌戲，欲得其最目，因從事郝隆求之有日，篇中但有其月，無見其文者，歆先君數爲孝成皇帝言：當使諸儒共集訓詁，《爾雅》所及，五經所詁，不合《爾雅》者，詁鞼爲病，及諸經氏之屬，皆無證據，博士至以窮世之博學者，偶有所見，非徒無主而生是也。……屬聞子雲獨采先代絕言，異國殊語，以爲十五卷，其所解略多矣，而不知其目。……今謹使密人奉手書，願頒與其最目，得使入錄。

雄〈答歆書〉云：

雄少不師章句，亦於五經之訓所不解，嘗聞先代輶軒之使，奏籍之書，皆藏於周秦之室，及其破也，遺棄無見之者，獨蜀人有嚴君平（憲案君平本姓莊，避漢顯帝諱，改曰嚴君平），臨邛林閭翁孺者，深好訓詁，獨見輶軒之使所奏言，……君平有千言耳，翁孺梗概之法略有。……雄爲郎之歲，自奏少不得學，而心好沈博絕麗之文，願不受三歲之奉，且休脫直事之繇，得肆心廣意以自克就，有詔可不奪奉，令尚書賜筆墨錢六萬，得觀書於石室，……遂得盡意，故

天下上計孝廉，及内郡衛卒會者，雄常把三寸弱翰，齎油素四尺，
以問其異語，歸即以鉛摘次之於槧，二十七歲於今矣。……即君必
欲脅之以威，陵之以武，欲令入之於此，此又未定，未可以見，今
君又終之，則縊死以從命也。而可且寬假延期，必不敢有愛，雄之
所爲，得使君輔於明朝，則雄無恨，何敢有匿，唯執事圖之。

揚雄書中以書之未成未定爲辭，甚且以「縊死以從命」堅拒劉歆之請，可見
其對本書之珍視，亦可由此略窺其著書之經過及其著作之方法，書中云：「常
把三寸弱翰，齎油素四尺，以問其異語，歸即以鉛摘次之於槧。」其所應用
調查方言之法與現代語言研究之記音工作，可謂不謀而合者也。《四庫提要》
云：「疑雄本有此未成之書，歆借觀而未得，故《七略》不載，《漢志》亦不
著錄。」此言洵然。

　　《方言》之注解以郭璞爲最早。《晉書・郭璞傳》曰：「璞好古文奇字，
注釋《爾雅》，別爲《音義圖譜》，又著《三倉》、《方言》皆傳於世。」郭璞
《方言》注自序曰：「余少玩雅訓，旁味方言，復爲之解，觸事廣大，演其未
及，摘其謬漏，庶以燕石之瑜，補琬琰之瑕，俾後之瞻涉者，可以廣寤多聞
爾。」由此可窺郭氏著書之目的，乃在於以己之所知，以補方言之闕漏。其
著書因晉音以注漢音，故於語音之創發，貢獻良多，吾人可循此求得漢晉語
音變遷之大略，郭氏可謂揚雄之知音、《方言》之功臣也。

　　靜安有〈書郭注方言後一〉、〈書郭注方言後二〉、〈書郭注方言後三〉之
撰者，頗能闡發郭注方言語音學之貢獻。羅常培〈方言校箋及通檢序〉云：

　　從景純的注，可以看出漢晉方言的異同，和有音無字的各詞的讀法，
　　可是假若沒有靜安的闡發，郭注的優點恐怕也不能像現在這樣顯
　　著。（羅常培《語言學論文選集》）

羅常培之言，可謂的論。揚雄之後，郭璞可謂揚氏之知音；郭璞之後，靜安先
生又爲郭氏之知己。是以吾儕讀子雲書，可知漢時方言，讀景純注，并可知晉
時之方言。晉時方言較子雲時已有變遷，故郭注往往廣子雲之說，其例有二：
一、廣地。二、廣言。廣地又分之爲二：（一）漢時一方之言，至晉時爲通語。
（二）漢時此方之言，晉時或見於彼方。廣言亦分之爲二：（一）今語雖與古語
同，而其義廣狹迥異，或與之相涉者亦著之。（二）今語之異於古者，亦記之以
廣異語。此二例皆先生所證明，準此以讀《方言》，則易於入門，怡然而理順矣。

　　靜安先生〈書郭注方言後〉分例甚詳，胡樸安《中國訓詁學史》本先生

之說，求得其條例有六，由此可窺先生於此學之貢獻。其例如下：

（一）漢時之語音與晉同。如卷一好，自關而東，河濟之間謂之媌。注今關西人呼好爲媌，莫交反。莫交反之音，此音晉時關西之語，而漢時關東之語，亦從可知矣。又「虔」、「劉」、「慘」、「掄」，殺也。注今關西人呼打爲掄，音廩，或洛感反。此音關西呼打之掄。而本文之掄，亦從可知矣。卷二遽，吳揚曰茫，注今北方通然也，莫光反。此音晉時北方通語之茫，而漢時吳揚之茫之音，亦從可知矣。又獪，楚鄭曰蔿，或曰婚，注言點婚也。今建平呼狡爲婚，胡刮反。此亦音晉建平人所呼之婚，而漢時楚鄭之婚之音，亦從可知矣。

（二）漢時之語音與晉微異。如卷三豐，注舊音蜂，今江東音嵩，字作崧也。又軫，戾也。注謂了戾。江東音善。卷八朝鮮洌水之間，爵子及雞雛皆謂之鷇。注恪遘反。關西曰鷇，音顧。卷十荊之南鄙謂何爲曾，又或謂之訾。注今江東人語亦云訾，爲聲如斯。又諜，不知也。注音癡眩，江東曰咨，此亦如聲之轉也。卷十一蟬，其小者謂之麥蚻。注今關西呼麥蠽，音癰蠽之蠽。是景純注《方言》，全以晉時語爲根據。而有時與漢微異也。

（三）漢時一方之言至晉爲通語。如卷一慧，楚或謂之譎，注他和反，亦今通語。又好，趙魏燕代之間曰姝，注昌朱反。今四方通語。卷二好，青徐海岱之間曰釥，或謂之嫽。注今通呼小姣潔喜好者爲嫽釥。又遽，吳揚曰茫，注今北方通然也，莫光反。卷三凡草木刺人，江湘之間謂之棘，注《楚詞》曰曾枝剡棘，亦通語耳，音己力反。又凡飲藥傅藥而毒，東齊海岱之間謂之瞑，或謂之眩，注瞑眩亦今通語耳。又南楚物空盡者曰鋌，鋌，賜也，注亦中國之通語也。卷五牀，其杠，南楚之間謂之趙。注趙當作桃，聲之轉也，中國亦呼杠爲桃牀，皆通語也。卷六視，吳揚曰眒，注今中國亦云目眒，此皆漢時一方之語，景純時見爲通語也。

（四）漢時此方之言，晉時見于彼方。如卷一好，自關而東，河濟之間謂之媌，注今關西人呼好爲媌，莫交反。又平原謂啼極無聲謂之唴哴，注哴音亮，今關西語亦然。又跳，楚曰蹠，注勑勵反，亦中州語。又獪，楚鄭或曰婚，注今建平人呼婚，胡刮反。卷三雞頭，北燕謂之莥，注今江東亦呼莥耳。又凡草木刺人，北燕朝鮮之間，或謂之壯，注今淮南人亦呼壯。卷四幏，自關而東，或謂之襈，注音碑，今關西語然也。卷五甐，陳楚宋衛之間，或謂之櫼，注今江東呼勺爲櫼，音義。又甖，靈桂之郊謂之瓵，注今江東呼大瓮爲瓵。凡此皆漢時一方之語，景純時見于彼方者也。

　　（五）古今語同而義之廣狹迴異。如卷一掛殺也，注關西人呼打爲掛。又凡物盛多謂之寇，注今江西有小甍，其多無數，俗謂之寇甍。又相謁而餐，秦晉之際，河陰之間曰饋餾，注今關西人呼食欲飽曰饋餾。卷二氊，燕之北郊，朝鮮洌水之間曰葉輸，注今名短度絹爲葉輸也。卷三燕齊之間，養馬者謂之娠，注今之溫厚也，音振。又庸謂之倯，注倯猶保倯（即保傭）。今隴右人名孃爲倯，相容反。卷四袴，齊魯之間，或謂之襱，注今俗呼袴踦爲襱，音銅魚。卷五箸筩，自關而西，謂之桶稜，注今俗亦呼小籠爲桶稜，音籠冠，稜、蘇勇反。又僉，宋魏之間，或謂之度，注今江東呼打爲度，音量度也。卷六掔，楚謂之紉，注今亦以線貫針爲紉，音刃。卷七吳越之間，凡貪飲食者謂之茹，注今俗呼能鱺食者爲茹，音勝如。卷十三笮，析也，析竹謂之笮，注今江東呼篾竹裏爲笮。此皆漢晉語同而義稍異者也。

　　（六）義之廣狹同而古今語異。如卷二，逞苦了快也，下注今江東人呼快爲煊，相緣反。卷三東齊之間，壻謂之倩，注言可借倩也，今俗呼女婿爲卒便。又蘇，芥草也，下注或言萊也。又蘇亦荏也，注今江東人呼荏爲蓍，音魚。又豐蕘蕪菁也，下注今江東名爲溫菘。又膠譎詐也，下注汝南呼欺爲譎詑，他回反，亦曰詒，音殆。又氾浼濶洼涔也，下注荊州呼潢也。卷四襜褕，自關以東謂之襤褸，注俗名裾掖，音倔。又衿糯謂之禪，注今又呼爲涼衣也。又繞衿謂之帬，注俗人呼接下，江東又名下裳。又褕褣謂之袖，注江東呼椀，音婉。卷五甌，下注涼州呼銹炊。奧，下注江東呼淅籤。舀，下注江東又呼鍫刃爲鑒，普篾反。槪，下注今江東呼都。又簟，下注江東呼蓬篨爲籧，音廢。簜，下注江東呼箮，音麁。卷八北燕朝鮮洌水之間，謂伏雞曰菢，注江東呼蓲，央富反。凡此同實而漢晉語相異者也。

第四節　聯綿字研究

　　「聯綿字」一詞，最早見於宋代張有《復古編》，在此之前，一般學者均以「連語」稱之，如賈誼《新書》有連語篇。近代以來「聯綿字」之研究，以靜安先生開其端，後之學者莫不受先生之影響。

　　民國十一年，北京大學研究所國學門成立，函聘先生爲通信導師，先生所提之研究問題中有「古文學中聯綿字之研究」一題，其說明曰：

　　　　聯綿字，合二字而成一語，其猶一字也。前人《駢雅》、《別雅》諸

書，頗以義類部居聯綿字，然不以聲爲之綱領，其書蓋去類書無幾耳。此類複語，其變化不可勝窮，然皆有其公共之源，如風曰霽發，泉曰霽沸，跋扈曰畔援，廣大曰伴奐，分散曰判奐，字雖不同，其聲與義各有其相通之處。又如雨之小者曰霢霂，草之小者曰蘪蕪，曰綿馬，木之柔者曰木髦，蟲之小者曰蠛蠓，狀草木之細密曰覭髳，狀鳥之小者曰綿蠻，殆皆與微字之音義相關。辭賦既興，造語尤夥：乃至重疊用之，如《離騷》：須臾、相羊，見於一簡之中；〈上林賦〉：「滈測泌瀄，愊呀豁閜」，疊於一句之內，其實爲一語之變化也。若集此類之字，經之以聲，而緯之以義，以窮其變化，而觀其會通，豈徒爲文學之助，抑亦小學上未有之事業歟！

其後有學生何之兼、李滄萍、郝立權、安文溥、王盛英五人問治聯綿字之途徑。先生復書曰：

一、聯綿字取材之處，須遍四部，先以隋以前爲限，好在五君共同研究，可以分擔經史子集四部。就一部分中，每閱一書，即將其中聯綿字記出（並記卷數，以便再檢。），其有類似聯綿者，亦姑記之。後再增刪，彙集、分類。二、分類之法，擬分雙聲字爲一類，疊韻字爲一類，其非雙聲、疊韻者，又爲一類。雙聲字以字母爲次（古音字母不過二十餘，不妨借用三十六字母。），疊韻字以《廣韻》爲次，其非雙聲疊韻者，則以第一字之聲或韻爲次。而一字母又以其音義最近者互相繫連，則可以觀其會通矣。三、漢魏人經注中字與《爾雅》、《方言》、《釋名》、《廣雅》、《說文》中字，任經部者兼之，金石文字（漢魏以前者），任史部者兼之。《史記》、《漢書》中所載古賦，與《文選》往往有異同，亦須兼采。子部中如高誘《呂覽》《淮南》注亦可采入。集部于《楚辭》《文選》外，可參考上古三代秦漢文。

靜安先生遺著有《聯綿字譜》三卷，爲未完成稿，上卷爲雙聲之部，中卷爲疊韻之部，下卷爲非雙聲非疊韻之字。儲皖峯〈王靜安先生著述表〉云：「此稿原無名稱，今日係羅氏所訂。」先生字譜如下：

一、聯綿字譜上　雙聲之部

（一）影

夭夭、喓喓、燕燕、悠悠、暿暿、雖雖、雍雍、靡靡、殷殷、慇慇、養

養、猗猗、晏晏、瀊瀊、厭厭、悁悁、沃沃、蜎蜎、呦呦、嚶嚶、依依、央央、淵淵、幽幽、溫溫、哀哀、彧彧、泱泱、抑抑、英英、藹藹、優優、翁翁、愔愔、愊愊、甬甬、頵頵、焆焆、媕媕、夬夬、乙乙、窈窈、偋偋、鬱鬱、曖曖、婉婉、闇闇、淫淫、洋洋、懮懮、杳杳、郁郁、淑淑、幽閒、厭浥、隱憂、踊躍、燕婉、宴婉、薈蔚、伊威、鴛鴦、悠遠、悒邑、晏安、鬱湮、鬱攸、薏苢、蓃薁、熅鬱、蚴蚪、鬱悠、噎嗌、殗殜、諉與、阿與、蚴蜕、悠闇、夭閼、隱約、暗醃、偃佽、鬱閼、嫗掩、歔唈、鬱塷、鬱邑、晻藹、幽隱、禍袂、於邑、菸邑、喔㘅、萎約、萎黃、渥洽、壓桉、霧靄、夭隱。

（二）喻

㴱㴱、泄泄、洋洋、搖搖、陽陽、唯唯、翼翼、奕奕、愈愈、燿燿、蛇蛇、與與、昀昀、弈弈、營營、逸逸、炎炎、驛驛、繹繹、猶猶、油油、刈刈、愉愉、粥粥、融融、洩洩、遙遙、郁郁、怡怡、由由、悻悻、盼盼、迆迆、庸庸、噫噫、淫淫、眴眴、游游、旒旒、儵儵、禩禩、歊歊、懇懇、瀯瀯、蚈蚈、延延、遺遺、育育、芸芸、役役、于于、俞俞、容容、雄雄、形容、逸豫、由裕、猷裕、淫泆、說懌、夷懌、熠燿、游衍、猶與、淫液、踰越、洋溢、餘裕、由胡、銚芅、蜲蜦、虒蜦、夷由、歔瘉、盈溢、姚易、葉榆、倚佯、蚰蜒、蟓蜒、姚遠、姚冶、喬宇、愉佚、粵宛、姚佚、容與、溶與、泆陽、愉綖、炫燿、眩曜、冶田、淫遊、猶豫、夷猶、淫溢、搖悅、遠遙、揄揚。

（三）曉

嗃嗃、嘻嘻，虩虩、休休、薨薨、烋烋、瀧瀧、渙渙、曉曉、許許、赫赫、譀譀、滃滃、嘼嘼、好好、熏熏、欣欣、訴訴、忻忻、顯顯、翻翻、憲憲、謔謔、熇熇、訏訏、譆譆、恤恤、囂囂、昏昏、惛惛、嘐嘐、憘憘、寣寣、臽臽、歊歊、栩栩、覰覰、畜畜、暖暖、睢睢、洶洶、馨香、戲謔、孝享、慌惚、荒忽、恍惚、惚恍、悅忽、煮蒿、懽欣、欣驩、昏忽、吸呷、胅響、哮虖、脅閱、噓吸、儵忽、謹譁、陰隘、歊欿、緯繣、赫戲、險巇。

（四）匣

啞啞、浩浩、桓桓、爰爰、檻檻、閑閑、煌煌、韒韒、喤喤、鞈鞈、湝湝、黃黃、翯翯、潰潰、屆屆、行行、混混、皞皞、鞙鞙、皓皓、旰旰、雖

堆、猴猴、昇昇、滔滔、渾渾、眴眴、唯唯、睕睕、云云、瀚瀚、遑遑、顯顯、玄黃、萑葦、藿葦、榮懷、和諧、龢龤、睍睆、邂逅、回遹、隤穨、潢汗、和協、閒暇、營惑、晧旰、戢戞、謏髍、萑薈炫煌、扈冶、浩洋、榮華、眩曜、炫燿、炫曜、沆瀣、潢洋。

（五）見

蹇蹇、夬夬、蟨蟨、耴耴、關關、喈喈、赳赳、耿耿、彊彊、孑孑、活活、揭揭、杲杲、膠膠、瞿瞿、驕驕、桀桀、糾糾、蹶蹶、踽踽、居居、究究、交交、偈偈、几几、皎皎、閣閣、兢兢、矜矜、京京、偕偕、睠睠、管管、灌灌、洸洸、皋皋、斤斤、簡簡、蹻蹻、駉駉、矯矯、繭繭、暨暨、汲汲、局局、睭睭、皜皜、岌岌、格格、鶏鶏、嗃嗃、趹趹、偈偈、藦藦、駃駃、獷獷、澮澮、琴琴、娓娓、庚庚、嘽嘽、廣廣、睍睍、睪睪、裾裾、涓涓、閒閒、肩肩、拘拘、規規、嗷嗷、蹙蹙、滑滑、倨倨、謇謇、皎皎、溈溈、姦宄、鰥寡、敬寡、詰教、疆畎、降格、蒹葭、拮据、撠挶、吉蠲、閒關、扞挌、鞠躬、糾禁、簡稽、譎觚、會計、倨句、驕蹇、薜芑、芺芺、蕨攗、袆裧、鵠鷃、結誥、擊穀、鱹廣、戒潔、趌趌、詰詘、屼據、刳剔、齡契、兼咳、昆干、狡獪、尷尬、戟挶、拘絞、鉤格、蛤解、矜糾、鯁固、憰怪、喬詰、苟簡、經紀、耿介、轙羈、規矩、改更、絓結、耿著、光景、膠葛、担撟、滑稽、膠加。

（六）溪

謙謙、坎坎、衎衎、欽欽、噲噲、契契、倣倣、祛祛、區區、悾悾、侃侃、硻硻、嗛嗛、趫趫、肎肎、快快、緙緙、缺缺、恢恢、謦謦、空空、曠曠、磕磕、悃悃、款款、頃筐、契潤、磬控、蛞蝓、謦欬、栲楈、敧隑、踦區、忼慨、慷慨、隑企、撓堁、卷曲、困苦、肯綮、卻曲、喫詬。

（七）羣

乾乾、翹翹、祁祁、睘睘、渠渠、騤騤、惸惸、仇仇、伎伎、蹻蹻、嬛嬛、俅俅、夒夒、蚑蚑、襀襀、蓬蓬、局局、捲捲、狂狂、姁姁、赹赹、躍躍、窮奇、柜朐、蜷局。

（八）疑

頷頷、仡仡、俁俁、敖敖、嶭嶭、業業、嚚嚚、夒夒、嚘嚘、嶅嶅、警警、巖巖、薿薿、峩峩、言言、顒顒、印印、巍巍、闇闇、齯齯、圉圉、源

源、鄂鄂、嶷嶷、吾吾、訐訐、岳岳、駉駉、堯堯、愕愕、顉顉、昂昂、狺狺、衙衙、齾齾、凝凝、劓刖、脆脆、杌隉、危埶、沂鄂、垠鄂、屵岸、敖倪、呪齲。

（九）端 知

眈眈、斷斷、丁丁、招招、旦旦、切切、怛怛、沖沖、罩罩、忡忡、登登、挃挃、昭昭、鼎鼎、顛顛、焞焞、跦跦、諸諸、低低、延延、朵朵、韇韇、狄狄、雕雕、折折、刁刁、炤炤、的的、懾懾、遑遑、謑張、貞專、蠋蝀、顛倒、追琢、敦琢、怵惕、幬董、蓬蔱、鼀鼀、蚨蝎、昭晢、祇裯、駗驙、倒頓、氐惆、擿擋、卓鷙、跉踔、顛頓、侘傺、惆悵、喝嘶、惆悵。

（十）透 徹

坦坦、憧憧、趯趯、忡忡、惄惄、籊籊、啍啍、町町、滔滔、惕惕、慆慆、嘽嘽、焞焞、橐橐、躍躍、佻佻、充充、挺挺、腆腆、闐闐、憚憚、個個、僮僮、怵怵、輾轉、挑達、町疃、充詘、饕餮、涒灘、吞難、祧禠、神襢、饕貪、貪饕、撢捼挺挏、挺挏、突梯。

（十一）定 澄

逐逐、蕩蕩、蟄蟄、僮僮、脫脫、棣棣、遲遲、陶陶、提提、折折、秩秩、傳傳、湛湛、闐闐、跢跢、濯濯、蟲蟲、滌滌、洞洞、屬屬、倀倀、眈眈、田田、沓沓、憚憚、條條、泆泆、柚柚、橢橢、鹵鹵、褆褆、隋隋、夭夭、雪雪、塡塡、諢諢、豚豚、調調、狄狄、沈沈、洞洞灟灟、蹎蹎、忳忳、澹澹、摶摶、蹢躅、蹢躅、躑躅、踟躕、躊躇、滌場、抒柚、綢直、滌蕩、條暢、蹈厲、滌濯、秩敍、佚宕、唐蜩、蟷蜩、沈滯、湛滯、莖藷、康棣、鷓鷓、騊駼、趎趏、唐逮、迥迭、跱躇、跌踢、唐辵、頓遲、箸箸、闓嬗、錯銻、臺敵、蟵蜍、陶誕突盜、弟佗、遁逃、條直、恬淡、恬澹、滌除、條達、沈濁、駘蕩、蹈騰、滔騰、洮汰、調度、遞代。

（十二）泥 孃

瀰瀰、瀼瀼、泥泥、濃濃、穰穰、吶吶、報報、覤覤、納納、諾諾、撓撓、壤壤、嫋嫋、忸怩、蚰蚭。

（十三）來

漣漣、離離、令令、粦粦、鄰鄰、孌孌、烈烈、龐龐、蓼蓼、栗栗、連

連、纍纍、詻詻、累累、涼涼、邐邐、逯逯、溓溓、汖汖、儳儳、僇僇、顡顡、鱞鱞、瀧瀧、濃濃、夘夘、奎奎、儢儢、儳儳、潦潦、燎燎、刺刺、婁婁、儜儜、璆璆、珞珞、廖廖、祿祿、寥寥、飂飂、踉踉、浪浪、轔轔、隣隣、磊磊、瀏瀏、流離、栗烈、倫理、倫類、閭里、藍縷、襤褸、流連、離婁、鶊鶊、連邊、譴譴、歷錄、麗廔、褸裂、輾轉、嘲哳、凌轢、連嶁列埒、苓蘢、狼戾、零落、陸離、琳琅、憭慄、繚悷。

（十四）日

陾陾、耳耳、擾擾、芮芮、茸茸、狨狨、丹丹、呭呭、橈橈、蝡蝡、仍仍、荏染、柔需、糅柔、柔茹、柔弱、濡弱、荏弱。

（十五）精　照

炁炁、贊贊、振振、揖揖、灼灼、蓁蓁、青青、菁菁、崔崔、濟濟、鑿鑿、惴惴、牂牂、晢晢、晰晰、濺濺、湊湊、戰戰、諄諄、增增、僬僬、從從、總總、騷騷、種種、戔戔、莘莘、孜孜、節節、訰訰、喑喑、嘖嘖、迸迸、斟斟、夋夋、昝昝、顜顜、佌佌、沔沔、迹迹、蜻蜻、綴綴、訾訾、章章、盹盹、沌沌、莊莊、詹詹、啍啍、翦翦、蹩蹩、職職、津津、稷稷、昭昭、嗟嗟、專專、次且、趑趄、齎咨、詛祝、作祝、撙節、節奏、齊莊、質劑、汁滓、踤踖、斟酌、蜘蛆、即炤、蟾諸、謷讘、諄憎、霑漬、蠀蛦、周浹、周挾、周章、咨嗟、呧訾。

（十六）清　穿

蹌蹌、鎗鎗、萋萋、采采、悄悄、將將、瑲瑲、鏘鏘、鶬鶬、淒淒、蒼蒼、楚楚、駿駿、蹲蹲、棲棲、蹙蹙、慘慘、佌佌、訨訨、緝緝、草草、粲粲、踖踖、懆懆、晏晏、趨趨、漆漆、愖愖、蠢蠢、切切、戚戚、綽綽、倩倩、恩恩、裕裕、秋秋、差差、湊湊、察察、竊竊、青青、喘喘、姝姝、淒淒、鏘鏘、忽忽、啾啾、淺淺、從從、參差、萋且、悽愴、次重、竈離、蜶竈、蒼卒、蒼踤、鎗鎗、青蔥、逡次、憯悽、慘悽、惛惻、闉闍。

（十七）從　牀

截截、習習、譙譙、捷捷、漸漸、穇穇、齊齊、翔翔、遂遂、常常、存存、盡盡、疾疾、瘁瘁、脊脊、就就、湛湛、蝤蠐、蝤蠐、盡瘁、憔悴、蕉萃、顀頒、詳盡、蠹蠹、蟾蟶、愁瘁、遒盡。

（十八）心　審

愬愬、蘇蘇、索索、瑣瑣、湯湯、師師、詵詵、駪駪、蕭蕭、綏綏、施施、瀟瀟、摻摻、湑湑、脩脩、汕汕、蕭蕭、濕濕、萩萩、偔偔、傞傞、騂騂、叟叟、牲牲、澤澤、猩猩、蹜蹜、惕惕、雙雙、申申、恂恂、偲偲、孅孅、臕臕、獡獡、婆婆、屑屑、塞塞、諰諰、纚纚、數數、深深、適適、颯颯、佻佻、消息、蟋蟀、悉蟀、肅霜、蠨蛸、洒埽、埽灑、洒掃、辛螫、斯須、施舍、酸削、消釋、省穡、肅疎、腥臊、腥臊洒酸、蚰蜒、舂黍、蟹螬、鷫鷞、糦槃、酸痟、蓼綏、思索、纖嗇、瑟縮、銷鑠、思心、蕭瑟、櫠慘。

（十九）邪　禪

徐筡、繩繩、俟俟、殖殖、提提、媞媞、裳裳、實實、循循、淑淑、淳淳、純純常常、蝤蠐。

（二十）邦　非

番番、奔奔、賁賁、鑣鑣、發發、旁旁、彭彭、麃麃、儦儦、薄薄、弗弗、傍傍、怲怲、反反、瀌瀌、菲菲、板板、甫甫、拂拂、賓賓、邠邠、反復、反覆、奮飛、霶發、霶沸、匪頒、薛暴、分崩、鵻鴀、蝙蝠、菲方、煇爕。

（二十一）滂　敷

翩翩、汎汎、肺肺、嘌嘌、騑騑、霏霏、旆旆、湒湒、幡幡、霏霏、芬芬、任任、筏筏、匪匪、泛泛、紛紛、采采、丰丰、斐斐、汸汸、弗弗、弟弟、狒狒、菲菲、番番、氾氾、怦怦、豐豐、茇茇、駓駓、菲蜂、拚飛、芬芳、滂沛、鋪頒、仿佛、髣髴、彷彿。

（二十二）並　奉

棼棼、芃芃、苾苾、怭怭、蓬蓬、浮浮、馮馮、逢逢、唪唪、蓁蓁、渢渢、便便、憤憤、懆懆、扊扅、埤埤、鬴鬴、薄薄、暴暴、弊弊、被被、匍匐、苾芬、蚍蜉、蚍蠹、傅別、旁勃、旁魄、旁礴、旁薄、辨別、培把、枇杷、抱嫚、蓬薄、般礴、繁憒、彭濞、挬拔。

（二十三）明　微

穆穆、眇眇、泯泯、明明、昧昧、莫莫、瀰瀰、浼浼、靡靡、緜緜、夢夢、冥冥、邁邁、亹亹、膴膴、懞懞、藐藐、枚枚、芒芒、茫茫、望望、貿

貿、勿勿、梅梅、每每、沒沒、閔閔、蔓蔓、蒙蒙、萌萌、懋懋、慔慔、邈邈、宀宀、巒巒、寡寡、漫漫、溟溟、侔侔、瞀瞀、瞞瞞、瞑瞑、漠漠、墨墨、渺渺、悶悶、縵縵、默默、緡緡、媒媒晦晦、惘惘、芒芒昧昧、昧昧芒芒、莽莽、无无、眄眄、曼曼、汶汶、黽勉、霢霂、緜蠻、彌牟、賣買、文莫、冒沒、靈沒、覭髳、虋蕪、莫貈、蟣蠓、鴾母、牟母、緡緜、侔莫、蝒馬、晦盲、靡曼、微眇、微妙、迷芒、悗密、莽眇、芒芴、芴漠、穆忞、物穆、彌靡、宓穆、芒芠漠閔、滅沒、蔑蒙、悶瞀、晦明。

二、聯綿字譜中　疊韻之部

（一）東

童蒙、蒙戎、尨茸、縱送、從容、諷誦、潼容、穹窿、穹隆、篷籠、尨降、鞠躬、菅蘔、芎藭、蒙頌、棒雙、洶涌、蚣蜙、豐疺、橦褣、桶檧、蛩烘、倧倯、慫慂、蠓蚣、隴種東籠、檂樅、癰腫、擁腫、豐隆、鴻蒙、鴻濛、動溶、鴻洞、蘢蓯、澒濛鴻洞、隆衝、洞同、蒙籠、籠蒙、雍容。

（二）蒸

馮陵、增淫。

（三）侵

坎窞、沈潛、菡萏、蘭藺、弓嘾、貪惏、嶔巖、巖唫、顑頷、岑崟、厥崟、黔黯、浸淫、婪妗、闇苫、黮闇、浸潭、顑頷、坎廩、黕點、黯黮。

（四）談

氾濫、汎濫、暫礹、暫砎、扦鐮、漸深、爁炎。

（五）陽

蒼茛、滄浪、張皇、倉庚、商庚、鶬鶊、鞅掌、倉兄、螳蜋、蟷蠰、蟷蜋、堂蜋、螳螂、方相、方良、相翔、罔兩、蝄蜽、方羊、仿佯、仿洋、彷徉、荒亡、仿偟、彷徨、方皇、彷皇、蜣蜋、胖蘐、膀光、粻稈、倉黃、筐當、榜程、康寊、莽蔙、潒瀁、莽沆、鋃鐺、哴哴、符篖、央亡、㝑眼、餦餭、芳黃、琅湯、王相、強梁、彊梁、莽蒼、孟浪、壙埌、愴囊、剛強、猖狂、象罔、罔象、猖狂妄行、翔佯、王長、彊陽、強陽、荒唐、章明、尙羊、常羊、尙佯、瀼瀁、岡寊、相羊、相佯、惝怳、曭莽、想像、愴怳、懭悢、

佂攘。

（六）耕

螟蛉、螟蠕、丁窟、屏營、苧熒、虹蛵、丁蛵、莘莖、樫桯、嶺嶸、崢嶸、齟令、丁零、嬰嫄、蜻蛉、蚵蛉、靈丁、冥靈、攖窟、滇涬、青窟、清泠、零星、青冥、經營。

（七）真

瞑眩、震眩、眠眩、蟹蚕、彰麟、顛眴、振振殷殷。

（八）諄

絪縕、昆侖、崑崙、殷勤、焚輪、逡巡、逡遁、遵遁、蹲循、渾敦、困敦、隱蕊、鵁鶄、闐紛、謹鈍、饐餲、頓愍、輨輺、渾沌、朕楯、隱弅、緣循、渾渾沌沌、因循、隱閔、繽紛、鈍惽、引楯、純溫、鈍悶、鈍聞、髡屯、慍惀、紛縕。

（九）元

磐桓、渙汗、洗腆、艱難、睍睆、燕婉、芄蘭、婉孌、畔援、伴奐、繾綣、判渙、婉娩、淵泉、飧屨、遷延、蝘蜓、鶼鰈、唌嘆、晚腎、散亂、芮爰、榛聊、縣聯、鄲鄲、安羅、溫黎、虺蹇、夗轉、宛轉、蟹姍、柬選、曼延、夗蟺、嘽咺、嬛蟬、襎裑、夗專、漢漫、煩懣、鶤鳴、鶡鳴、眠眩、眠姬、讀謾、窊盨、扁善、簡連、洀桓、曼衍、蹁躚、澶漫、惴奐、孌卷、爛漫、瀾漫、顛冥、輇斷、連犴、簡選、選練、娟嬛、遭回、遭迴、牽連、揣丸、汗漫、塼捖、漫瀾、誕謾、壇卷連漫、嬋媛、偃蹇、連蜷、潺湲、蹇產、煩冤、軒轅、攀援、漫衍、便娟、褊殘、婉晚、開安。

（十）歌

果蓏、果蠃、蜾蠃、委蛇、委佗、倭遲、逶迤、委移、逶蛇、差池、婆娑、猗儺、阿儺、猗那、旖旎、哆侈、莎隨、莪蘿、莪羅、萎蕤、譌諉、麾麗、委虒、橢施、旖施、披靡、倚移、科厄、厄裹、嵯峨、屖廜、駊騀、柯撱、委隨、媧婐、銼鑘、騧騀、過蠃、譻怹、解果、徙倚、埵埦、哆嘁。

（十一）支

詭隨、提攜、匜匜、虒祁、支離、蜥蜴、蜃易、易蜴、晢易、筵箄、適秝、解廌、低慌、劈歷、嫛婗、鑒錍、倪倪、鷖鸝、脈蜴、賜施、弛易、離

罷、墜倪、惰倪、踶跂、摘僻、炊累、離跂。

（十二）脂

涕洟、蒺藜、崔嵬、虺隤、棲遲、伊戚、萋菲、威夷、厎苊、委萎、魁
瘣、肶臠、膍胵、夆字、仳佳、蔽䖂、縈䍇、銀鐺、陮隗、懷摧、徯醯、徘
徊、俳佪、壞壗、畏壘、畏佳、環瑋、沸鬱、低佪、魁堆、崴嵬、曖嚱。

（十三）祭

蔽茀、掘閱、摩曳、發洩、發泄、活莌、活脫、蹶洩、關洩、刺乂、刺
友、剺辟、瀎泧、銛達、葴擘、嚭缺、蟞蠥、滅裂、撥剌、綷縩。

（十四）盍

讕譅、嚶喋、踥蹀。

（十五）緝

協洽、鴗鴗、謵諜、謵讋、捷業、搭樏、屆屈、浍汩、蛺蝶、菈遝、囁
嗫、怯儡。

（十六）之

苵苢、服不、鄙倍、鳿鵋、服翼、等起、殳改、埃㙳、灰炱、鷗鶿、服
鷗、鸒鵋、蟻蛭、㘔已、剋核、哀駘、意而、騏驥、詼詒、鷗鶿、瀵渂、恢
台。

（十七）魚

籧篨、扶蘇、茹藘、沮洳、瓜華、蒲盧、溥博、攫搏、芸蘆、凵盧、觚
邪、柞鄂、迫昔、鉬牙、鉬鋙、鉬鋤、於菟、於鼘、渠略、蝌䖱、作噩、作
鄂、岠虚、蓬蔬、諸慮、藷蔗、哺咀、齟齬、諸拏、烏呼、觰拏、舒于、枎
疏、扶疏、樗櫨、諸衧、頊顥、攄挐、姕鹵、蝦蟆、鏗鍜、渠挐、渠疏、扴
摸、伯都、無寫、蟵蟒、蚇蠖、蚨蚜、蛆蠊、汙邪、窊楛、挒格、都居、麤
粗、涸落、瓠落、鎮鋤、於于、胥疏、鹵莽、緒餘、土苴、呂鉅、胥渠、儲
與、摸蘇、邪許、廓落。

（十八）侯

樸斲、樸樕、曲局、屋漏、侏儒、朱儒、煦嫗、呴諭、趨數、須臾、榆
枬、部婁、僕區、婁句、邾婁、牟婁、須胊、屬鏤、獨鹿、鷇觫、束躅、瓿
甊、斫斸、鼂蜏、荼荑、甌瓨、芊嶽、瀆姜、鴟鵁、鷺鷟、髑髏、兜鍪、罜

麗、陬隅、獨狢、輸孺、醟醽、裋褕、瓿甂、僂篼、抖藪、摳揄、枸簍、蠾蝓、儒輸、忮愉、偷儒、偷懦、溝猶瞀儒、愚陋溝瞀、拘錄、軥錄、甌臾、涿聚、傴拊、曲僂、呴俞、痀僂、聚僂、濡需、句注、具區、傴僂、嘔咐、愚陋、怐愗。

（十九）幽

保抱、好逑、好仇、綢繆、窈糾、懮受、蜉蝣、蜉蜉、壽考、優游、怞怵、覆育、啁噍、臯陶、仇讎、燠休、優柔、肉好、雔由、祝褶、啁嘐、舊留、鵂留、縮朒、玁狁、玁狁、玁玁、蠿蟉、蜩蠹、先蠹、䏰䐹、收繚、淑湫、浮遊、謬悠、湫漻、蕭條、寥糾、蟉虯、宋廖、皓膠。

（二十）宵

號咷、窈窕、笑傲、逍遙、消搖、勺藥、夭紹、漂搖、叫號、招搖、螵蛸、蜱蛸、僬僥、焦僥、㐲約、葽繞、鳭鷯、玓瓅、嗅咷、嘮呶、趠鑰、跳躍、訬擾、嬈譊、韶遼、鷦鷯、旚繇、窵窅、杳窱、焦嶢、激燿、撟捎、蛁蟟、袎礿、蚋蟧、蜩蟧、槁纍、罩牢、趙繚、淖約、暴慠、要妙、撓挑、肖翹、要裹、霄霩、淖溺、遼巢、招蟯、搖消掉捎、燋夭、夭矯、竅窕、佻巧、要眇、汋約、驕驁。

三、聯綿字譜下　非雙聲疊韻之字

（一）影

憂虞、蘊結、偃仰、鷖䳡、鷖鴘、英華、委積、華離、蓏祟、淹久、壅閉、鬱陶、懮怛、優裕、鴳鸎、洿澤、羥羵、械窬、歍歠、依扆、冤曲、幽蔽、譩譆、悁忿、窈冥、醞釀、幽昧、萎絕、崦嵫、淹留、幽晦、幽默、鬱結、冤屈、幽蔽、冤結、隱伏、汙穢、瘀傷、壅絕、壅蔽、暗漠。

（二）喻

由蘖、攜持、淫昏、游敖、嫗伏、孕鬻、孕育、咏歎、淫怠、易直、蠑螈、榮蚖、璵璠、諛詬、營求、揄鋪、搖扇、銚銳、螔蝓、揚搉、謠詠、婾樂、賢媥、營度、陷滯、淫放、婾娛、搖落。

（三）曉

媢嫭、昏墊、孝養、荒腆、荒寍、昏逾、于嗟、謔浪、歇驕、惛怓、戲

豫、荒湛、訴合、荒怠、軒摯、險阻、歡樂、驪虞、譁釦、戲泄、瀾沭、蝖
穀、險隘、險難、駭遽、虛靜、軒翥、沈寥、顯榮、好比。

（四）匣

會通、瑕疹、遐逖、威儀、嫌疑、玄冥、壞亂、完久、活東、爰居、恒
慨、挾斯、鉀鑪、混芒、委縱、浩蕩、婷直、溷濁、迴翔、畏懼、號呼。

（五）見

剛健、光大、廣大、感應、矯輮、剛鹵、誥慾、劫慾、經營、嘉靖、干
城、句芒、句萌、區萌、孤陋、廣賁、揭櫫、髻墾、覬覦、驕佚、焜燿、栝
樓、菩薆、蛄蟹、鶪鶕、鳿鶕、鷋鶒、騉蹄、騉駼、玲瓅、迦互、規蒦、羧
牷、檳醟、徹御、頡頓、駃騠、蛄諸、蛞蟃、畚蠋、倚魁、憍泄、廣肆、倨
侮、卷婁、卷舒、驕傲、桀黠、剛強、久長、佳麗、卓遠、謹厚、過失、佳
冶、潔楹、羈旅、減毀、驕美、該備。

（六）溪

闚觀、樞機、康窕、寇攘、寬綽、開釋、考槃、豈弟、謹怒、夸毗、鏗
鏘、頎典、匡救、輕窕、伉儷、屈造、顆凍、款凍、科斗、闓明、輈銂、睯
商、嬰盈、枯槁、恢恑、充滿、康娛、傾寤、欲際、充倔、姱脩。

（七）群

箘簵、煢獨、惸獨、勤勞、劬勞、耆壽、瓊琚、瓊瑤、瓊玖、瓊瑰、權
輿、彊禦、彊圉、勤苦、奇衺、蟸蟓、蠸輿、瑾瑜、菌尖、灌渝、趨趁、奇
侅、渠蝷、鈐鑛、求索、窮困。

（八）疑

寤寐、翱翔、敖辟、敖慢、寙縣、鶃鳭、悟解、崑瑣、虞歡、翱游、隅
隈、危獨、疑滯、凝滯、娛戲、危敗。

（九）端　知

顛越、顛隮、惇大、耽樂、湛樂、顛覆、陟降、登假、登遐、顛沛、躓
跋、狄成、昭蘇、敦厖、登來、暢茂、室毀、抵譀、低仰、芩儷、跈跫、蚳
蛺、蜓蟒、蜭蠪、觝訐、弔詭、淑詭、端倪、顛隕、顛易、巔越、端直、怛
傷、張弛、低昂、珍怪。

（十）透　徹

恫瘝、叨懫、痛疾、詀諆、貪婪。

（十一）定　澄

蕩析、沈酗、殄戮、純束、殿屎、馳驅、滌濫、惰慢、梼杌、墊隘、沈溺、蜺蝶、童梁、董梁、董蓈、趠騭、舳艫、驔騥、蕩佚、蜓蚴、杜蛒、杜狗、餦餛、提偄、重遲、馳騁、町畦、弟靡、澹漠、憚赫、鶏鶡、沈濁、恬愉、遲莫、馳驚、騰駕、沈抑、沈菀、吧謾、沈藏、騧跳。

（十二）泥　孃

駑散。

（十三）來

侖喪、勞苦、淪胥、勞瘁、流辟、流湎、廉隅、離析、蘆萉、蘆蔩、蠦蜰、盧蜰、黧黃、犖瓄、謰謱、麗爾、驢鸕、欐樆、磊砢、囹圄、磊砢、螻蛄、檻柙、鱉蟄、悷子、瀧涿、憐職、鶌鶏、蠦蠬、鍊鐪、蛉蛄、蜋蜩、螻蟪、陵遲、曑空、盧车、覽揆、靈均、靈修、離別、流亡、離合、淪降、亂惑、離異、離散、遼遠、繚轉、廖廓、嵺廓、栗斯、廉潔、廉貞、離披、儷偕。

（十四）日

柔順、蓐收、媛雜、藹荷、說司、佞兒、呢嘔、柔脆、然疑、儒兒。

（十五）精　照

震驚、昭明、津涯、執拘、驪虞、照臨、脊令、精列、祝融、怗懘、嘽諧、嗟嘆、砥礪、鎦鉄、縝密、鎮撫、湫底、浸潤、震發、震動、蓁葵、中馗、譸吷、諄諄、讉娽、螣鴍、積極、迍曲、枳枸、精龃、斬颭、揃搣、枝格、蜻蜦、蜻蛉、襜褕、支註、征伀、蛭蜡、譖慝、惴慄、諄芒、抮抱、正則、踸武、峻茂、追逐、周容、菹醢、祗敬、專佞、制匠、僵個、峻高、震怨、震悼、郫壅、精氣、正直、震盪、志慮。

（十六）清　穿

聰明、參伍、錯綜、漸包、鶌鶏、戚施、緝熙、差貸、粗屬、忦惕、憯怛、惻怛、清越、清越、清揚、戚速、請謁、瘯蠡、族蔡、親暱、惻隱、春鉏、昌蒲、次第、覰覼、鶬鴮、啓吝、淺薄、舛駁、昌披、清白、騬驁、騁望、超遠、切激、清澈、參驗、清澄、麤穢、清涼、竄藏、閶闔。

（十七）從　牀

殂落、臣僕、罪罟、翔回、藹靡、啾嘆、宗募、巖崒、嘶離、酢醋、蟪蛉、譙訽、嫉妬、雜糅、讒諂、靜默、愁苦、愁歎、讒諛、罪過、讒妬、愁悽、寂漠、翔飛、愁約。

（十八）心　審

變友、變和、息偄、先後、芟夷、濡滯、散越、狻猊、珊瑚、媟嬻、駿驤、奢查、羞繹、須捷、舒勃、蜥蜴、蟪蛄、恂懼、呻吟、纖微、修姱、邃遠、索求、散亡、死亡、省察、深固、思慮、嘯呼。

（十九）邪　禪

純粹、醇粹、噬嗑、壽耇、邪散、邪辟、純固、菖蒲、誰何、儵互、食閻、繩墨、純彪、神明。

（二十）邦　非

變化、發揮、輔相、逋逃、播敷、保乂、保艾、福履、反側、奔奏、發揚、褊小、博碩、播蕩、鶬鴰、鵓鳩、鶝鴉、璧琊、嗙喻、瘢胝、觱覮、俾夾、蟹螫、簿毒、悲愴、奔走、變易、法度、蔽隱、蔽壅、迫阨、博衍、變衰、悲愁。

（二十一）滂　敷

腹心、仳離、滂沱、奮末、樸屬、撫柔、覆亡、豐備、菲離、菁蓄、夫須、蝮蜪、辟漱、鸊鷈、飛揚、飛颺、僻寠、帗縷、紛母、紛怡、批扞、布施、俛仰、俳側、芳馨、輔弼、僻遠、風波、芳華、富強、菲薄、紛糅、雰糅、飄翔、匹合、滂浩。

（二十二）並　奉

蕃庶、蕃鮮、平章、平秩、蕃廡、煩辱、煩撋、跋涉、爆爍、蕃衍、紕繆、般還、肥腯、蕃昌、馮依、暴慢、繁殖、憤盈、肥胡、毗劉、扶搖、苻蘺、芙渠、蚹蠃、擘攫、薄努、鸊鶂、鸊鶉、勃亂、罷露、僕緣、勃谿、倍譎、繁會、別離、馮翼、馮怒、逢長、煩惑、平樂、被離、氛埃、煩憺、煩挐。

（二十三）明　微

文明、彌綸、昧爽、彌留、慢易、猛起、鳴號、蒲胡、曼胡、彌縫、玟

瑰、茅蒐、瞞妻、謾訑、慢訑、憍兜、誣挐、謾台、劰釗、勘茲、薞菁、鏝胡、嘽尿、薞穢、慢慆、冥昭、薈闇、美好、瞀亂、迷惑、麡散。

　　繼先生聯綿字之研究者有張壽林《三百篇聯綿字研究》、孫德宣《聯綿字淺說》、王力《雙聲疊韻與古音通假》、周法高《聯綿字通說》等作。其中又以王力與周法高所著最爲精審，其所下定義，亦與先生最爲接近。茲列二家之說如下：

（一）王力《中國語法理論》

　　中國有所謂聯綿字，就是聲音相同或相近的兩個字，疊起來成爲一個詞（聲音不近的，如「淹留」之類，我們只認爲雙音詞，不認爲聯綿字。我們對於聯綿字所下的定義和前人不盡相同），聯綿字大致可分爲三類：

　　（1）疊字，即「關關」「呦呦」「淒淒」「霏霏」之類。

　　（2）雙聲聯綿，即「丁當」「淋漓」之類。

　　（3）疊韻聯綿，即「倉皇」「龍鍾」之類。

　　聯綿字不一定是用於擬聲法和繪景法的，「猩猩」「鴛鴦」「螳螂」之類都只是普通的名詞，但是擬聲法和繪景法卻大半是由聯綿字構成的。

（二）周法高《聯綿字通說》

　　所謂聯綿字，具有下列一些特點：

　　（1）聯綿字的構成分子，大體在語音上有相同之處，如雙聲、疊韻、疊字等。

　　（2）聯綿字因爲所重在聲，所以在字形上往往不很固定。

　　（3）聯綿字大部分爲狀詞，又有一些爲名詞、歎詞等。

　　（4）聯綿字中有不少爲雙音語，即一個音位（morpheme）包含二個音節者。

　　此外，朱起鳳有《辭通》，符定一有《聯綿字字典》，所收錄者以複音詞音爲多，與本章所論者不同，茲不贅述。

第五節　《詩》、《書》中成語之研究

　　成語者，一般言之乃泛指古語爲今人所引用者。《紅樓夢》第二十八回云：

「酒（令）底要席上生風一樣東西，或古詩、舊對、四書五經成語。」靜安先生《觀堂集林》卷一有〈與友人論詩書中成語書〉，其應聘爲北大研究所國學門通信導師之研究發題中有「詩書中成語之研究」。

先生之成語觀念與一般所論者不盡相同，其舉例有一字例：方、常（尚）。有二字例：不淑、陟降、猷裕（由裕）、靡鹽、棐忱、棐彝、不殄、不瑕、舍命、配命、丕時（不時：丕時）、臨保、作求、孝思、彌性、戎公、成王、有嚴、在昔、敷佑、臬司、天若、天顯、降命、誥毖（劼毖）、神保、圖功、厥若、猷告、胥伯、要因、秉德、庸釋（用懌）、須暇、鴟義、易怠（易辭）、牭牭。有三字例：侮成人、後嗣王。有四字例：勞動大命、里君百生、太史籀書。

先生解成語之法曰比校法，其法有三：一、取詩書本文比校之，以求其意義。二、參之彝器銘文，以定其意義。三、旁徵故籍，以求相沿之意義。以上三法，皆先生所揭示者，先生并以爲今日無以知之者，蓋闕可也。以下分段闡明其理。

（1）取《詩》、《書》本文比校之，以求其意義。先生〈與友人論詩書中成語書〉曰：

> 古之成語有可由《詩》、《書》本文比校知之者，如高郵王氏之釋《書》猷裕、《詩》靡鹽；瑞安孫氏之釋《書》棐忱、棐彝、《詩》不殄、不瑕皆是也。今尚有可說者，如《書誥》云：「汝陳時臬司。」《孔傳》讀司字下屬，案下文云：「汝陳時臬事。」古司事通用（《詩·小雅》：擇三有事，毛公鼎云：粵三有嗣），則臬司即臬事，孔讀失之。（書二）

（2）參之彝器銘文以定其意義。靜安先生精通古文字鐘鼎彝器之文，其論《詩》、《書》中成語，亦可由彝器銘文中以求得其意義。先生曰：

> 《詩》、《書》中語，不經見於本書，而旁見彝器者，亦得比校而定其意義。如《書·金縢》云：「敷佑四方。」傳云：「布其德教，以佑助四方。」案盂鼎云：「匍有四方。」知佑爲有之假借，非佑助之謂矣。

《詩·鄭風羔裘》：「彼其之子，舍命不渝。」鄭箋云：「是子處命不變，謂守死善道，見危授命之等。」鄭箋以舍命爲處命，命乃爲生命之命，先生參定彝器，知「命」爲政命之命，非生命之命。先生曰：

> 《詩·羔裘》云：「舍命不渝。」箋云：「是子處命不變，謂守死善道，

見危授命之等。」案〈克鼎〉云:「王使善夫克舍命於成周。」〈毛公鼎〉云:「厥非先告父厝‧父厝舍命,毋有敢蠹,尃命于外。」是舍命與尃命同意,舍命不渝,謂如晉解揚之致其君命,非處命之謂也。

(3) 旁徵故籍,以求其相沿之意義。《詩‧鄘風‧君子偕老》:「子之不淑,云如之何。」〈王風‧中谷有蓷〉:「條其歗矣,遇人之不淑矣。」不淑,鄭箋以不善釋之,王靜安先生認為「不善」或為性行不善,或為遭際不善,而古籍中多用遭際不善之義。先生曰:

不淑一語,其本意謂不善也,不善或以性行言,或以遭際言,而不淑古多用為遭際不善之專名。雜記記諸侯相弔辭,相者請事,客曰:「寡君使某如何不淑。」致命曰:「寡君聞君之喪,寡君使某如何不淑。」〈曲禮〉注云:「相傳有弔辭云:皇天降災,子遭罹之,如何不淑。」如何不淑,謂遭此不幸,將如之何也。《左》莊十(案:應為十一)年傳:「宋大水,公使弔焉,曰:天作淫雨,害于粢盛,若之何不弔。」又襄十四年傳:「公使厚成叔弔于衛曰:寡君使瘠,聞君不撫社稷,而越在他竟,若之何不弔。」古弔、淑同字,「若之何不弔」亦即「如何不淑」也。是如何不淑者,吉之成語,於弔死唁生皆用之。《詩‧鄘風》:「子之不淑,云如之何。」正用此語,意謂宣姜本宜與君子偕老,而宣公先卒,則子之不淑,云如之何矣,不斥宣姜之失德,而但言其遭際之不幸,詩人之厚也。〈王風〉「遇人之不淑」,亦猶言「遇人之艱難」,不責其夫之見弃,而但言其遭際之不幸,亦詩人之厚也。詩人所用皆當時成語,有相沿之意義,毛、鄭胥以不善釋之,失其旨矣。(書一)

靜安先生著書立說向以嚴謹著稱,故凡有所疑者,或不能實指其義者,皆從闕。先生曰:

《書‧君奭》云:「在讓後人于丕時」,《詩‧大雅》云:「帝命不時」,〈周頌〉云:「裒時之對」,丕時、不時、裒時,當是一語。〈洛誥〉云:「敘弗其絕厥若」,〈立政〉云:「我其克灼知厥若」,〈康王之誥〉云:「用奉恤厥若」,厥若亦當是成語。此等成語,無不有相沿之意義,在今日固無以知之,學者姑從蓋闕可矣。(書二)

先生解《詩》、《書》中成語之研究方法,頗得高郵王氏、瑞安孫氏之啟發。先生曰:「古之成語,有可由《詩》、《書》本文比校知之者,如高郵王氏之釋

《書》猷裕、《詩》靡鹽，瑞安孫氏之釋《書》棐忱、棐彝，《詩》不殄、不
瑕皆是也。」又朱子解《詩》時已論及《詩》中多古語，其釋〈周頌・閔予
小子〉之「陟降庭止」曰：

> 〈周頌〉「陟降庭上」，傳注訓「庭」爲直，而《説文》云：「文王進
> 退其臣皆由直道」，諸儒祖之，無敢違者，而顏監於〈康衡傳〉所引，
> 獨釋之曰：「言若有神明臨其朝廷也」。蓋康衡時未行毛説，顏監又
> 精於史學，而不梏於專經之陋，故其言獨能如此，無所附隨，而得
> 經之本指也。余舊讀詩而愛顏説，然尚疑其無據，及讀《楚辭》乃
> 有「登降堂止」之文，於是蓋信「陟降庭止」之爲古語，其義審如
> 顏説無疑也。顏注《漢書》，時有發明於經旨，多若此類。如訓棐爲
> 匪，尤爲明切，足證孔安國、張平子之謬。其視韋昭之徒，專守毛、
> 鄭，而不能一出己見者，相去遠矣。」（朱鑑《詩傳遺説》輯朱子《楚
> 辭辨證》語）

由以上所引，可知王引之、孫詒讓，并及朱子之論《詩》，皆識及《詩》中多
古語，未可專守毛、鄭之説，或以後世之義強解之，由是以識解經之法，必
兼取諸書及彝器銘文比校研究，乃可得其勝義，故先生撰研究發題中之「詩
書中成語之研究」及其〈與友人論詩書中成語書〉二通，其研究目的，一言
以蔽之曰：「尋求詩書之正詁也。」

綜觀先生《詩》、《書》中成語之研究，均極精確，其所揭示研究之法，
示未來學者以南針，貢獻厥偉，余讀先生書，以爲可補充者有二，可商榷亦
有二，茲列之於左，以待方家之指正：

（一）可補充者二

1. 敷　佑

《書・金縢》云：「乃命于常庭，敷佑四方。」《僞孔傳》云：「布其德教
以佑助四方。」訓「敷」爲「布」，訓「佑」爲「佑助」。先生曰：

> 〈盂鼎〉云：「匍有四方。」知「佑」爲「有」之假借，非「佑助」
> 之謂矣。（書二）

又曰：

> 「敷佑」音義皆同「撫有」，〈盂鼎〉：「匍有四方」。（〈觀堂學書記〉）

先生以爲「敷佑」音義皆同「撫有」，惟「撫有」之義云何，先生未説。《廣

雅‧釋詁》云：「撫，有也。」王念孫云：

> 「撫」又為「奄有」之「有」，成十一年《左傳》：「使諸侯撫封」，
> 杜注云：「各撫有其封內之地」。文王世子：「西方有九國焉，君王其
> 終撫諸」，鄭注云：「撫，有也。」（《廣雅疏證》卷一）

楊樹達云：

> 銘文云：「在珷王，嗣玟乍（作）邦，匍有四方。」按匍有義難通，
> 匍當讀為撫。襄公十三年《左傳》云：「赫赫楚國，而君臨之，撫有
> 蠻夷，奄征四海，以屬諸夏。」又昭公元年云：「君辱貺寡大夫圍，
> 謂圍：將使豐氏撫有爾室。」又昭公三年云：「君若惠顧敝邑，撫有
> 晉國，賜之內王。」〈秦公鐘〉云：「匍又（有）四方」，匍亦當讀為
> 撫。《禮記‧文王世子》云：「君王其終撫諸」，鄭注云：「撫猶有也」。
> 撫與有義同，故二文連用，匍與撫古音同，故二器皆假匍為撫矣。
> 《書‧金縢》云：「乃元孫不若且多材多藝，不能事鬼神，乃命於帝
> 廷，敷佑四方，用能定爾子孫於下地。」敷佑亦當讀為撫有。命于
> 帝廷，撫有四方，謂武王受命有天下也。王靜安以敷佑四方，證此
> 銘之匍有四方，字音雖合，而義則不明也。（〈毛盂鼎五跋〉，《積微
> 居金文說》卷二）

以上二說，本人以為皆可補充先生說之不足，亦可證實先生「敷佑」意義皆
同「撫有」之精審也。

2. 胥 伯

《書‧多方》：「越惟有胥伯小大多正，爾罔不克臬。」《偽孔傳》云：「於
惟有相長事，小大眾正官之人……。」釋「胥」為「相」，「伯」為「長」，「多
正」為「眾正官」，皆望文生義焉。靜安先生云：

> 「胥伯」，《尚書大傳》引作「胥賦」。〈毛公鼎〉云：「藝小大楚賦。」
> 胥、楚、伯、賦，古同聲通用，「多正」之「正」讀為「征調」之「征」。
> （〈觀堂學書記〉）

又云：

> 「胥伯」，《尚書大傳》作「胥賦」。案〈毛公鼎〉云：「執小大楚賦。」
> 楚、胥皆以疋為聲，是《大傳》作「胥賦」為長，而小大多正，當
> 亦指布縷粟米力役諸征，非《孔傳》伯長正官之謂矣。（書二）

「楚賦」、「胥賦」之義云何，先生未之說，吳闓生云：「楚賦猶芻賦、薪賦。」

《周禮・天官・敘官》:「胥十有二人,徒百有二十八。」鄭注:「此民給傜役者。」據此則知胥伯、胥賦、楚賦當指傜役與賦稅二者,與先生釋「正」爲「征」,其義正合。

(二)可商榷者二

1. 成　王

〈酒誥〉:「自成湯咸至於帝乙、成王畏相。」

王靜安先生〈周文武樂章考自注〉云:

> 《詩》有「成王不敢康」語,《周語》及貫子《新書》載叔向說此詩,以成王爲武王之子、文王之孫,然〈酒誥〉云「成王畏相」,又云「惟助成王德王德顯」,是「成王」乃殷、周間成語,箋云:文王、武王成此王功,殆是也。(《觀堂集林》卷二)

先生釋「成王」爲「成此王功」,係以單語分別釋之,則「成王」非成語也。

2. 太史籀書

王靜安先生〈史籀篇疏證序〉云:

> 《說文》云:「籀,讀也」(《方言》:「抽,讀也」),又云:「讀,籀書也」(《毛詩・邶風》傳云:「讀,抽也」)古籀、讀二字同音同義。又古者讀書皆史事,《周禮・春官・大史職》:「大祭祀,戒及宿之日,與群執事讀禮書而協事。大喪,遣之日,讀誄。」〈小史職〉:「大祭祀,讀禮灋,史以書敘昭穆之俎簋,卿大夫之喪,賜諡,讀誄。」〈內史職〉:「凡命諸侯及公卿大夫,則冊命之(謂讀冊書);凡四方之事書,內史讀之。」〈聘禮〉:「夕幣,史讀書展幣。」〈士喪禮〉:「主人之史讀賵,公史讀遣。」是古之書皆史讀之。《逸周書・世俘解》:「乃俾史佚繇書于天號。」〈嘗麥解〉:「作筴許諾,乃北向繇書於兩楹之間」(作筴即《書・洛誥》之作冊,乃內史之異名也),繇即籀字,《春秋左氏傳》之卜繇,《說文解字》引作卜籀,知《左氏》古文繇本作籀,《逸周書》之繇書亦當即籀書矣。籀書爲史之專職,昔人作字書者,其首句蓋云「大史籀書」,以目下文,後人因取首句史籀二字名其篇(《詩》、《書》及周秦諸子,大抵以首句二字名篇,此古代書名之通例,字書亦然。《蒼頡篇》首句雖不可考,然《流沙墜簡》卷二第十八簡上有漢人學書字,中

　　有「蒼頡作」三字，疑是《蒼頡篇》首句中語，故學書者書之，其
　　全句當云「蒼頡作書」，句法正仿大史籀書《爰歷》、《博學》、《凡
　　將》諸篇當亦以首二字名篇。今《急就篇》尚存可證也）。大史籀
　　書猶言大史讀書，〈太史公自序〉言「紬石室金匱之書」猶用此語。
　　劉、班諸氏不審，乃以史籀爲著此書之人，其官爲大史，其生當宣
　　王之世，是亦不足怪。李斯作《蒼頡》，其時去漢甚近，學士大夫
　　類能言之，然俗儒猶以爲古帝之所作。以《蒼頡篇》爲蒼頡所作，
　　毋惑乎以《史籀篇》爲史籀所作矣！不知「大史籀書」乃周世之成
　　語，以首句名篇，又古書之通例。

先生此說認爲「籀」當作「讀」解，大史籀書即是大史讀書之意，史籀既非
人名，則造字之說，自屬無稽之誤，先生其後撰〈戰國時秦用籀文六國用古
文說〉益堅信其說至確，此說若能成立，則數千年來蒼頡造字、史籀作大篆
之說，似可一掃而空，可謂文字學研究之一大革命，然本師潘石禪先生認爲
「此乃王氏個人之臆想，並非客觀之事實」。（〈史籀篇非周宣王時太史籀所作
辨〉）

　　又先生此說未足以證明「太史籀書」爲四字連用之成語，即令古籍中有
四字連用者，然先生訓「籀」爲「讀」，則已字別爲義，乃熟語而非成語也。

第八章　王靜安先生之古史學

第一節　概　說

　　今世之稱頌先生者，或諡以漢學家、哲學家、文學家，然先生之高弟吳其昌稱其先師爲新史學家。蓋先生一生之學，除少年至二十歲以前曾效力於文學、哲學，及中年以後偶作小品詩詞等零星美文外，其全部精力皆貫注於史，而於古史之貢獻尤多。

　　先生古史研究之著作，以〈殷卜辭中所見先公先王考〉、〈續考〉、〈殷周制度論〉、《古史新證》爲最重要。《古史新證》乃先生改訂〈殷卜辭中所見先公先王考〉、〈續考〉、〈三代地理小記〉、〈殷周制度論〉等文而成。《新證》分五章：一、總論。二、禹。三、殷之先公先王。四、商諸臣。五、殷之都邑及諸侯。惜全篇未成，而先生已棄世矣。

　　〈殷卜辭中所見先公先王考〉撰成於民國六年三月，計從殷墟卜辭中考定殷代先公先王，有帝嚳、相土、季、王亥、王恆、上甲、報丁、報丙、報乙、王壬、主癸、大乙、羊甲等十三人。先生自序曰：

　　甲寅歲暮，上虞羅叔言參事撰《殷虛書契考釋》，始於卜辭中發現王亥之名，嗣余讀《山海經》《竹書紀年》，乃知王亥爲殷之先公，並與《世本作篇》之胲，〈帝繫篇〉之核、《楚辭・天問》之該，《呂氏春秋》之王冰，《史記・殷本紀》及〈三代世表〉之振，《漢書・古今人表》之垓，實係一人。嘗以此語參事及日本內藤博士（虎次郎），參事復蒐甲骨中之紀王垓事者得七八條，載之《殷虛書契後編》。博

士亦采余説，旁加考證，作王亥一篇。載諸《藝文雜誌》，並謂自契
以降諸先公之名，苟後此尚得於卜辭中發之，則有裨於古史學者尤
鉅。余感博士言，乃復就卜辭有所攻究，復於王亥之外得王垣一人。
案《楚辭·天問》云：「該秉季德，厥父是臧。」又云：「恒秉季德」
王亥即該，則王恒即恒。而卜辭之季即冥（羅參事説），至是始得其
證矣！又觀卜辭數十見之田字，從甲在口中，及通觀諸卜辭而知田
即上甲微，於是參事前疑卜辭中之〔冈冈冈〕即報乙報丙報丁者，至是又
得其證矣。又卜辭自上甲以降皆稱曰示，則參事謂卜辭之示壬、示
癸，即主壬、主癸，亦信而有徵。又觀卜辭王恒之祀與王亥同，太
丁之祀與太乙太甲同，孝己之祀與祖庚同，知商人兄弟無論長幼與
己立未立，其名號典禮蓋無差別。於是卜辭中人物，其名與禮皆類
先王而史無其人者，與夫父甲兄乙等名稱之浩繁求諸帝系而不可通
者，至是亦理順冰釋，而《世本》《史記》之爲實錄，且得於今日證
之。又卜辭人名中有〔字形〕字疑即帝嚳之名，又有土字，或亦相土之略。
此二事雖未能遽定，然容有可證明之日，由是有商一代先公先王之
名不見於卜辭者殆鮮。乃爲此考以質諸博士及參事，並使世人知殷
契遺物之有裨於經史二學者有如斯也。

先生此稿成後，即以寄羅振玉，羅一見驚爲絕作，且爲證成上甲二字之釋，
後先生於英人明義士所摹殷契卜辭第二十九葉，第一百十八葉兩見〔字形〕字，然
則上甲兩字於卜辭中亦不鮮見，此考於殷世系之考證頗爲精確，如證明王亥
即殷之先祖，天乙爲大乙之誤，《史記·殷本紀》報丁報乙報丙之次，當爲報
乙報丙報丁之誤。又從甲骨文與《楚辭》中證明王亥之弟爲王恒，均確切而
不可易，故此書一成，即爲學界所推崇。近賢董作賓先生云：

> 甲骨文的初步研究上，能夠把王亥二字看作一個人名，把孫詒讓認
> 爲立字的，斷定是王字，這已是不容易了。王氏更把〈殷本紀〉
> 訛爲振字的，考定就是王亥，尤其令人驚奇。一個亥字，在許
> 多古籍中，增加了偏旁，成爲垓、核、該、賅，還算保存著原
> 狀的一半，等到又從核訛爲振，或訛爲冰，就不容易找到原形
> 了。王氏能夠細心對證，考定了卜辭中王亥，就是〈殷本紀〉
> 的振，確是難得。（《甲骨學五十年》）

又云：

從一個振字，考證出是亥，是王亥，這算是王國維氏在甲骨學研究
的程途上，最爲驚人的表現。……王氏從《山海經》和《竹書紀年》
中，找到了王亥之名，與卜辭完全相合，證明了《山海經》雖是荒
唐不經之書，《竹書紀年》也不爲世所重，但其中記載的王亥，在卜
辭中乃確有其人，可見古代傳說，存於周秦之間的，並不是絕無根
據，這足以喚醒一般極端疑古人士，好以神話解說古史者的迷夢了。

（《五十年來考訂殷代世系的檢討》）

先生又於同年四月中旬撰成〈殷卜辭中所見先公先王續考〉。自序曰：

丁巳二月，余作〈殷卜辭中所見先公先王考〉，時所據者《鐵雲藏龜》
及《殷虛書契前後編》諸書耳，踰月，時見英倫哈同氏戩壽堂所藏
殷虛文字拓本凡八百紙，又踰月，上虞羅叔言參事以養疴來海上，
行裝有新拓之書契文字約千紙，余盡得見之。二家拓本中，足以補
證余前說者頗多。乃復寫爲一編，以質世之治古文及古史者。

先生此二書於古史學上之貢獻，一方面創以甲骨文證明古史之始，其次訂正
《史記》之訛誤，並補其缺遺，另一方面更重建殷商之信史。是故屈萬里先
生極稱道先生此二篇之作，云：

甲骨文字雖然發現於清光緒二十五年，而用它來證史則始於王國
維。自從王國維作了〈殷卜辭中所見先公先王考〉和〈續考〉以後，
研究甲骨文的學者，在討論殷史方面，已得到不少的成績。

又云：

證實了殷先公自上甲以下的次序，是報乙報丙報丁，而不是像《史
記》和《漢書人表》的次序——報丁、報乙、報丙，他證實了殷中
宗是祖乙而不是太戊。他證實了祖乙是中丁的兒子而不是河亶甲的
兒子。另外，關於殷代帝王的世系，《史記・殷本紀》和《漢書人表》
不合的地方，都證實了是《漢書人表》之誤。他固然糾正了《史記・
殷本紀》不少的錯誤，可也證實了〈殷本紀〉所紀殷代王的世系大
致正確正信。這告訴人對於《史記》所記的古史，固然不能全盤相
信，但也使善疑的人們，對於《史記》增加了不少的信心。利用甲
骨文的材料，重建殷代的信史，王國維的這兩篇文章，無疑是開山
之作。

屈先生所言，可謂天下之公論。又先生考定夋即殷之高祖夒，亦即帝嚳，後

之治甲骨學者多從之，門人吳其昌乃於民國二十一年六月，作三續考，復加疏證，遂成定說。民國六年八月先生繼〈殷卜辭中所見先公先王考〉及〈續考〉之後，又撰成〈殷周制度論〉一篇，文長萬餘言。此篇雖爲概論性質，但可視爲先生研究古史之結論。其內容大要可分別爲三部分：即討論古代中國東方與西方文化具有地域之差異，可爲序論。其次，討論殷周在時間上具有先後兩個王朝之文化差異，可爲本論。再爲討論周代制作禮樂之周公之貢獻，可爲結論。並推論周代立制之源，及文武周公所以治天下之精義。先生曰：

> 周人制度之大異於商者，一曰立子立嫡之制，由是而生宗法及喪服之制，并由是而有封建子弟之制，君天子臣諸侯之制。二曰廟數之制。三曰同姓不婚之制，此數者皆周之所以綱紀天下，其旨則在納上下於道德，而合天子諸侯卿大夫士庶民以成一道德之團體。周公制作之本意，實在於此。……以上諸制，皆由尊尊、親親二義出，然尊尊、親親、賢賢，此三者治天下之通義也。周人以尊尊、親親二義上治祖禰，下治子孫，旁治昆弟；而以賢賢之義治官，故天子諸侯世，而天子諸侯之卿大夫士皆不世，蓋天子諸侯者，有土之君也，有土之君，不傳子不立嫡，則無以弭天下之爭，卿大夫士者，圖事之臣也，不任賢，無以治天下之事。……故有立子之制而君位定，有封建子弟之制而異姓之勢弱，天子之位尊。有嫡庶之制，於是有宗法、有服術，而自國以至天下合爲一家。有卿大夫不世之制，而賢才得以進。有同姓不婚之制，而男女之別嚴。且異姓之國，非宗法之所能統者，以婚媾甥舅之誼通之。於是天下之國，大都王之兄弟甥舅，而諸國之間，亦皆有兄弟甥舅之親，周人一統之策，實存於是。此種制度固亦由時勢之所趨，然手定此者，實惟周公。

先生之結論曰：「周公之制度典禮，乃道德之器械，而尊尊、親親、賢賢、男女有別四者之結體也。」又先生論殷周之大變革曰：

> 殷周之大變革，自其表言之，不過一姓一家之興亡，與都邑之移轉，自其裏言之，則舊制度廢而新制度興，舊文化廢而新文化興。又自其表言之，則古聖人之所以取天下及所以守之者，若無以異於後世之帝王；而自其裏言之，則其制度文物與其立制之本意，乃出於萬世治安之大計，其心術與規摹，迥非後世帝王所能夢見也。

蓋立子立嫡爲我三千多年來帝王傳襲不替之法，而同姓不得婚配，上自帝王，下至庶民，皆得遵守，不僅關係我中華民族之健康，更對我民族血統之融合大有裨益。先生以甲骨吉金文字爲研究之根據，參以詩書《禮記》之記載，義據精深，方法精湛縝密，譽之爲文化史上之一篇大文字，不亦宜乎。先生之高弟趙萬里稱先生此篇雖寥寥不過十數葉，實爲近世經史二學第一篇大文字，並可視爲先生研究古文字學及古史學歸納而成之結論。趙萬里先生云：

> 案此篇雖寥寥不過十數葉，實爲近世經史二學第一篇大文字。蓋先生據甲骨文及吉金文字，兼以詩書禮參之，以證殷之祀典及傳統之制，均與有周大異。而嫡庶之別即起於周之初葉，周以前無有也。復由是於周之宗法、喪服及封子弟、尊王室之制爲具體之解說，義據精深，方法縝密，極考據家之能事。殆視爲先生研究古文字學及古史學之歸納的結論可也。

第二節　治古史之方法

治史甚難，治上古史尤難，蓋史料既感缺乏，而相傳之成說，其爲事實？或爲寓言？荒窈隱約，幾令人爲之目眩神搖。王靜安先生於古史貢獻最大、發明最多者，乃是先生具有治古史之五大要件：一曰淵博之學識，先生已將三代兩漢之古籍爛熟於胸。二曰宏富之閱歷，先生於著錄古器物之書籍，既已全部爛熟，而所見之古器物又在數千件之上，故能補助紙上材料之不足。三曰辨僞之能力，於紙上之材料，能辨明何者爲神話，何者爲傳聞，何者爲寓言，何者爲飾辭，何者爲實錄，何者爲信史；於物質之材料，能辨明何者爲眞器，何者爲贗品。四曰考證之功力，先生每能於叢雜蕪殘之資料中，整理成一有組織，有系統之著作，此非於考證演繹之能力，有長時間深沈之修養不可爲功。五曰科學之通識，先生早歲精研哲學、科學，已具備現代之治學方法，亦具有近世之地質學基本常識，故其學可以駕乎乾嘉諸儒之上。

先生之治古史，先從小學入手，並發明二重證據法。從小學入手，乃據《說文》及古文字相互爲證，而二重證據法，即取地下出土材料以補正紙上材料不足之法，茲分別敘述之。

（一）治古史先由小學入手

先生之治古史，先由小學入手，小學之關鍵在於《說文》，根據則在古文

字學。其應用方法，以殷虛文字證合吉金文字，更以《說文》爲其樞鍵，先生云：「治學必先通《說文》」。由許書以溯金文，由金文以窺書契，乃先生治古文字學之方法，其目的則在於求證古史。

先生認爲治學必先通《說文》，如⚇（《殷虛書契前編》卷六第十八葉，卷七第二十葉，後編卷上第十四葉）先生考釋⚇、⚇二形象人首手足之形。《說文》戈部「⚇，貪獸也，一曰母猴，似人從頁，已止戈其手足。」吉金文字作「⚇」羞字也，「⚇」「⚇」「⚇」柔字也，夒、羞、柔三字古音同部，故可互相通假，先生曰：「夒必爲殷先祖之最顯赫者。以聲類求之，蓋即帝嚳也。」其說至爲精審，後之學者皆從之。茲將其運用之文字列之於左：

1. 《說文》

　夒，貪獸也，从頁，止、巳、夂其手足。

2. 甲骨文字

　貞燎于⚇（《殷虛書契前編》卷六第十八葉）

　燎于⚇口牢（同上）

　燎于⚇六牛（同上卷七第二十葉）

　于⚇燎牛六（羅振玉拓本）

　貞求年于⚇九牛（同上）

　又于⚇（《殷虛書契後編》卷上第十四葉）

3. 吉金文字

　我弗作先王⚇（毛公鼎）

　⚇遠能㱃（克鼎）

　⚇遠能㱃（番生敦）

　⚇燮百邦（《博古圖》薛氏款識盄和鐘）

　用康⚇綏懷遠廷（晉姜鼎）

先生高弟吳其昌云：

　　此柔字與羞字，本爲一字，象以手遮面。從形體變化之公律推之：上之則與契文之⚇爲一字，下之則與《說文》之夒字爲一字，《說文》云：「夒、貪獸也。從頁、止、巳，夂其手足」⚇字形體，與《說文》所云手足者適合。更從聲音變化之公律推之，則柔字與《說文》之夒，音「納告反」者，實爲一音。例如：詩云：「無教猱升木」猱

字今讀爲「納告反」，而實從柔以得聲，可證也。由是又知🔣，必爲
商之高祖，必讀爲「告」韻，必其字形與夋相近而易誤者。由此三
點合推，必爲帝嚳，於是更於古書中得三旁證：《史記》引《逸周書》
云：「自契至於成湯八遷，湯始居亳，從先王居，作帝誥。」《索隱》
云：「一本作俈。」帝誥，帝俈，與「嚳」音全同。帝誥，帝俈，爲
湯之先王，則其人必爲帝嚳無疑。皇甫謐《帝皇世紀》謂：「帝嚳名
夋。」又《山海經》記帝俊事甚多；郭璞注：「或以爲舜，或以爲嚳。」
足徵「夋」「嚳」之易誤。夫「夋」「嚳」二字，外觀極不易誤；然
而往往致誤者，正以🔣字音讀爲嚳，而字形近夋故也。《禮記·祭
法》云：「商人禘嚳而郊冥祖契而宗湯。」而《國語·魯語》乃云：
「商人禘舜」，夫商人非舜之子孫，則「禘舜」必「禘嚳」之誤無疑
也。蓋舜古讀作信，與夋聲近而誤；夋字又夒字之誤，而夒字又即
嚳字也。（以上皆其昌所記先生古史新證講授記）此種蟬連互證之
法，抽蕉剝繭，如解代數中繁分，如化均中比例之括弧，聽之亹亹，
令人忘疲。其他如不𣪘敦蓋本釋，毛公鼎本釋及《觀堂集林》中之
〈鬼方昆夷玁狁考〉，〈商三句兵跋〉……等，蓋無不盡用此法。要
之以古文字爲起點，以古史爲終點，而以《說文》爲關鍵則同也。（《王
觀堂先生學述》）

（二）發明二重證據法以考證古史

所謂二重證據法，即是取地下出土材料以補正紙上材料不足之法，先生
曰：

研究中國古史，爲最糾紛之問題。上古之事，傳說與史實混而不分。
史實之中，固不免有所緣飾，與傳說無異；而傳說之中，亦往往有
史實爲之素地：二者不易區別，此世界各國之所同也。在中國古代
已注意此事：孔子曰：「信而好古」，又曰：「君子於其不知，蓋闕如
也。」故於夏殷之禮，曰：「吾能言之，……杞，……宋，不足徵也，
文獻不足故也。」孟子於古事之可存疑者，則曰：「於傳有之。」於
不足信者，曰：「好事者爲之。」太史公作〈五帝本紀〉，取孔子所
傳《五帝德》及《帝繫姓》，而斥不雅馴之百家言。於〈三代世表〉，
取《世本》，而斥黃帝以來皆有年數之諜記。其術至爲謹慎。然好事
之徒，世多有之。故《尚書》於今古文外，在漢有張霸之百兩篇，

在魏晉有僞孔安國之書。百兩雖斥於漢，而僞孔書則六朝以降行用迄於今日。又汲冢所出《竹書紀年》，自夏以來，皆有年數，亦《諜記》之流亞。皇甫謐作《帝王世紀》，亦為五帝三王盡加年數。後人乃取以補太史公書。此信古之過也。至於近世，乃知孔安國本《尚書》之僞，《紀年》之不可信，而疑古之過，乃併堯舜禹之人物而亦疑之。其於懷疑之態度及批評之精神，不無可取。然惜於古史材料，未嘗為充分之處理也。吾輩生於今日，幸於紙上之材料外，更得地下之新材料，由此種材料，我輩固得據以補正紙上之材料，亦得證明古書之某部分全為實錄，即百家不雅馴之言亦不無表示一面之事實。此二重證據法，惟在今日始得為之。雖古書之未得證明者，不能加以否定，而其已得證明者，不能不加以肯定，可斷言也。(《古史新證》第一章總論)

先生此說乃在破除前人以經解經，偏重紙上材料互證之蔽，創以地下材料補正紙上材料之二重證據法，用以肯定古代之信史，並藉以駁正近代輕易疑古之失。先生曰：

疑古之過，乃併堯舜禹之人物而亦疑之。其於懷疑之態度及批評之精神，不無可取，然惜於古史材料，未嘗為充分處理也。

先生所謂之紙上材料如下：

(1)《尚書》(《虞夏書》中如〈堯典〉，〈皋陶謨〉，〈禹貢〉，〈甘誓〉，《商書》中如〈湯誓〉，文字稍平易簡潔，或係後世重編，然至少亦必為周初人所作。至《商書》中之〈盤庚〉，〈高宗肜日〉，〈西伯戡黎〉，〈微子〉，《周書》之〈牧誓〉，〈洪範〉，〈金縢〉，〈大誥〉，〈康誥〉，〈酒誥〉，〈梓材〉，〈召誥〉，〈洛誥〉，〈多士〉，〈無逸〉，〈君奭〉，〈多方〉，〈立政〉，〈顧命〉，〈康王之誥〉，〈呂刑〉，〈文侯之命〉，〈費誓〉，〈秦誓〉，諸篇皆當時所作也。)

(2)《詩》(自周初迄春秋初所作。〈商頌〉五篇，疑亦宗周時宋人所作也)。

(3)《易》(卦辭爻辭，周初作；〈十翼〉，相傳為孔子作，至少亦七十子後學所述也。)

(4)《五帝德》及《帝繫姓》(太史公謂「孔子所傳〈帝繫〉一篇與《世本》同」，此二篇後並入《大戴禮》。)

(5)《春秋》(魯國史，孔子重脩之。)

（6）《左氏傳》、《國語》（春秋後，戰國初作，至漢始行世。）

（7）《世本》（今不傳，有重輯本，漢初人作，然多取古代材料。）

（8）《竹書紀年》（戰國時魏人作，今書非原本。）

（9）《戰國策》及周秦諸子。

（10）《史記》

地下材料有二：

（1）甲骨文字（殷時物，自盤庚遷殷後，迄帝乙時。）

（2）金文（殷周二代）

先生所列地下材料雖僅有甲骨、金文二類，此乃特就殷商以前史實之考證而言之，非謂僅此二類而已。先生曰：「古來新學問起，大都由於新發見。」今日之新發見，先生別之爲五：一、殷契甲骨文字。二、敦煌塞上及西域各地之簡牘。三、敦煌千佛洞之六朝唐人所書卷軸。四、內閣大庫之書籍檔案。五、中國境內之古外族遺文。此五項中前三項皆先生畢生精力所注欲將地下紙上，打成一片者也。先生學問之豐偉，亦即在於能將物質材料與經籍材料證成一片。先生之高弟吳其昌云：「此點之重要，不但爲先師一生命脈之所在，亦即現代學問之主要命脈所在也。」故吳其昌稱道先生爲新史學家。

第三節　古史學之貢獻

王靜安先生一生之學，除三十歲以前，刊有《靜安文集》，並譯有《法學通論》、《辯學》、《心理學概論》等作及中年偶作詩詞美文外，其一生全部精力可謂皆貫注於史學之中，故先生之著作，以史學爲最，於史學之貢獻，又以古史爲多。其重要貢獻如下：

一、創以甲骨文字考證古史

考求古史，資料取材最爲重要，若能循當時之文字以考求當時之情狀，則最能得其最眞確之史實，故欲治歐洲古史者，必先通拉丁文；欲治希臘古史者，必通希臘文；欲治埃及古史者，必通埃及之象形文，治我國殷商古史者，則必通殷虛甲骨文字。

殷虛甲骨文字發現於清光緒二十四、五年間，丹徒劉鶚首爲之著錄，瑞安孫詒讓首爲之考釋，二氏於甲骨文字之研究，皆有篳路藍縷之功，而創以

殷虛甲骨文字考證古史者，則始自靜安先生。殷虛甲骨文字爲當時之新發見者，先生曰：

> 古來之新學問，大都由於新發現。——有孔子壁中書出，而後有漢以來古文家之學；有趙宋古器出，而後有宋以來古器物、古文字之學。晉時汲冢竹簡出土後，同時杜元凱之注《左傳》，稍後敦璞之注《山海經》，已用其說。然則中國紙上之學問，有賴於地下之學問者，固不自今日始矣。……自漢以來，中國學問上之最大發現者有三：一爲孔子壁中書，二爲汲冢書，三則今日之發見也。（《學衡》先生講稿〈最近二三十年中中國新發見之學問〉）

今日之新發見，先生又別之爲五：

> （一）殷虛甲骨文字。（二）敦煌塞上及西域各地之簡牘。（三）敦煌千佛洞之六朝唐人所書卷軸。（四）內閣大庫之書籍檔案。（五）中國境內之古外族遺文。（同上）

先生應用新發見之殷虛甲骨文字以考證古史，亦即徐亮之所言之「史外求史」也。其言曰：

> 國維之大有造於現代學術者，爲能史外求史。史外求史濫觴於宋歐陽脩，脩嘗纂《集古》錄，以爲所得雖出荒林破塚間，往往可正史傳闕繆。……甲骨出土於清光緒二十五年，羅振玉嘗因王懿榮、劉鐵雲之藏以成《殷虛書契》及《考釋》二書，而國維復爲〈殷卜辭中所見先公先王考〉、〈續考〉及〈殷周制度論〉，拂中天之雲翳，而袪萬古之疑團，其所造於脩、振玉遠矣。」（《中國人物新傳》）

應用新發見之殷虛甲骨文字考證古史之重要，先生門人吳其昌言之甚塙，其言曰：

> 欲考三代古史，其材料若僅取資經籍，則三代古籍，下至秦漢之書，其存者實屬寥寥可數，且前人功力，大半用盡，複述申言，重嫌辭費。無已，則惟有取資於世上僅存，及地下發掘之物質材料。而物質材料，則苟非精通古文字者，乃有如村嫗挾報，有等於無。

先生創以甲骨文字考證古史，爲新史學開闢一嶄新之途徑，已得舉世之肯定。梁任公〈王靜安先生墓前悼辭〉曰：

> 若說起王先生在學問上的貢獻，那是不爲中國所專有，而是全世界的。其最顯著的實在是發明甲骨文，和他同時因甲骨文而著名的雖

有人，但其實有許多重要著作都是他一人做的。以後研究甲骨文的自然有，而能矯正他的絕少。這是他的絕學。

梁任公〈國學論叢王靜安先生紀念專號序〉云：

先生貢獻於學界之偉績，其章章在人耳目者：若以今文創讀殷墟書契，而因以是正商周間史蹟及發現當時社會制度之特點，使古文著然改觀。

顧頡剛〈悼王靜安先生〉云：

靜安先生在廿餘年前治哲學，文學，心理學，法學等，他的研究學問的方法已經上了世界學術界的公路，自從跟了羅氏到日本，始把這些東西一齊丟掉，專力於考古學及史學。他對於商代甲骨，周秦銅器，漢晉簡牘，唐人寫本，古代生活，種族歷史，社會制度，都要研究，他用的方法便是西洋人研究史學的方法，不過這一點他因為和遺老的牌子有些衝突，所以諱莫如深而已。他對於學術界最大的功績，便是經書不當作經書（聖道）看，而當作史料看。聖賢不當作聖賢（超人）看，而當作凡人看。他把龜甲文、鐘鼎文、經籍、實物，作打通的研究，說明古代的史蹟，他已經把古代的神秘拆穿了許多。……我對於他的學問，不承認他是舊學，承認他是新創的中國古史學。

今人王德毅先生《王國維年譜》曰：

甲骨文的研究，自先生而有一個劃時代的創獲，決定了甲骨文這項新史料在史學研究上的地位。使茫昧的殷商歷史，呈現一片光明。使後日繼起研究殷商歷史的人不得不以甲骨文爲唯一可靠的史料。

由以上可知靜安先生創以殷虛甲骨文字考證古文，爲古史研究闢一嶄新途徑，其卓越貢獻已得舉世學者之肯定，後世應用甲骨文字，參考舊時文獻，以考證古史，亦皆先生有以啓之。

二、發明二重證據法治古史

「二重證據法」爲王靜安先生研究古史之重大發明，其法揭示於《古史新證》中。所謂「二重證據法」，即是取地下材料與紙上材料互證古史之法。先生曰：

> 吾輩生於今日，幸於紙上之材料外，更得地下之新材料，由此種材料，我輩固得據以補正紙上之材料。亦得證明古書之某部分全為實錄，即百家不雅馴之言亦不無表示一面之事實。此二重證據法，惟在今日始得為之。蓋古書之未得證明者，不能加以否定，而其已得證明者，不能不加以肯定，可斷言也。(《古史新證總論》)

先生所謂之紙上材料：《尚書》、《詩》、《易》、《五帝德》及《帝繫姓》、《春秋》、《左氏傳》、《國語》、《世本》、《竹書紀年》、《戰國策》及周秦諸子，《史記》。地下之材料有二，甲骨文字、金文。

二重證據法亦即是將物質材料與經籍材料證成一片之法。地下材料甲骨與金文之研究，雖在清末已開其端，然應用此類考古學之新材料，參考舊經典之記載，以比較研究古史，實自先生啓之。

先生所著〈殷卜辭中所見先公先王考〉，〈殷卜辭中所見先公先王續考〉、〈殷禮徵文〉、〈殷周制度論〉，《古史新證》等作，皆用此法以研究之，終於重建殷商之信史，並補正《史記・殷本紀》之譌誤，為古史研究開闢之一嶄新之途徑。

三、訂正《史記》之譌誤

殷之先公自上甲微以下，《史記・殷本紀》及〈三代世表〉均以報丁、報乙、報丙、示壬、示癸為序，靜安先生於卜辭發現二折片，合之，則其文為「乙未酒茲品上甲十、報乙三、報丙三、報丁三、示壬三、示癸三、大丁十、大甲十（下闕）」(〈先公先王續考〉)，確證殷代先公上甲以下諸人名，應以報乙、報丙、報丁、主壬、主癸為序。據此，確證上甲以下諸人名，得以糾正二千餘年《史記》諸書之誤。

卜辭中有「王亥」，亦即《山海經・大荒東經》為有易所殺之王亥，郭注引古本《竹書紀年》之殷王子亥，《楚辭・天問》「該秉李德」之該，《呂覽・勿躬篇》「王氷作服牛」之王氷、《世本》作篇「胲作服牛」之胲，《帝繫篇》之核，《史記・殷本紀》及〈三代世表〉之振。靜安考證王亥即殷之先祖，古籍中之垓、核、該、胲均其誤字，其後又訛為氷，或訛為振，足以訂正古籍及《史記》之誤。董作賓先生曰：「甲骨文的初步研究上，能夠把王亥二字看作一個人名，把孫詒讓認為立字的，斷定是王字，這已是不容易了，王氏更把〈殷本紀〉訛為振的，考定就是王亥，尤其令人驚奇。一個亥

字，在許多古籍中，增加了偏旁，成為垓、核、該、賅，還算保存著原狀的一半，等到又從核訛為振，或訛為氷，就不容易找到原形了，王氏能細心對證，考定了卜辭中王亥，就是〈殷本紀〉的振，確是難得。」(《甲骨學五十年》)

先生生當司馬遷後二千餘年，反能訂正《史記》之訛誤並補其缺遺，實為古文研究之一大貢獻。

四、考證殷商之世系

王靜安先生於民國六年三月撰就〈殷卜辭中所見先公先王考〉，此考於殷世系之考證頗為精確，考定殷代先公先王有帝嚳、相土、季、王亥、王恆、上甲、報乙、報丙、報丁、主壬、主癸、大乙、羊甲等十三人。同年四月撰就〈殷卜辭中所見先公先王續考〉，以脩正並補充前考之不足，先生此二考於古史研究上頗具震憾性之貢獻，羅振玉一見驚為曠世之作，並謂：「披閱來編，積疴若失。」先生〈殷卜辭中所見先公先王考〉自序曰：

> 又觀卜辭中數十見之田字，从甲在口中，及通觀諸卜辭而知田即上甲微，於是參事前疑卜辭中之⦗、司、可即報乙、報丙、報丁者，至是亦得其證矣。又卜辭自上甲以降皆曰示，則參事謂卜辭之示壬、示癸即主壬、主癸，亦信而有徵。又觀卜辭王恒之祀與王亥同，太丁之祀與太乙、太甲同，孝己之祀與祖庚同，知商人兄弟無論長幼與已立、未立，其名號典禮蓋無差別，於是卜辭中人物，其名與禮皆類先王而史無其人者，與夫父甲、兄乙等名稱之浩繁，求諸帝系而不可通者，至是亦理順冰釋，而《世本》、《史記》之為實錄，且得於今日證之。(《觀堂集林》卷九)

又云：

> 有商一代二十九帝，其未見卜辭者，仲壬、沃丁、雍己、河亶甲、沃甲、廩辛、帝乙、帝辛八帝也。而卜辭出於殷虛，乃自盤庚至帝乙時所刻辭，自當無帝乙、帝辛之名，則名不見於卜辭者，於二十七帝中實六帝耳。(〈殷卜辭中所見先公先王考〉)

繼先生從事卜辭中先公先王世系之研究者，又有吳其昌、董彥堂、郭鼎堂、胡厚宣諸家之研究，至今殷代先公先王之未見於卜辭者，僅昭明一人而已。茲將卜辭之發現與《史記·殷本紀》列表對照如下：

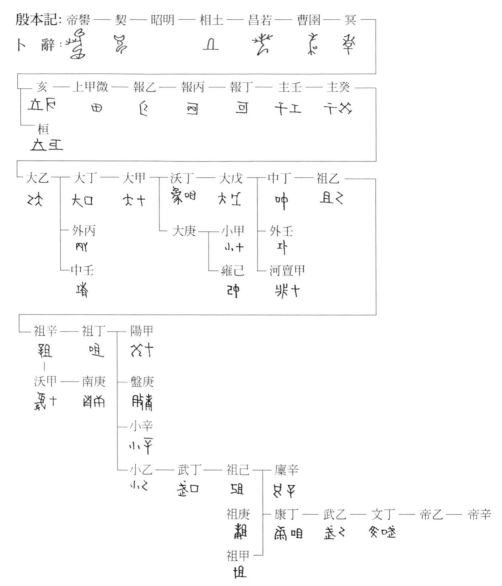

五、殷商先公先王之考證

1. 帝嚳之考證

　　卜辭中有𡥃凡數見，金文中有𡥃、𡥃、𡥃、𡥃字，先生考證夒、羞、柔三字古音同部，互相通借，即高祖夒也。夒為殷先祖之最顯赫者，以聲類求之，蓋即帝嚳。嚳字諸書有作「告」、「誥」、「俈」者，與夒字聲相近，其或作「夋」者，則又「夒」字之譌也。先生以為郭璞以帝俊為帝舜，不如皇甫謐以夋為帝嚳之名為恰當也。先生之說，後之學者皆從之。先生曰：

卜辭有⬚字，其文曰貞燎于⬚。又曰燎于⬚□牢。又曰燎于⬚六牛。又曰于燎⬚牛六。又曰貞求年于⬚九牛。又曰又于⬚。案⬚⬚二形象人首手足之形。《說文》戈部䪞，貪獸也。一曰母猴似人，從頁已止戈其手足。毛公鼎我弗作先王羞之羞作⬚，克鼎柔遠能邇之柔作⬚，番生敦作⬚，而《博古圖》薛氏款識盅和鐘之柔燮百邦，晉姜鼎之用康柔綏懷遠廷，柔並作⬚，皆是字也。䪞、羞、柔三字古音同部，故互相通借。此稱高祖䪞，案卜辭惟王亥稱高祖王亥，或高祖亥，大乙稱高祖乙，則䪞必爲殷先祖之最顯赫者，以聲類求之，蓋即帝嚳也。帝嚳之名，已見逸書書序，自契至於成湯八遷，湯始居亳，從先王居，作帝告。《史記・殷本紀》告作誥，《索隱》曰：一作俈。案《史記・三代世表》、〈封禪書〉、《管子・侈靡篇》皆以俈爲嚳。僞孔傳亦云契父帝嚳都亳，湯自商丘遷亳，故曰從先王居。若書序之說可信，則帝嚳之名，已見商初之書矣。諸書作嚳或俈者，與䪞字聲相近，其或作夋者，則又䪞字之譌也。《史記・五帝本紀》索隱引皇甫謐曰：帝嚳名夋。《初學記》九引《帝王世紀》曰：帝嚳生而神靈，自言其名曰夋。《太平御覽》八十引作逡。《史記正義》引作岌。逡爲異文，岌則訛字也。《山海經》屢稱帝俊，郭璞注於〈大荒西經〉帝俊生后稷下云俊宜爲嚳，餘皆以爲帝舜之假借，然〈大荒東經〉曰帝俊生仲容，〈南經〉曰帝俊生季釐，是即《左氏傳》之仲熊、季貍，所謂高辛氏之才子也。〈海內經〉曰：帝俊有子八人，實始爲歌舞。即《左氏傳》所謂有才子八人也。〈大荒西經〉帝俊妻常義生月十有二，又傳記所云帝嚳次妃諏訾氏女曰常儀、生帝摯者也。三占從二，知郭璞以帝俊爲帝舜，不如皇甫以夋爲帝嚳名之當矣。祭法殷人禘嚳，魯語作殷人禘舜，舜亦當作夋，嚳爲契父，爲商人所自出之帝，故商人禘之，卜辭稱高祖䪞，乃與王亥大乙同稱，疑非嚳不足以當之矣。

2. 相土之考證

卜辭中「⬚」字凡數見：

（1）貞燎于⬚三小牢卯一牛沈十牛（《前編》卷一第廿四葉、卷七第廿五葉）

（2）貞求年于⬚九牛（《鐵雲藏龜》第二百十六葉）

（3）貞 ⚇ 賣于 ⓧ（《鐵雲藏龜》第二百二十八葉）

（4）貞于 ⓧ 求（《前編》卷五第一葉）

（5）癸亥卜又 ⓧ 賣一小羊圖（《戬壽堂所藏殷虛文字》第一葉）

（6）其賣于 ⓧ（《戬壽堂所藏殷虛文字》第一葉）

先生初疑「ⓧ」字，殆「社」字之假借，後考求殷之先公有季、有王亥、有王恒，又自上甲至於主癸，無一不見於卜辭，遂考定卜辭之 ⓧ（土）字，當即爲殷之先公相土。其言曰：

　　ⓧ即土字，盂鼎受民受疆土之土作 ⬧，卜辭用刀契，不能作肥筆，故空其中作 ⓧ，猶 ⬥ 之作 ⬦，⬛ 之作口矣。土疑即相土，《史記·殷本紀》：「契卒子昭明立，昭明卒，子相土立。」相土之字，《詩·商頌》、《春秋左氏傳》、《世本·帝繫篇》皆作「土」，而《周禮》校人注引《世本》作篇「相士作乘馬」作「士」（楊倞《荀子》注引《世本》此條作土），而《荀子·解蔽篇》曰：「乘杜作乘馬。」《呂覽·勿躬篇》曰：「乘雅作駕。」注：「雅一作持。」持、杜聲相近，則土是士非，楊倞注荀子曰：「以其作乘馬，故謂之乘杜。」是乘本非名，相土或單名土，又假用杜也。然則卜辭之 ⓧ，當即相土。曩以卜辭有 ⬠ⓧ（《前編》卷四第十七葉）字即邦社，假土爲社，疑諸土字皆社之假借字，今觀卜辭中殷之先公有季、有王亥、有王恒，又自上甲至於主癸無一不見於卜辭，則此土亦當爲相土而非社矣。

先生考證 ⓧ 字即爲「相土」，其說至爲精審，郭沫若《卜辭通纂》三四三片認爲「無可易」。傅孟眞先生亦以爲「最勝之義」。又先生著書立說極爲嚴謹，其勇於訂正前說，實非常人所能及。

3. 考證季為殷之先公冥

卜辭中有「季」字，其文曰：「辛亥卜口貞季口求王」（《前編》卷五第四十葉兩見），又曰：「癸巳卜之于季。」（《前編》卷七第四十一葉），又曰：「貞之于季。」先生考「季」亦即殷之先公「冥」是也。《楚辭·天問》曰：「該秉季德，厥父之臧。」又曰：「恆秉季德」考「該」與「恆」皆「季」之子，該即王亥，恆即王恒，皆見於卜辭，則卜辭之季，亦當爲王亥之父「冥」審矣。

4. 王亥之考證

甲文中屢見「王亥」，先生考證甲文之「王亥」亦即《山海經·大荒東經》爲有易所殺之王亥，郭注引古本《竹書紀年》之殷王子亥。《楚辭·天問》「該

秉季德」之該，《呂覽・勿躬篇》「王氷作服牛」之王氷，世本作「胲作服牛」之胲，《帝繫篇》之核，《史記・殷本紀》及〈三代世表〉之振。

近人董作賓先生極稱道王靜安先生之成就，其言曰：

> 甲骨文的初步研究上，能夠把王亥二字看作一個人名，把孫詒讓認爲立字的，斷定是王字，這已是不容易了，王氏更把〈殷本紀〉訛爲振的，考定是王亥，尤其令人驚奇。一個亥字，在許多古籍中，增加了偏旁，成爲垓、核、該、胲，還算保存著原狀的一半，等到又從核訛爲振，或訛爲氷，就不容易找到原形了，王氏能細心對證，考定了卜辭中王亥，就是〈殷本紀〉的振，確是難得。（《甲骨學五十年》）

5. 王恆之考證

卜辭中「王亙」字凡數見：

(1)「貞之于王亙」（《鐵雲藏龜》第一百九十九葉及《書契後編》卷上第九葉）

(2)「貞㠯之于王亙」（《後編》卷下第七葉）

(3)「王㡉曰貞王何口（下闕）」（《前編》卷七第十一葉）

先生考證亙、㡉，即「恆」字，亙字從二從Ɔ（卜辭月字或作Ɔ，或作ℭ），其爲亙、亙二字，或爲恆之省無疑，其作㡉者，《詩・小雅》「如月之恆」《毛傳》：「恆、弦也。」弦本弓上物，故又從弓。王恆見於《楚辭・天問》，先生於〈殷卜辭中所見先公先王考〉論之至詳，其自序云：

> 甲寅歲暮，上虞羅叔言參事撰《殷虛書契考釋》，始於卜辭中發現王亥之名，嗣余讀《山海經》、《竹書紀年》，乃知王亥爲殷之先公，並與《世本》作篇之胲、〈帝繫篇〉之核、《楚辭・天問》之該、《呂氏春秋》之王氷、《史記・殷本紀》及〈三代世表〉之振，《漢書・古今人表》之垓，實係一人。嘗以此語參事及日本內藤博士（虎次郎），參事復博蒐甲骨中之紀王垓事者得七八條，載之《殷虛書契後編》。博士亦采余說，旁加考證，作〈王亥〉一篇，載諸《藝文雜誌》，並謂自契以降諸先公之名，苟後此尚得於卜辭中發之，則有禪於古史學者當尤鉅。余感博士言，乃復就卜辭有所攻究，復於王亥之外得王恆一人，案《楚辭・天問》云：「該秉季德，厥文是臧。」又云：「恆秉季德。」王亥即該。則王恆即恆，而卜辭之季即冥（羅參事

說），至是始得其證矣。

6. 上甲之考證

卜辭中屢見「田」字，先生因見卜辭之匚 冂 冂三人名，乙、丙、丁皆在匚或冂內，乃悟出田即上甲也。先生曰：

《魯語》：「上甲微能帥契者也，商人報焉。」是商人祭上甲微，而卜辭不見。上甲，郭璞《大荒東經》注引《竹書》作主甲微，而卜辭亦不見主甲。余由卜辭中有匚、冂、冂三人名，其乙、丙、丁三字皆在匚或冂中，而悟卜辭凡數十見之田即上甲也。卜辭中凡田狩之田字，其口中橫直二筆皆與其四旁相接，而人名之田，則其中橫直二筆或其直筆必與四旁不接，與田字區別較然，田中十字，即古甲字（卜辭與古金文皆同）。甲在口中與匚、冂、冂之乙、丙、丁三字在匚或冂中同意，亦有口中橫直二筆與四旁接而與田狩字無別者，則上加一作面以別之。上加一者，古六書中指事之法，一在田上與二字（古文上字）之一在一上同意，去上甲之義尤近，細觀卜辭中記田或面者數十條，亦惟上甲微始足當之。卜辭中云自田至于多后衣者五，其斷片云自田至于多后者三，云自田至于武乙衣者一。衣者古殷祭之名。又卜辭曰丁卯貞來乙亥告自田。又曰乙亥卜賓貞□大御自田。又曰貞翌甲□岁自田，凡祭告皆曰自田，是田實居先公先王之首也。又曰辛巳卜大貞之自田元示三牛二示一牛十三月。又云乙未貞其求自田十又三示牛小示羊，是田爲元示及十有三示之首。殷之先公稱示，主壬主癸，卜辭稱示壬示癸，則田又居先公之首也。商之先人王亥始以辰名，上甲以降皆以日名，是商人數先公當自上甲始，且田之爲上甲，又有可徵證者，殷之祭先率，以其所名之日祭之，祭名甲者用甲日，祭名乙者用乙日，此卜辭之通例也。今卜辭中，凡專祭田者，皆用甲日，如曰在三月甲子□祭面。又曰：在十月又一甲申□彤祭田，又曰癸卯卜翌甲辰之田牛吉，又曰甲辰卜貞來甲寅，又伐田羊五卯牛一，此四事祭田有日者，皆用甲日。又云：在正月□□祭大甲岁面，此條雖無祭日然與大甲同日祭，則亦用甲日矣。即與諸先王先公合祭時，其有日可考者，亦用甲日，如曰貞翌甲□岁自田。又曰祭巳卜貞彤肜日自面至于多后衣亡它，自□在四月惟王二祀。又曰癸卯王卜貞彤翌日自面至多后衣亡它，

在□在九月惟王五祀，此二條以癸巳及癸卯卜，則其所云之肜日翌
日皆甲日也，是故田之名甲，可以祭日用甲證之，田字為十在口中，
可以ᚱ、ᚠ、ᚢ三名乙、丙、丁在匚中證之，而此甲之即上甲，又可
以其居先公先王之首證之，此說雖若穿鑿，然恐殷人復起，亦無易
之矣。

7. 報乙、報丙、報丁之考證

卜辭中有ᚱ、ᚠ、ᚢ三人，羅振玉疑即報乙、報丙、報丁，而苦無以證之。
先生於甲骨中發現斷片綴合之法乃證成其說，並糾正《史記·殷本紀》及〈三
代世表〉、《漢書古今人表》以「報丁、報乙、報丙、示壬、示癸」為序之誤。
先生曰：

《史記·殷本紀》：「微卒，子報丁立。報丁卒，子報乙立。報乙卒，
子報丙立。報丙卒，子主壬立。主壬卒，子主癸立。」卜辭中絕未見
此五人，曩羅參事頗疑卜辭之ᚱ、ᚠ、ᚢ即報乙報丙報丁，示壬示癸即
主壬主癸，而未得確證，余於〈殷卜辭中所見先公先王考〉始為疏通
證明之。未幾檢理英倫某氏所得之劉鐵雲舊藏甲骨，於一骨中發見田
匚示癸諸名，與《書契後編》所載一骨上有ᚠᚢ諸名者文例及字體皆
相似；取而合之，乃知一骨折為二者；合讀其文，則商之先公先王自
田至太甲皆在焉。其次：首田，次ᚱ，次ᚠ，次ᚢ，次示壬，次主癸，
次大丁，次大甲，世數全與〈殷本紀〉及〈三代世表〉同；所異者，
ᚢ在ᚠ後：此又可正《史記》之誤也。由此骨觀之，則田之為上甲，
匚 ᚠ ᚢ 之為報乙報丙報丁，示壬示癸之為主壬主癸，已成鐵案。
推其字從甲在口中，乙丙丁在匚中，實不可解。魯語稱「商人報上甲
微，能帥契者也，商人報焉。」《孔叢子》引逸書惟高宗報上甲微。（此
魏晉間偽書之未采入梅本者，今本《竹書紀年》「武十二年報祀上甲
微」即本諸此。）而報乙報丙報丁亦冠以「報」字，義亦取于「報上
甲」之「報」，自非本名如此。又郭璞引真本紀，上甲作主甲；而主
壬主癸亦冠以「主」字，意壇墠或郊宗石室之制，殷人已有行之者歟。

8. 主壬、主癸之考證

卜辭中屢見示壬、示癸，羅振玉謂即《史記》之主壬、主癸。先生乃撰
文為之考證，以證成其說。其言曰：

卜辭屢見示壬示癸，羅參事謂即《史記》之主壬主癸，其說至確而

證之至難。今既知田爲上甲，則示壬示癸之即主壬主癸亦可證之。卜辭曰辛巳卜大貞之自田元示三牛二示一牛。又曰乙未貞其求自田十又三示牛小示羊，是自上甲以降均謂之示，則主壬主癸宜稱示壬示癸。又卜辭有示丁，蓋亦即報丁，報丁即作**司**，又作示丁，則自上甲至示癸，皆卜辭所謂元示也。又卜辭稱自田十有三示，而《史記》諸書，自上甲至主癸歷六世而僅得六君，疑其間當有兄弟相及，而史失其名者，如王亥與王恆疑亦兄弟相及而《史記》諸書皆不載，蓋商之先公，其世數雖傳而君數已不可考。又商人於先王先公之未立者，祀之與已立者同，故多至十有三示也。

9. 大乙之考證

卜辭中有「大乙」，無天乙，羅振玉謂《世本》、《荀子·成相篇》并《史記》之「天乙」爲「大乙」之譌。先生日：

> 湯名天乙，見於《世本》及《荀子·成相篇》，而《史記》仍之，卜辭有大乙無天乙，羅參事謂天乙爲大乙之譌，觀於大戊卜辭亦作天戊。卜辭之大邑商，《周書》多士作天邑商，蓋天大二字形近故互譌也。且商初葉諸帝，如大丁、如大甲、如大庚、如大戊皆冠以大字，則湯自當稱大乙。又卜辭曰：癸巳貞又**火**于伊其□大乙肜日。又曰癸酉卜貞大乙伊其，伊即伊尹，以大乙與伊尹并言，尤大乙即天乙之證矣。

10. 唐之考證

卜辭有「唐」字，先生以爲「唐」必「湯」之本字，後轉作「喝」，遂通作「湯」矣。先生日：

> 卜辭又屢見唐字，亦人名。其一條有唐大丁大甲三人相連，而下文不具。又一骨上有卜辭三，一曰貞于唐告**旨**方，二曰貞于大甲告，三曰貞于大丁告**旨**，三辭在一骨上，自係一時所卜，據此則唐與大丁大甲連文，而又居其首，疑即湯也。《說文》口部喝古文唐，從口易，與湯字形相近，《博古圖》所載齊侯鎛鐘銘曰虩虩成唐，有嚴在帝所，專受天命，又曰奄有九州，處禹之都。夫受天命有九州，非成湯其孰能當之。《太平御覽》八十二及九百一十二引《歸藏》曰昔者桀筮伐唐而枚占熒惑曰不吉。《博物志》六亦云。案唐亦即湯也。卜辭之唐必湯之本字，後轉作喝，遂通作湯。

11. 羊甲之考證

卜辭中有「羊甲」無「陽甲」。羅振玉證以古「樂陽」作「樂羊」,「歐陽」作「歐羊」,謂「羊甲」即「陽甲」。先生曰:「今案卜辭有『曰南庚、曰羊甲。』六字(《前編》卷一第四十二葉),羊甲在南庚之次,則其即陽甲審矣。」

　　案:續三・三十三・十二「□□(卜)行(貞王窋)𦫳甲口(亡)囚」,𦫳為羌字。當釋為羌甲,羅氏釋羊誤,羌甲即《史記》之陽甲。

12. 康丁之考證

〈殷本紀〉:「帝廩辛崩,弟庚丁立。」卜辭無庚丁,有康丁及康祖丁,羅振玉以為即康丁。先生認為商人以日為名,斷無用庚丁兩日者,當以羅說為是。

13. 后祖乙之考證

　　乙丑卜□貞王窋后祖乙凵尤(《戩壽堂所藏殷虛文字》第三葉)

　　丁酉卜即貞后祖乙召十井四月(同上)

　　貞后祖乙召物四月(同上)

　　乙卯卜即貞王窋后祖乙父丁歲凵尤(同上)

　　甲□□貞翌乙□酒肜日于后祖乙(《後編》上第二十葉)

　　咸后祖乙(《前編》卷五第五葉)

上第四條以后祖乙父丁連文,先生曰:

　　攷盤庚以後,父名乙,子名丁者,惟小乙武丁與武乙文丁。而小乙,卜辭稱小祖乙(《戩壽堂所藏殷虛文字》第五葉),則后祖乙必武乙矣。卜辭多見武乙及武祖乙,而又云后祖乙者,蓋異號也。商諸帝中,名乙者六。卜辭除帝乙外,皆有祖乙之辭。是故高祖乙者,謂大乙也;中宗祖乙者,謂祖乙也。小祖乙者,謂小乙也;武祖乙後祖乙者,謂武乙也;小乙以後,不得更以大小相別,乃稱為「后」矣。古「后」「後」一字。

案嚴一萍以為先生此說非是,其言曰:

　　即為第二期貞人,此為祖甲時所卜,其前之父丁、武丁也,后且乙者,小乙也。

14. 文武丁之考證

　　丁酉卜貞王賓文武丁伐十人卯六牢鬯六卣凵六(《前編》卷一第十

八葉）

丙午卜貞文武丁ㄓ丁其牢（同上）

丙申卜貞文武丁其（下闕，同上）

〈殷本紀〉：「武乙震死，子大丁立。」《竹書紀年》，大丁作父丁。案大丁與湯子大甲父同名；且此丁于丁爲最後，不得稱「大」，《紀年》是也。此文武丁，羅參事以爲即文丁。

六、商先王世數之研究

《史記・殷本紀》，〈三代世表〉及《漢書古今人表》所記殷君數同，而世數則互相違異。其情形如下：

1. 〈殷本紀〉有商三十一帝（除大丁爲三十帝）共十七世。

2. 〈三代世表〉以小甲、雍巳、大戊爲大庚弟（〈殷本紀〉爲大庚子），爲十六世。

3. 〈古今人表〉以中丁、外壬、河亶甲爲大戊弟（〈殷本紀〉爲大戊子），祖乙爲河亶甲弟（〈殷本紀〉爲河亶甲子），小辛爲盤庚子（〈殷本紀〉爲盤庚弟），增一世、減一世，亦爲十六世。

靜安先生據甲骨斷片考證之，認爲應以〈殷本紀〉爲近。其言曰：

今檢卜辭中又有一斷片，其文曰：「（上闕）大甲、大庚、（闕）丁、祖乙、祖（闕）、一羊一牛南（下闕。）此片雖殘闕，然于大甲、大庚之間不數沃丁、中丁，祖乙之間不數外壬、河亶甲，而一世之中僅舉一帝，蓋與前舉者同例（即祖乙、祖丁、祖甲、康祖丁、武乙），又其上下所闕，得以意補足之如下：

　　由此觀之，此片當爲盤庚、小辛、小乙三帝時之物。自大丁至祖丁，皆其所自出之先王。以〈殷本紀〉世數差之，并以行款求之，其文當如是也。惟據〈殷本紀〉，則祖乙乃河亶甲子，而非中丁子，今此片中有中丁而無河亶甲，則祖乙自當爲中丁子，《史記》蓋誤也。且據此則大甲之後有大庚，則大戊自當爲大庚子，其兄小甲雍己亦然，知〈世表〉以小甲雍巳大戊爲大庚弟者非矣。大戊之後有中丁，中丁之後有祖乙，則中丁外壬河亶甲自當爲大戊子，祖乙自當爲中丁子，知〈人表〉以中丁外壬河亶甲祖乙皆爲大戊弟者非矣。卜辭又云：「父甲一牡，父庚一壬，父辛一牡。」（《後編》卷上弟二十五葉）甲爲陽甲，庚爲盤庚，辛則小辛，皆武丁之諸父，故曰父甲父庚父辛，則〈人表〉示以小辛爲盤庚子者非矣。凡此諸證，皆與〈殷本紀〉合而與〈世表〉〈人表〉不合。是故殷自小乙以上之世數，可由此二斷片證之。小乙以下之世數，可由祖乙祖丁祖甲康祖丁武乙一條證之。考古者得此，可以無遺憾矣。

　　附殷世數異同表如下：

帝　名	殷本紀	三代世表	古今人表	卜　辭
湯	主癸子	主癸子	主癸子	一世
大丁	湯　子	湯　子	湯　子	湯子 二世
外丙	大丁弟	大丁弟	大丁弟	
中壬	外丙弟	外丙弟	外丙弟	
大甲	大丁子	大丁子	大丁子	大丁子 三世
沃丁	大甲子	大甲子	大甲子	
大庚	沃丁弟	沃丁弟	沃丁弟	大甲子 四世
小甲	大庚子	大庚弟	大庚子	
雍己	小甲弟	小甲弟	小甲弟	
大戊	雍己弟	雍己弟	雍己弟	大庚子 五世
中丁	大戊子	大戊子	大戊弟	大戊子 六世
外壬	中丁弟	中丁弟	中丁弟	
河亶甲	外壬弟	外壬弟	外壬弟	
祖乙	河亶甲子	河亶甲子	河亶甲弟	中丁子 七世
祖辛	祖乙子	祖乙子	祖乙子	祖乙子 八世

沃甲	祖辛弟	祖辛弟	祖辛弟	
祖丁	祖辛子	祖辛子	祖辛子	祖辛子 九世
南庚	沃甲子	沃甲子	沃甲子	
陽甲	祖丁子	祖丁子	祖丁子	祖丁子 十世
盤庚	陽甲弟	陽甲弟	陽甲弟	陽甲弟 十世
小辛	盤庚弟	盤庚弟	盤庚子	盤庚弟 十世
小乙	小辛弟	小辛弟	小辛弟	小辛弟 十世
武丁	小乙子	小乙子	小乙子	小乙子 十一世
祖庚	武丁子	武丁子	武丁子	武丁子 十二世
祖甲	祖庚弟	祖庚弟	祖庚弟	祖庚弟 十二世
廩辛	祖甲子	祖甲子	祖甲子	
庚丁	廩辛弟	廩辛弟	廩辛弟	祖甲子 十三世
武乙	庚丁子	庚丁子	庚丁子	庚丁子 十四世
大丁	武乙子	武乙子	武乙子	
帝乙	大丁子	大丁子	大丁子	
帝辛	帝乙子	帝乙子	帝乙子	

七、殷周制度之研究

　　先生應用古文字、古器物以研究古史，有《古史新證》、《殷禮徵文》、《殷周制度論》諸作。其考定殷以前之典禮制度，可徵實而推知之者如下：

　　（一）殷以前天子諸侯君臣之分未定，當虞夏之時，殷之先世已稱王。

　　（二）殷人兄弟無貴賤之分，嫡庶之別，故殷人祀其先王、兄弟同體。

　　（三）商之諸帝，以弟繼兄，但後其父而不後其兄，凡一帝之子，無嫡庶長幼皆未來之儲貳，故商自開國之初，即無封建子弟爲諸侯之制度。

　　（四）殷商以前無女姓之制，據甲骨文，帝王之妣與母皆以日名與先王同，稱妣甲、妣乙。

　　（五）殷人祀典無親疏之殊，無尊卑之差，先公先王先妣在位者與不在位者皆有專祭，其合祭亦無定制。

　　（六）王亥確爲殷人以辰爲名之始，猶上甲微之爲以日爲名之始也。

　　先生論周人制度大異於商者有三。如曰：

　　周人制度之大異於商者，一曰立子立嫡之制，由是而生宗法及喪服
　　之制，並由是而有封建子弟之制，君天子臣諸侯之制。二曰廟數之
　　制。三曰同姓不婚之制，此數者，皆周之所以綱紀天下，其旨則在
　　納上下於道德，而合天子諸侯卿大夫士庶民以成一道德之團體，周
　　公制作之本意，實在於此。

先生於《殷周制度論》中極推崇周公之貢獻，其言曰：

　　是故有立子之制，而君位定，有封建子弟之制，而異姓之勢弱，天
　　子之位尊。有嫡庶之制，於是有宗法，有服術，而自國以至天下合
　　爲一家。有卿大夫不世之制，而賢才得以進。有同姓不婚之制，而
　　男女之別嚴，且異姓之國，非宗法之所能統者，以婚媾甥舅之誼通
　　之，於是天下之國，大都王之兄弟甥舅，而諸國之間，亦皆有兄弟
　　甥舅之親，周人一統之策，實存於是，此種制度，固亦由時勢之所
　　趨。然手定此者，實惟周公。

先生殷周制度之研究，以甲骨金文爲根據，參以《詩》、《書》、《禮記》，義據
精深，方法縝密，發前人之所未發。歷來學者均譽爲我國文化史上之一篇大
文字，於古史研究有卓越之貢獻。

八、重建殷商之信史

　　靜安先生爲創以甲骨研究古史之第一人，其〈殷卜辭中所見先公先王考〉
及〈續考〉之作，證明王亥即殷之先祖，天乙爲大乙之誤，《史記‧殷本紀》
報丁、報乙、報丙之次，當爲報乙、報丙、報丁之誤，又從卜辭與《楚辭》
中證明王亥之弟即王恆，均確切而不可易者。

　　先生當疑古風氣盛行之世，其發明以地下材料之甲骨金文以補正紙上材
料之二重證據法，用以研究古史，往往有驚人之發現。其重建殷周之信史，
喚醒極端疑古人士好以神話解說古史者之迷夢，居功厥偉。屈萬里先生云：

　　甲骨文字雖然發現於清光緒二十五年，而用它來證史，則始於王國
　　維，自從王國維作了〈殷卜辭中所見先公先王考〉和〈續考〉以後，
　　研究甲骨文的學者，在討論殷史方面，已得到不少的成績。

又云：

　　證實了殷先公自上甲以下的次序，是報乙、報丙、報丁，而不是像
　　《史記》和《漢書人表》的次序——報丁、報乙、報丙，他證實了

殷中宗是祖乙而不是大戊。他證實了祖乙是中丁的兒子而不是河亶甲的兒子。另外，關於殷代帝王的世系，《史記·殷本紀》和《漢書人表》不合的地方，都證實了是《漢書人表》之誤。他固然糾正了《史記·殷本紀》不少的錯誤，可也證實了〈殷本紀〉所載殷代帝王的世系大致正確可信。這告訴人對於《史記》所記的古史，固然不能全盤相信，但也使善疑的人們對於《史記》增加了不少的信心。利用甲骨文的材料，重建殷代的信史，王國維的這兩篇文章，無疑地是開山之作。(《中國傳統古史說之破壞和古代信史的重建》)

屈先生推崇王靜安先生重建殷商的信史，可爲天下之公論。

第九章　王靜安先生之西北史地學

第一節　概　說

　　我國自滿清嘉道以還，門戶洞開，不僅東南沿海爲西方列強所窺伺，即虎視眈眈之帝俄，亦不斷侵掠我蒙新地區，外來列強之侵略，遂刺激我學界諸學者競起於西北史地之研究。自錢大昕以降，有何秋濤、魏源、李文田、李光庭、張鑑、施國祁、洪鈞、沈曾植、丁謙、柯劭忞、屠寄、袁昶等前後十數子，著述甚豐。

　　西方學者來我國西北各地考古者，有俄人拉特洛夫，法國之法睆、伯希和，英國之斯坦因，德人牟利爾，日人內藤桑原、藤田諸家皆曾致力於我國西北地理之考證，因而刺激國人之急起直追，先生適逢其會，於西北史地有深刻之研究與精確之考證。先生之高弟吳其昌述其先師王靜安先生治西北史地之因由曰：

　　　　自先生四十七歲入京以後，其學又一大變，轉而專治西北地理。先生之學，至此又何以忽轉入西北地理耶？此吾人所欲亟知者也。然吾人苟熟觀其學問之性質，及其進學之次序，則固可以學理豫推，而絕不視爲奇異者也。蓋治金必兼及於石，石則全部資料爲古碑；考證古碑，則與地理學遂生相互不能分離之關係。又治史學者，其一部之重要材料，即在古碑；中央大政，則古籍具在，不煩旁求，惟邊圉荒蠻及鄰國窈遠之史事與地理，書本材料缺乏殊甚，則其取材，惟有乞靈於邊圉之古碑耳。故先生自四十歲返滬以後，其學已

漸漸向此微轉。又因當時燉煌古籍，愈出愈多，流沙又出墜簡，而邊方古刻亦層出不窮。此種學問皆先生所深嗜，遂漸漸起而為之考釋。在日本時已作〈流沙墜簡考釋〉。歸國以後，居滬時所作如：〈劉平國治□關城誦跋〉、〈魏毋丘儉丸都山紀功刻石跋〉，皆作於民六。如〈高昌寧朔將軍麴斌造寺碑跋〉，作於民八。如〈九姓回鶻可汗碑跋〉、〈書虞道園高昌王世勳碑後〉、〈于闐公主供養地藏菩薩畫像跋〉、〈曹夫繪觀音菩薩象跋〉，亦大約皆成於是時。於當時之史事地理，多所補證。頗能明白顯示吾人以由「吉金文字」之學轉至「考古地理」之學，其間漸變之趨勢與痕跡。同時羅氏亦著〈高昌麴氏年表〉、〈沙州曹氏年表〉、〈補唐書張義潮傳〉……等，與先生走入同一趨勢。於是再進而作〈西域井渠考矣〉；更進而作〈西胡考〉、〈續西胡考〉矣。及至入京以後，始專究宋元時代之西北地理。至四十九歲（民十四）而〈韃靼考〉、〈宋元時代蒙古考〉成。於是漸次及於《聖武親征錄》、《長春西遊記》、《蒙韃備錄》、《黑韃事略》、《元秘史》、劉祁《北使記》、劉郁《西使記》、杜環《經行記》、王廷德《使高昌紀》、耶律楚材《西遊錄》等書。於五十歲（民十六）之夏，而前四種校注告成。其他於《元秘史》則成索引，於耶律文正則成年譜，皆成而未修。於西使北使經行高昌四記，則隨筆校注，而尚未脫稿。至其臨歿前三月，猶作〈金界壕考〉，臨歿數日前猶修〈韃靼考〉〈蒙古札記〉。由是趨勢以推之，則先生此數年之間，如不至遽卒，其必注全力於此數書，可必也。此先生晚年由古文字學轉入西北地理之學之原因，之經過，之趨勢也。

吳其昌又論先生西北地理之學，雖魄力不及何秋濤、魏源諸人，但其專門精確處，又非各家之所能及。其言曰：

西北地理之學，自嘉道以還，徐星伯（松）、張石洲（穆）、何願船（秋濤）、魏默深（源）、李恢垣（光庭）、張秋水（鑑）、施北研（國祁）、沈子敦（垚）、李芍農（文田）、洪文卿（鈞）、袁重黎（昶）、江建霞（標）以來，至於今日之屠敬山（寄）、沈寐叟（曾植）、柯蓼園（劭忞）、丁誼庵（謙）及先生等輩，外人輔之者，則有俄人拉特洛夫，法人沙畹、伯希和，德人牟列爾，英人斯坦因，日人內藤桑原、藤田……等，發揚蹈厲，光燄萬丈；先生著作，不過占其中

之一小部分。然先生治學標準，求精確不求廣潤；求專門不求宏通；
寧失之偏狹，不寧失之宏大；寧失之瑣屑，不寧失之籠統。故其魄
力，雖遠不如何願船、魏默深、李仲約、柯鳳遜之功大而烈偉；而
其專門精確之處，則頗各有短長，亦有非諸家所可及者在焉。

本章所論者為先生蒙古史之研究、西北諸戎稱名之考證及西北地理之考證。
蒙古史之研究，可窺知先生發明對音法考求邊塞民族史實之貢獻；西北諸戎
稱名不一，經先生考證，皆能符合事實，其有裨益於史志者甚多；西北地理
之考證，考求西遼都城之所在，探究流沙墜簡之出土地，頗有助於邊陲地理
之認識，以下即分別論述之。

第二節　蒙古史之研究

滿清嘉道以來，學者競治元史，魏默深（源）、洪文卿（鈞）、李芍農（文
田）、屠敬山（寄）、丁誾庵（謙）等先後輩出，著述眾多，斐然可觀。至柯
氏之《新元史》行世，幾集此學之大成。先生較柯氏晚出，於元史之研究致
力甚勤，著有〈遼金時蒙古考〉、〈南宋人所傳蒙古史料考〉、〈元朝秘史地名
索引〉、〈元朝秘史之主因亦兒堅考〉、〈韃靼考〉、〈萌古考〉、〈蒙古史料四種
校注〉（〈蒙韃備錄箋證〉一卷、〈黑韃事略箋證〉一卷、〈聖武親征錄校注〉
一卷、〈長春眞人西遊記校注〉二卷）等作，考證之精，發明之多，超越前賢。

一、阻䩓、塔塔、韃靼之考證

民國十四年九月，先生撰〈韃靼考〉，考證《金史》中之阻䩓即《元秘史》
之塔塔兒，而塔塔兒一語，亦即唐宋韃靼對音，此一對音法之發明，乃先生治
學方法獨得之見，於邊疆民族紛歧史實之考證，頗有貢獻。趙萬里《王國維年
譜》云：

> 是月（九月），先生讀《金史》發現阻䩓字樣多處，而《元史》中並
> 無此種部族，乃大疑。一夕讀《元秘史》，見卷四所載大金因塔塔兒
> 不從命，王京丞相領軍來剿，於浯泐札河破之，與《金史・完顏襄
> 傳》參之，地望人名悉合。因悟《金史》之阻䩓，即《元秘史》之
> 塔塔兒，而塔塔兒一語，亦即唐宋間韃靼之對音，乃摘錄舊籍中所
> 言韃靼、阻卜、阻䩓事，草〈韃靼年表〉及〈韃靼考〉，是年冬，即

提出此問題，爲北京歷史社會學會講演之。

先生〈韃靼考〉曰：

> 王京者，完顏之對音，《聖武親征錄》、《元史·太祖紀》并記此事，
> 皆作丞相完顏襄，浯泅札河亦即《金史》之斡里札河（今烏爾載河），
> 是二書紀事并相符合，而《金史》之阻䫉，《元秘史》謂之塔塔兒，
> 正與《遼史·蕭圖玉傳》之阻卜，〈聖宗紀〉作達旦者，前後一揆。
> 而塔塔兒一語爲韃靼之對音，更不待言。故曰唐宋間之韃靼，在遼
> 爲阻卜，在金爲阻䫉也。

靜安先生撰成〈韃靼考〉及〈韃靼年表〉後，又彙集蒙古上世史實，撰成〈遼
金時蒙古考〉，與前著相互疏通證明。先生論元之季世諱言韃靼之名曰：

> 余頃作〈韃靼考〉及〈韃靼年表〉，始證明元之季世諱言韃靼，故韃
> 靼之名雖已見於唐世，而宋、遼、金三史中乃不見韃靼事，又或記
> 其實而沒其名，其於蒙古亦然，蒙古之名已聞於唐代，而《遼史》
> 部族屬國中並無其名，《金史·兵志》雖有萌骨部族節度使，及萌骨
> 糺詳隱，而地理志部族節度八處，詳隱八處，皆無之，知元人諱言
> 其祖與諱言韃靼同。茲就書傳所見蒙古上世事實，彙而考之，俾與
> 〈韃靼考〉互證焉。（《遼金時蒙古考自序》）

先生既撰著上述〈韃靼考〉諸作，以考證蒙古史料，又譯有日本箭內亙〈韃
靼考〉、津田左右吉〈遼代烏古敵烈考〉及〈室韋考〉等作。復於丁卯年（民
國 16 年）五月八日改訂〈遼金時蒙古考〉爲〈萌古考〉。又於同月十四日考
訂〈韃靼考〉，自地理上論證遼金二史中阻卜或阻䫉，即爲唐宋間的韃靼。先
生另創一假說，認爲阻卜、阻䫉者，韃靼二字之倒誤，且非無意之誤，乃係
有意之誤也。先生曰：

> 遼金之阻卜、阻䫉，於唐宋爲韃靼，於蒙古爲塔塔兒，則阻卜、阻
> 䫉之名，烏從乎起？又於唐宋以前蒙古以後，得求此名之源流否乎？
> 然求之前後諸史，絕不見有與阻卜或阻䫉相類之名稱，余乃不得不
> 設一極武斷極穿鑿之假說曰：阻卜、阻䫉者，韃靼之倒誤，且非無
> 意之誤，而有意之誤也。何以言之，曰遼金人文字多言韃靼，如史
> 愿《亡遼錄》（《北盟會編》卷二十一引）云：「遼於沙漠之北，則置
> 西北路招討府……鎮攝韃靼蒙古迪烈諸國。」又金主亮遣翰林學士
> 韓汝嘉與宋國信使副徐嘉等宣諭公文（《北盟會編》卷二百二十九引）

云：「向來北邊有蒙古韃靼等，從東昏王時數犯邊境。」是遼金時固
有韃靼，其國史實錄亦當不諱言韃靼，而遼金二史無之者，曰蒙古
人諱言韃靼故。蒙古人何以諱言韃靼？曰蒙人本非韃靼，而漢人與
南人輒以此名呼之，固為蒙古人所不喜，且元末修史之漢臣，已不
復知韃靼與蒙古之別，而遼金史料中所記韃靼事，非朝貢即寇叛。
彼蓋誤以蒙古之先朝貢於遼金也，慮其有損國體，故諱之尤深。當
蒙古盛時，《祕史》《親征錄》并記太祖受金官職事，初未嘗以此為
諱。然宋遼金三史之作，在順帝之世，其時蒙古之勢力既已墜地，
故於文字之間尤多忌諱。……考韃靼之始見於載籍也，其字本作達
怛（《會昌一品集》及《冊府元龜》），後作達靼（薛歐《五代史》及
《夢溪筆談》），至南宋渡後，所撰所刊之書乃作韃靼。韃字不見於
集韻類篇，是北宋中葉尚無此字，其加革旁，實涉靼字而誤，然遼
金史料中，其字當已有作韃靼者，其倒也或作怛達，或作靼韃，極
與阻䪁二字相似，當時史料中或有一二處誤作阻䪁，或又省作阻卜
者，史臣乃利用其誤，遂并史料中之不誤者而盡改之，以避一時之
忌諱，其於《遼史・太祖聖宗紀》三處尚存達旦字者，蓋史臣所未
及改，抑故留此間隙以待後人之考定者也。（〈韃靼考〉）

先生於考訂〈韃靼考〉後不及二旬，即自沈於昆明湖中。此一假說是否成立，
雖有待後人之小心求證，由此可見先生晚年治蒙古史精勤之情形。

二、主因與乣軍研究

　　靜安先生於丁卯年二月，讀《元朝秘史》，見所載主因之語凡五處，遂應
用對音法撰成〈元朝秘史之主因亦兒考〉，就史實上證明《元朝秘史》所載主
因之語，蓋與遼金二史之乣軍相當。先生撰成後，即寄日本藤田豐八入《史
學雜誌》刊之。其前言曰：

十數年來，日本箭內（亙）、羽田（亨）、藤田（豐八）三博士及松
井（等）、鳥山（善一）二學士，各就遼金二史之乣軍，發表其新說，
於是乣軍之事，為史學上一大問題。余於契丹女真蒙古文字瞢無所
知，對此問題，自不能贊一辭。然近讀《元朝秘史》，就史實上發現
與金末乣軍相當之名稱，此名稱與自來乣軍之音讀略有不同，於史
實之同一及言語之歧互，殊不能得其解。適《史學雜誌》編者介藤

田博士徵余近業，因提出此史實，并余個人之見解，以就正於博士，
并乞羽田、鳥山諸君子之教，惜箭内博士已歸道山，不獲復請益也。
先生據史實以推論主因即糺軍之對音，其結論曰：

由右舉事實推論之，則此項糺軍，大抵多契丹人。當金之中葉，遠
戍呼倫貝爾兩湖之間，與塔塔兒人雜居，故中有塔塔兒人。後復徙
泰州近塞，大安之季，刺史尤虎高琪率之以援中都。因與於懷來之
役，後復叛金，與蒙古共圍中都，旋有異志，蒙人惡其反覆，遂分
其眾以賜功臣。此事與《秘史》主因亦兒堅之三大條件無乎不合，
頗疑主因一語，即糺軍之對音，然與從來相傳糺字之音讀不能盡合，
故臚舉此事實，以質博雅君子，或於糺字音義之研究不為無裨歟。

先生研究糺軍問題，其態度極認真，又致藤田博士二書，討論糺字之音讀。
其第一書曰：

前日寄上〈元朝秘史中之主因種考〉，想達左右，此文但就文獻上證
明《秘史》之主因亦兒堅即金末之糺軍，而於糺字之音義不敢贊一
辭。然窮此文之結論，則主因自當為糺軍之對音，與近日諸家所說
糺字之音不能肳合。國維對此亦稍有臆見，今悉陳之以就正於左右。
讀尊著〈糺字考〉，以漢籍中糺字為女真文乣字之竄入，然乣之與糺
雖皆从丩，而其左旁則絕不相似。項從華夷譯語女真語中見一糿字
（Grude 氏音注本第十三葉），其女真字為糿兊，其音為又安，其義
為牀，以此糿字當遼金元三史中之糺字，似較乣字為近。此說若中，
則糺之音當讀如又，此與《秘史》以主因對糺軍之說合。何則？蒙
古語中，丩母之字，讀若英文之 J，亦讀若 Y。如《秘史》卷一文譯
之主兒乞，直譯作禹兒乞；卷四又作主兒勤。又《親征錄》作月兒
斤，《元史·太祖紀》作要兒斤，〈世系表〉作岳里斤；卷三之者該
晃脫合兒，卷六作也該晃脫合兒；卷八之者迭兒，卷六作牙的兒，《親
征錄》作也迭兒。又如札剌亦兒亦作押剌伊而，者塔黑亦作約塔黑，
卓忽難亦作月忽難；而者勒篾、折里麥、折里麻亦與月呂篾思、月
呂麻思之名同出一源，是蒙古語中主與又同讀也。契丹女真語雖無
可考，然如耶律亦為世里，闍剌亦為押剌，則此事當與蒙古語無殊。
由是言之，則糺之音讀如主，亦讀如歐，歐與杳聲轉最近，邵氏《續
宏簡錄》糺音杳之注，殆有相當之根據。羽田博士疑邵氏但據糺字

之偏旁以擬其音，國維寧信昔人取契丹或女眞此字以入漢籍者，正以此字合於漢字諧聲之法則故也。然則地名中糺里舌之與杳沙，人名中糺里之與裊屨，糺舍之與遙設，糺哲、糺者之與瑤質、遙折，糺查剌、糺叱剌、糺札剌之與么查剌、咬查剌，當係同名異譯，是糺之有杳音，略可得而比定矣。又箭內博士曾從文獻上證明《金史・太祖紀》之蕭糺里，即《遼史・天祚紀》之蕭敵里；又《金史・徒單思忠傳》之糺椀，即〈溫迪罕蒲睹傳〉〈移剌窩斡傳〉之迪斡。《遼史・天祚紀》之糺而畢，即〈聖宗紀〉之迪离畢，其說甚確。是糺字於主杳二音外，又有敵迪之音，此又與《黑韃事略》都由切之音相關。而契丹初起之人名部名中，此三音已互相錯綜，如耶律氏之始祖，其名爲泥禮、或涅里、或雅里，其姓爲耶律、或世里，而其部名則爲迭剌也。遙輦氏之始祖，其姓名爲迪輦糺里，其部名則爲遙輦也。六奚部中姚里部之最初部長，其名爲哲里，而金元奚人亦多以瑤里、姚里爲姓；又遼之道宗字涅鄰，小字查剌，耶律仁先字糺鄰，小字查剌；蕭得里底字糺鄰，綜合此諸名觀之，其間似有一種之關係：

雅里	耶律	迭剌
糺里	遙輦	迪輦
哲里	姚里	
查剌	涅鄰	
查剌	糺鄰	
	糺鄰	得里底
	糺里	敵里

此外，如部之涅剌，姓之述律，名之女里、漚里孫、歐里思、歐里斯，亦皆與此有關，頗疑此等諸名，本出一源，當時故小異其音讀，以區別其或爲名、或爲姓、或爲部。又以之區別此部與彼部，此人與彼人，故音讀時有不同。《黑韃事略》《元秘史》對糺字之音，殆皆得其近似音，然其最初之音，當讀歐或杳，緣舌齒之音，固不得先於喉音也。國維於言語未嘗問津，不知此種肊說有當否？如尊意以爲可備一說，請以此書付《史學雜誌》附於〈主因考〉之後，以俟諸大家董正之。（《觀堂集林》卷十六）

其第二書述主因考一文之結論。先生曰：

> 前寄一函，想達左右。國維近歲稍治遼金元三朝事，然對於此類書
> 籍，無論國內國外，甚感不備。去歲讀羽田博士拙著〈韃靼考〉之
> 批評，又承東京大學見贈《滿鮮歷史地理研究報告》第十一冊，後
> 有前十冊報告總目，始知故箭內博士及松井學士并有〈韃靼考〉，乃
> 購諸東京書肆，絕不可得。頃始由友人展轉借得數冊，得讀箭內博
> 士之文，考證精密，欽佩無已。其尤可喜者，多年未決之糺軍問題，
> 因此機會，殆得解釋之希望，緣箭內博士〈韃靼考〉中，徵引多桑
> 及貝勒津書中六種韃靼之名。博士并取之以與《元朝秘史》中之七
> 種塔塔兒相比定，其中最後二種尚有討論之餘地。至如 Altch, Tanchi
> 之為《秘史》之阿勒赤塔塔兒，Tehagan, Belye T.之為察阿安塔塔兒，
> Toutoualioutes, T. Tutukulius 之為都塔兀惕阿亦里兀惕塔塔兒之合
> 語，及 Couyin, T. Kiuin 之為主因塔塔兒。此四項殆為自明之事實，
> 更不容有他說。然則塔塔兒之一種，明初譯《秘史》時以主因二字
> 表之者，其在拉施特哀丁書中乃為 Couyin 或 Kiuin，雖多貝二譯此
> 語，首音有 Cou, Kiu 之殊，然其同為牙音則一也。而據國維近日之
> 研究，則《秘史》之主因種，其在史實上，與金末之糺軍一一相當。
> 故主因當是糺軍之對音，而波斯文獻中之與主因相當之部族，其字
> 乃作 Couyin 若 Kiuin。波斯用表音文字，視漢語之用主因、竹因、
> 竹溫、只溫等字表之者，或得其實。然則遼金元三史中之糺字，絕
> 非誤字。其或作乣者，乃糺字之省，其音當讀居黝反。其或與主竹
> 敵迪等字相通用者，乃其訛變之音，我輩前日之推校比定，未得其
> 正鵠也。此拙著主因考之結論必當如此，未知有當與否，伏希教正，
> 敬問起居。

三、南宋人所傳蒙古史料之考證

先生於丙寅年（民國 15 年）十二月十一日，撰成〈南宋人所傳蒙古史料
考〉，認為李大諒《征蒙記》、王大觀《行程錄》及宇文懋昭《大金國志》等，
所記載之蒙古上世史事皆虛誣不可信。先生曰：

> 凡研究史學者，於某民族史，不得不依據他民族之記載，如中國塞
> 外民族，若匈奴，若鮮卑，若西域諸國，除中國正史中之列傳載記

外，殆無所謂信史也。其次若契丹、若女眞，其文化較進，記述亦
較多，然因其文字已廢除，漢人所編之遼金二史外，亦幾無所謂信
史也。至於蒙古一族，雖在今日尚有廣大之土地，與行用之文字，
然其人民沈溺宗教，不事學問，故當時紐察脫卜赤顏與阿兒壇脫卜
赤顏之原本，已若存若亡，反藉漢文及波斯文本以傳於世。且其國
文字創於立國之後，於其國故事，除世系外，殆無所記載，故此族
最古之史料，仍不能不於漢籍中求之。而漢籍中所載金天會皇統間
蒙古寇金及金人欵蒙一事，在蒙古上世史中，自爲最重大之事項。
宋時記此事者有二專書，今雖並佚，而尚散見於他籍，其中宇文懋
昭《大金國志》一種，傳世尤廣。西人多桑作《蒙古史》於千一百
四十七年書蒙古忽都剌伐金，金與議和而退，與《國志》所記年歲
相同，蓋即本諸《國志》者也。嗣後洪侍郎鈞、屠敬山寄、柯學士
劭忞皆參取宇文《國志》及多桑書以記此事。日本那珂博士通世於
成吉思汗實錄注中引宇文氏書，但以宇文氏書中之熬羅孛極烈爲蒙
古之合不勒罕而非忽都剌罕，然其信宇文氏書與諸家無異。余去歲
草〈遼金時蒙古考〉，亦但就《國志》錄之，當時雖未敢深信，顧未
得其所本，姑過而存之，亦未加以辨證。嗣讀李心傳《建炎以來繫
年要錄》及劉時舉《續宋中興編年資治通鑑》，並記此事，而《要錄》
尤詳。始知《續鑑》《國志》皆本李氏。李氏記此事凡五條，次條無
注，首條及後三條並注云出王大觀《行程錄》，而李氏別撰《舊聞證
誤》所引王大觀行程二條，語亦略同。又李錄記金人殺宇文虛中事，
引《征蒙記》一條，云王大觀《行程錄》與之同。又云二人皆北人，
益知虛中死節無疑也。知王大觀乃金人，其人蓋與於征蒙之役，因
作《行程錄》，與《征蒙記》爲同時之作，故二書記事，往往互相表
裏，如趙珙《蒙韃備錄》所引蒙古稱帝改元一事，徐夢莘《三朝北
盟會編》所引勝花都郎君北走、宇文虛中謀反二事，并與《行程錄》
同。顧《征蒙記》一書，徐氏《會編》、岳珂《桯史》、李氏《要錄》、
趙氏《備錄》并引。陳振孫《直齋書錄》亦有其書，是宋末猶有傳
本，而《行程錄》則除李氏外未有徵引及之者，雖二書顯晦之不同，
然其記事則一也。然則此重大事項，有同時人之記述，又有二書互
相羽翼，且《征蒙記》一書，又出於蒙古未興以前，史料之可信，

宜無過於此者，然細考二書之記事，乃全與史實不合，蓋宋南渡初葉人所僞作而託之金人者。

先生集錄其原文條例辨之，並舉「征蒙本事之無根、宗弼卒年之歧誤，人名官名之附會」三者證明爲宋人所僞作。先生曰：

一、征蒙本事之無根也。據第一條則天會十三年征蒙之役，主帥爲領三省事宋國王宗盤。案《金史・熙宗紀》，宗盤與宗翰、宗幹并領三省事，在十四年三月，且紀及宗盤傳并無征蒙事。又據第六條，則皇統四年征蒙主帥爲監軍某，考是時突合速與婁室子活女相繼爲元帥左監軍，大臭爲右監軍，並見《金史》本傳。而大臭方在汴行元帥府事，則征蒙之監軍，非突合速即活女也。而突活速及活女傳并無北征事。又據第四第六兩條，宗弼於皇統五年冬自將征蒙古，又即殂於是月，則卒於軍中可知。而《金史》紀傳並無此事，蓋天眷皇統間，蒙古小小侵盜，事或有之，金主亮宣諭宋國信使副徐嚞等公文云：向來北邊有蒙古韃靼等，自東昏王時數犯邊境。洪适撰其父忠宣行狀，載紹興十二年金人來取趙彬輩三十家，忠宣謂秦檜曰：彼方困於蒙兀，姑示強以嘗中國。似《行程錄》所記不爲無因，然金亮宣諭之文，乃因背盟事決，故藉北征蒙韃之名以拒宋使入境，本不可據爲典要。則洪忠宣之言，亦不過一時折秦檜之辭；其作《松漠紀聞》，亦但云盲骨子與金人隔一江，嘗渡江之南爲寇，禦之則返，無如之何而已，豈有興師十萬，用兵數年，元戎老於行間，國力殫於養寇，而史官載筆，乃無一字及之者乎？此可斷爲僞者一也。

二、宗弼卒年之歧誤也。宗弼之卒，《金史・熙宗紀》皇統八年十月辛酉，本傳不書月日，而繫年則同，而宋人之書，如《北盟會編》、《繫年要錄》，皆繫於紹興十五年，即皇統五年，實本於《征蒙記》及此錄。二者雖未易定其是非，然元人修《金史》時，《熙宗實錄》雖亡，而金時所修國史，尚有太祖太宗熙宗海陵四朝本紀，則《金史・熙宗紀》當本金國史之舊，與衛紹王哀宗二紀無所憑藉者不同，其所記年月自足依據。此錄繫之皇統五年，自爲巨謬，且宗弼與宋定和約在皇統元年，乃至四年秋而始有發兵之書；既以四年發兵，而兵集乃在五年之冬；又既以兵集之月死，而又云連年不能克，種種矛盾，決非身在行間者之語，此可斷爲僞者二也。

三、人名官名之附會也。錄中人名，除兀朮外，尚有胡沙虎、蕭保壽奴二人，皆金熙宗時在汴京差除之官。《偽齊錄》：金人廢劉豫後，以女真胡沙虎為汴京留守，又以契丹蕭保壽奴兼行臺尚書右丞相。《金史‧熙宗紀》：天眷二年，以撻懶為行臺左丞相，杜充為右丞相，蕭寶邪律暉為行臺平章政事。又皇統七年十月壬子，平章行臺尚書省事奚寶薨。案蕭保壽奴、蕭寶、奚寶實為一人。《金史‧太祖紀》：天輔二年閏月，九百奚部蕭寶率眾來降，是寶本奚人，故舉其姓謂之蕭寶，舉其部族謂之奚寶；又奚與契丹種族最近，又久服屬於契丹，故又謂之契丹蕭保壽奴。是蕭寶初為行臺右丞相，後降為行臺平章政事。至皇統七年卒官，初未嘗領行臺尚書省事。是時領行省者，實為宗弼。宗弼將死而勗繼之，二人皆金之懿親或「尊」屬也。蓋征蒙與乞和二事，本南人嚮壁虛造也，乃借《偽齊錄》中胡沙虎、蕭保壽奴之名以資點綴，此可斷為偽造者三也。此錄記事蓋無一足信，更以之與《征蒙記》相參校，則愈明白矣。

先生推論宋人所以偽作之原因，蓋緣於南渡之初，廟算與國論恆立於相反之地位，此乃不滿於和議之所為也。因以斷定蒙古之信史，當自成吉思汗始。先生曰：

原宋人所以偽為此種書者，緣南渡之初，廟算與國論恆立於相反之地位，當局者度一時之利害，故以和為主，其極也至於稱臣受冊而不恤。輿論激於一時之恥辱，故以戰為主，而不復問彼我之情勢。逮和議既成，則國論屈於廟算，而人心之激昂則或倍於前。其作偽書以敘述國恥者，則有若《孤臣泣血錄》、《南燼紀聞》等；而《行程錄》及《征蒙記》則又託為北人之言，一面造作蒙古寇金事，以示金人在北方常有後顧之憂；一面造作兀朮諸事，以證明金人虛聲恫喝之故技及南征狼狽之狀，凡此皆當時不滿於和議之所為也。其書既為南人所偽記，則其中所載蒙古事自無史學上之價值，由是蒙古史中，不能不刪去最古之一大事項，而斷定蒙古之信史，當自成吉思汗始也。

先生此一考證頗得羅振玉首肯，羅氏〈序遼史拾遺續補〉云：

吾友王慇公曩撰〈南宋人所傳蒙古史料考〉，斥王大觀《行程錄》、李大諒《征蒙記》及宇文懋昭《大金國志》為偽書，謂所記蒙古事

多盧誣不實。復申論之曰：凡研究史學者，於某民族史不得不依據他民族之記載，如中國塞外民族，若匈奴，若鮮卑，若西域諸國，除中國正史之列傳載記外，殆無所謂信史也。其次若契丹，若女眞，其文化較進，記述亦較多，然因其文字已廢，除漢人所編之遼金二史外，亦幾無所謂信史也。予深韙其言，而於宋人諸書所記遼事，益徵公所言之確當不易。

四、蒙古史料四種之校勘

　　丙寅年（民國 15 年），先生校勘有蒙古史料四種（〈蒙韃備錄箋證〉、〈黑韃事略箋證〉、〈聖武親征錄校注〉、〈長春眞人西遊記校注〉），趙萬里《王靜安先生年譜》云：

> 正月初三日，校《說郛》本《親征錄》畢，又據《說郛》本《蒙韃備錄》校《古今逸史》本，上燈日在天津，又從武進陶氏借校萬曆抄《說郛》本《親征錄》。是月，又從江南圖書館抄得汪魚亭藏抄本《親征錄》，以校今本，知汪本與何本同出一源，雖優於何本，實遜於《說郛》本，乃知《說郛》本爲傳世最古、最備之本。乃撰校注一卷，至寒食節，稿始寫定。四月中，《西遊記注》又整理一過，擬將此二書合〈耶律文正公年譜〉、〈蒙古源流校注〉合刊之。繼以文正行事未詳處尚多，而蒙古源流又無佳本可校，滿藏文原本倉卒亦無由通其讀。乃將《蒙韃備錄》、《黑韃事略眉注》，錄爲箋證各一卷；合《西遊記》、《親征錄》注刊之，署曰《蒙古史料四種校注》。由研究院以活字版印行，自夏徂秋，校刊始畢。

先生蒙古史料四種之校注頗爲精審，其撰著〈聖武親征錄校注〉，因是書有今本之誤，有明鈔本之誤，有原本之誤。乃合汪本、何本、說郛本三本互校，一一董理，詳加考證，存其異同，疏其事實，而爲校注一卷，其考證阿蘭塞曰：

> 洪侍郎以阿蘭塞爲即哈剌溫只敦，屠敬山以爲即兀惕、兀惕乞牙，並謂在今克什克騰旗界內。案阿蘭塞以塞爲名，自即金之外堡，當在臨潢慶州之北，不得在黑河潢河以南。案《夢溪筆談》遼與北方部族以夜來山爲界，今烏珠穆沁右翼旗以南，有烏蘭嶺，其東北有衣蘭布虎圖山，其地正當遼金慶州之北，金之外堡，當沿此山臂置

之，殆所謂阿蘭塞也。(〈聖武親征錄校注〉)

先生於五月下旬撰成〈長春眞人西遊記校注〉，其自序述作者李志常事蹟，認為李志常文采斐然，其為是記，文約事盡，求之外典惟釋家《慈恩傳》可與抗衡。乾隆之季，錢竹汀始表章此書，為之跋尾，阮文達寫之以進秘府。道光間，徐星伯、程春廬、沈子敦迭有考訂，由是以是書非復丙庫之附庸，而為乙部之要籍。先生曰：

> 志常字浩然，道號通玄大師。長春將歿，命門人宋道安提舉教門事，尹志平副之，未幾道安以教門事付志平，太宗十年戊戌，志平年七十，又舉志常自代。憲宗即位，以志常領道教事，戊午歲卒。凡主全眞教事者二十有一年。至元間，釋祥邁撰《辨偽錄》，載志常掌教時，侵占各路寺院四百八十二處。又令令狐璋、史志經等集老子化胡成佛經及八十一化圖，諦訕佛教。少林裕長老以聞，憲宗召少林及志常廷辨於和林萬安閣下。志常論詘，遂令毀化胡等經，及將所占寺院三十七處還付釋家。志常因此忿恚而卒。考此錄，本為僧徒攻全眞教而作，於長春師弟頗極醜詆。所記全眞家占居僧寺一節，誠為事實，然自金貞祐以來，河朔為墟，巨刹精藍，鞠為茂草；緇衣杖錫，百不一存，亂定之後，革律為禪者，不可勝數。全眞之徒亦遂因而葺之，以居其人，坐以寇攘，未免過當；雖長春晚節以後，頗憑藉世權以張其教，尹李承之，頗乖重陽創教之旨，然視當世僧徒如楊璉眞伽輩，則有間矣。然則祥邁所記，亦仇敵誣謗之言，安可盡信哉。此記作於長春沒後，前有孫錫序，署戊子秋後二日，正當睿宗拖雷監國之歲，而卷末庚寅七月大葬仙師事，蓋書成後所加入。考全眞之為道，本兼儒釋，自重陽以下，丹陽長春并善詩頌，志常尤文采斐然，其為是記，文約事盡，求之外典，惟釋家《慈恩傳》可與抗衡。三洞之中，未嘗有是作也。乾隆之季，嘉定錢竹汀先生讀道藏於蘇州元妙觀，始表章此書，為之跋尾，阮文達遂寫以進秘府。道光間，徐星伯、程春廬、沈子敦諸先生迭有考訂，靈石楊氏因刊入《連筠簃叢書》，由是此書非復丙庫之附庸，而為乙部之要籍矣。光緒中葉，吳縣洪文卿侍郎創為之注。嘉興沈乙庵先生亦有箋記，而均未刊布。國維於乙丑夏日始治此書，時以所見疏於書眉，於其中地理人物亦復偶有創獲，積一年許，共得若干條。遂盡

一月之力，補綴以成此注，蓋病洪沈二家書之不傳，聊以自便檢尋
云爾，因略備作者事蹟，弁於其首云。

《蒙韃備錄》舊題爲孟珙撰，書中亦自稱名爲珙，先生據《齊東野語》考訂
爲趙珙所撰而非舊題之孟珙；並稱此書記事多覈實可信，足以補宋元二史之
闕。先生曰：

> 此書題宋孟珙撰，書中亦自稱名爲珙。案《宋史·孟珙傳》，珙未嘗
> 使蒙古，疑別一人也。書中稱去歲庚辰年，今辛巳年，是此書作於
> 辛巳，乃宋寧宗嘉定十四年，蒙古太祖之十六年也。……《齊東野
> 語》嘉定寶璽條云：「賈涉爲淮東制閫，嘗遣都統司計議官趙珙往河
> 北蒙古軍前議事。久之，珙歸，得其大將楔鹿花所獻皇帝恭膺天命
> 之寶玉璽一座，並元符三年寶樣一冊，及鎮江府諸軍副都統翟朝宗
> 所獻寶檢一座，並繳進於朝，詔下禮部太常寺討論受寶典禮，此嘉
> 定十四年七月也。」《宋史·賈涉傳》亦言，初翟朝宗得玉璽獻諸朝，
> 至是趙珙還又得玉印，文與璽同而加大，是嘉定辛巳使蒙古軍前者
> 有趙珙，與此書撰述歲月及稱名相同，則撰此書者當即其人，後人
> 不知其姓，誤以爲孟珙耳！

蒙古史料四種中，先生獨尊彭大雅之《黑韃事略》，於所作箋證中亟稱大雅此
書敘述簡賅，足徵覘國之識，並認爲此書之史料價值不在《秘史》、《親征錄》
之下。先生曰：

> 此書後有嘉熙丁酉永嘉徐霆長孺跋云：「霆初歸自草地，嘗編敍其
> 風土習俗，及至鄂渚，與前綱書狀官彭大雅解后，各出所撰以相
> 參考，亦無大遼絕，遂用所著者爲定本，間有不同，則霆復疏於
> 下方」云云。今書中頂格書者，大雅原書，其低一字者，長孺所
> 疏也。……跋中稱彭大雅爲前綱書狀官，則大雅當在鄒伸之壬辰
> 一行中，大雅後爲四川制置副使，以貪黷獲咎。《宋季三朝政要》：
> 「嘉熙四年，彭大雅使北。」是大雅於此書成後，又膺專對之命。
> 又《宋史》多記大雅獲罪事，而《政要》則頗稱大雅守蜀之功，
> 云：「彭大雅守重慶時，蜀已殘破，大雅披荊棘，冒矢石，竟築重
> 慶城，以禦利閬，蔽夔峽，爲蜀之根柢，自此支吾二十年，大雅
> 之功也。然取辦迫促，人多怨之。其築重慶也，委幕僚爲記，不
> 愜意，乃自作之曰：某年某月，守臣彭大雅築此爲國西門。謁武

侯廟，自爲祝文。」云云。其文老成簡健，聞者莫不服之。後不
幸遭敗而卒，蜀人懷其思，爲之立廟。故其爲此書，敘述簡賅，
足徵覘國之識，長孺所補，亦頗得事實。蒙古開創時，史料最少，
此書所貢獻，當不在《秘史》《親征錄》之下也。

第三節　西北諸戎稱名之考證

一、鬼方昆夷玁狁之考證

　　我國古代西北諸戎，部落聚居，更迭雄長，史書記其與中原發生關係，
稱名不一。如鬼方、昆夷、玁狁、獯鬻，其是否爲一族，論者不一，先生證
其爲一語之變，一族之稱。我國對外族名稱往往加以醜名，其名稱亦隨時代
而異，外族之本名，由於音譯漢字之不同，遂有諸種之名稱。史書稱中國曰
諸夏，稱西北外族曰諸戎，諸夏既爲一族，則諸戎爲一族似無不合。先生乃
據盂鼎、梁伯戈諸器以考證鬼方昆夷之事蹟。先生曰：

> 我國古時有一彊梁之外族，其族西自汧隴，環中國而北，東及太行
> 常山間，中間或分或合，時入侵暴中國。其俗尚武力，而文化之度
> 不及諸夏遠甚；又本無文字，或雖有而不與中國同，是以中國之稱
> 之也，隨世異名，因地殊號，至於後世，或且以醜名加之。其見於
> 殷商間者曰鬼方、曰混夷、曰獯鬻；其在宗周之季，則曰玁狁；入
> 春秋後則始謂之戎，繼號曰狄；戰國以降，又稱之曰胡、曰匈奴。
> 綜上諸稱觀之，則曰戎、曰狄者，皆中國人所加之名；曰鬼方、曰
> 混夷、曰獯鬻、曰胡、曰匈奴者，乃其本名；而鬼方之方，混夷之
> 夷，亦爲中國所附加，當中國呼之爲戎狄之時，彼之自稱絕非如此。
>
> 此族見於最古之書者，實爲鬼方。《易》既濟爻辭曰：「高宗伐鬼方，
> 三年克之。」……今徵之古器物，則宣城李氏所藏小盂鼎（今佚）
> 與濰縣陳氏所藏梁伯戈皆有鬼方字。……據此二器，則鬼方之地，
> 實由宗周之西，而包其東北。（〈鬼方昆夷玁狁考〉）

先生又據鐘鼎文字考證「畏」、「鬽」二字確爲「畏」字，鬼方之名當作畏方。
並舉《莊子・天地篇》之門無畏，郭象本作門無鬼；又雜篇之〈徐無鬼〉，亦
當係徐無畏之誤也。先生曰：

由是觀之，漢人以隸書寫定經籍時，改畏方爲鬼方，固不足怪，此
古經中一字之訂正，雖爲細事，然由此一字，可知鬼方與後世諸夷
之關係，其有裨於史學者，較裨於小學者爲大也。

先生以古音之對轉，謂鬼方、昆夷、獯鬻、玁狁自係一語之變，亦即一族之
稱，故幽王時滅宗周之犬戎，當是宣王時之玁狁。先生曰：

混夷之名，亦見於周初之書，〈大雅・緜〉之詩曰：「混夷駾矣。」
《說文解字》馬部引作昆夷，口部引作犬夷；而《孟子》及《毛詩・
采薇序》作昆，《史記・匈奴傳》作緄，《尚書大傳》則作畎夷。顏
師古《漢書・匈奴傳》注云：畎音工犬反。昆混緄并工本反，四字
聲皆相近。余謂皆畏與鬼之陽聲，又變而爲葷粥、爲薰育、爲獯鬻，
又變而爲玁狁，亦皆畏鬼二音之遺，畏之爲鬼，混之爲昆、爲緄、
爲畎、爲犬，古喉牙同音也。畏之爲混，鬼之爲昆、爲緄、爲畎、
爲犬，古陰陽對轉也。混昆與葷薰，非獨同部，亦同母之字，玁狁
則葷薰之引而長者也。故鬼方、昆夷、薰育、玁狁，自係一語之變，
亦即一族之稱，自音韻學上證之有餘矣。

二、西胡之考證

先生於民國四年有〈鬼方昆夷玁狁考〉之作，民國八年又有〈西胡考〉
上下及〈西胡續考〉之作。先生前考認爲西北諸戎，戰國以前稱之曰鬼方、
曰昆夷、曰玁狁、曰獯鬻、曰戎、曰狄；戰國以後稱之曰胡、曰匈奴。〈西胡
考〉之作，詳考漢代以來，國人所稱西胡之地理區域并及當地之風俗文化。

漢人謂西域諸國爲西胡，本對匈奴與東胡言之。先生據《海外東經》、《說
文解字》考知前漢人謂蔥嶺以東之國曰西胡也，後漢人於蔥嶺東西諸國皆謂
之西胡，魏晉南北朝猶襲此名。先生又謂自魏晉以來，凡冠以胡字者皆西域
物也。先生曰：

西胡亦單呼爲胡，《漢書・西域傳》：「西夜與胡，異其種類，氏羌行
國，逐水草往來。」是其所謂胡，乃指西域城郭諸國，非謂游牧之
匈奴。後漢以降，匈奴浸微，西域諸國遂專是號。羅布泊畔所出之
魏晉間木簡所云胡浮窟、胡犁支者，皆西域人名；而鄯善、龜茲所
產鐵，謂之胡鐵；所作盉頭金，謂之胡盉金。又魏晉以來，凡草木
之名冠以胡字者，其實皆西域物也。六朝以後，史傳釋典所用胡字，

皆不以之斥北狄，而以之斥西戎。（《觀堂集林》卷十三〈西胡考〉
上）

玄奘《大唐西域記》，因其文字分胡爲三種，一曰印度，二曰窣利，三曰覩貨
邏。先生據唐僧利言《梵語雜名》，比較說法之不同，稱玄奘以窣利爲胡之一
種，利言則專以窣利爲胡。先生曰：

> 玄奘《大唐西域記》，又由其文字分胡爲三種，其於葱嶺以東諸國，
> 但云文字語言取則印度而已，不別爲之立名；至葱嶺以西分爲二種，
> 一曰窣利，自素葉水城以西至羯霜那，地名窣利，人亦謂焉，文字
> 語言即隨稱矣。字源簡略，本二十餘言，轉而相生，其流浸廣，粗
> 有書記，竪讀其文，遞相傳授，師資無替。二曰覩貨邏，此鐵門以
> 南，雪山以北之地，分爲二十七國，語言去就，稍異諸國，字源二
> 十五言，轉而相生，用之備物，書以橫讀，自左而右，文記浸多，
> 逾廣窣利。……唐僧利言《梵語雜名》：胡之梵言，形爲 Suli，聲曰
> 蘇哩。蘇哩亦即窣利，但利言專以蘇哩爲胡，玄奘但以窣利爲胡之
> 一種，故又云自黑嶺以來并爲胡俗，則葱嶺東西與嬀水南北，雖非
> 窣利，仍是胡國。慧超《行記》與慧琳《西域記音義》所說略同，
> 道宣《釋迦方志》并謂雪山以西至於西海名寶主也，偏繞異珍，而
> 輕禮重貨，是爲胡國，則波斯大秦亦入其中。故西域諸國，自六朝
> 人言之，則梵亦爲胡，自唐人言之，則除梵皆胡。（《觀堂集林》卷
> 十三〈西胡考上〉）

近世西方學者於新疆南北路發現三種古文字，一曰粟特語，二曰覩貨邏等語，
三曰東伊蘭語，先生考其皆屬阿利安語系，並論及風俗曰：

> 覩貨邏語與玄奘所稱名同，粟特當玄奘之所謂窣利，東伊蘭語則當其
> 所謂葱嶺以東諸國語也，三者皆屬阿利安語系，與印度、波斯、大秦
> 語族類相同，而粟特語與東伊蘭語，尤與波斯語近。以風俗言，則《漢
> 書》言自宛以西至安息國，其人善賈市，爭分銖，貴女子。《西域記》
> 言寶主之鄉，無禮義，重財賄，短製左衽，斷髮長髭，有城郭之居，
> 務貨殖之利；又言黑嶺以來，莫非胡俗，大率土著，建城郭、務田畜，
> 性重財賄，俗輕仁義，嫁娶無禮，尊卑無次，婦言是用，男位居次，
> 吉乃素服，凶則皂衣，亦與大秦、波斯俗尚略同，是故言呼稱號，則
> 同被胡名，言乎形貌、言語、風俗則雖有小異，無害大同。（同前）

〈西胡考下〉研究胡人從東方抑從西方來之問題。先生認爲窣利之人本自東方，文字豎讀尤近漢法，至覩貨邏，則西徙之跡尤歷歷可指。先生曰：

> 考覩貨邏之名，源出大夏。……《唐書・西域傳》云：「大夏即吐火羅。」其言信矣。大夏之國，自西踰蔥嶺後，即以音行，除《史記》、《漢書》尚仍其故號外，《後漢書》謂之兜勒，六朝譯經者謂之兜佉勒、兜佉羅，《魏書》謂之吐呼羅，《隋書》以下謂之吐火羅，《西域記》謂之覩貨邏，皆大夏之對音。其徙蔥嶺以西，蓋秦漢間之事，希臘地理學家斯德拉僕所著書，記西曆紀元前百五十年時，覩貨邏等四蠻族，侵入希臘人所建之拔底延王國，是大廈之入嬀水流域，前乎大月氏者僅二十年，故大夏居嬀水南，而大月氏居其北，此其侵略先後之次序也。此事中國、印度、希臘古籍全相符合，則覩貨邏一族與月氏同出東方，可斷言矣！窣利、覩貨邏既同出東方，則其同語系之種族，若印度、若波斯、若大秦，當無一不出東方，特其遷徙，當遠在有史以前，此前說之結論，必歸於是，又與民族西徙之事實相符合也。（〈西胡考下〉）

先生并論西域歷史，侵略者自東往，貿易者自西來，二者皆史實也。凡西徙之種族，於其所征服之國，不過得其政權與兵權，而自成統治者之一級，其時人民之生活仍如故也。先生曰：

> 且西域人民，以國居東西之衝，數被侵略，亦遂專心職業，不復措意政治之事，是故希臘來則臣希臘，大夏月氏來則臣大夏月氏。……雖屢易其主，而人民之營其生活也如故，當時統治者與被治者間言語風俗固自不同，而統治一級人數較少，或武力雖優，而文化較劣，狎居既久，往往與被治者相融合，故此土之言語風俗非統治者之言語風俗，實被治者之言語風俗也。（〈西胡考下〉）

先生〈西胡續考〉之作，論西胡之特徵爲「深目多鬚髯」，隋唐以來，凡非胡人而貌類是者，亦謂之曰胡。先生引據史籍，論述甚詳。

綜觀先生〈西胡考〉之作，用力甚勤，其間又頗得羅振玉次子羅君楚之助。趙萬里曰：

> 先生之作〈西胡考〉也，羅君君楚（福萇）爲徵內典中故事。君楚爲羅先生次子，熟精梵天文字，又創通西夏國語。時養疴滬上，故與先生常相往返也。（《王靜安先生年譜》）

第四節　西北地理之考證

一、西遼都城之考證

　　西遼事蹟，見中土記載者至為簡略。其建都之地，《遼史》作虎思斡耳朵，《金史》作骨斯訛魯朵，《元史》作谷則斡兒朵，或作古徐鬼國訛夷朵；《元遺山文集》作古續兒國訛夷朵，劉郁《常德西使記》作亦堵，李志常《長春真人西遊記》謂之大石林牙（以人名名其國都），拉施特《蒙古史》謂之八喇沙袞。

　　西遼都城，自來未有能確指其地者。靜安先生撰《西遼都城虎思斡耳朵考》，考證虎思斡耳朵即拉施特《蒙古史》中之八喇沙袞。虎思斡耳朵，契丹之新名，其名行於東方；八喇沙袞者，突厥之舊名，早行於東西二土。先生考證八喇沙袞即《唐書·地理志》之裴羅將軍城，并舉三證以說之。先生曰：

　　　　是裴羅將軍一城，當是西突厥故名，訖遼金間，西域人猶以此名呼之，謂之八喇沙袞；《元史》又略稱八里沙，此地名源流之可考者也。又自地理言之，則有三證：一、《唐書·地理志》載賈耽《皇華四達記》云，至熱海後百八十里出谷至碎葉川口，八十里至裴羅將軍城，又西四十里至碎葉城，北有碎葉水，北四十里有羯丹山，十姓可汗每立君長於此。案熱海者，今之特穆爾圖泊。碎葉水者，今之吹河，是裴羅將軍城軍城在吹河之南，又距吹河東入特穆爾圖泊處八十里。而《元朝秘史》云，王罕又走去回回地面垂河，行入合剌乞塔種古兒皇帝處。又卷六云，乃蠻古出魯過委元合兒魯種處，至回回地面垂河，行與合剌乞塔種的人古兒罕相合了。案垂河即吹河，合剌乞塔即黑契丹，蒙古人以之呼西遼。古兒皇帝古兒罕，即耶律大石自號之菊兒罕，若闊兒罕也。是西遼都城，地濱吹河。《西游記》言西南過板橋，渡河，晚至南山下，即大石林牙，此河亦謂吹河。《西使記》，契丹故居有河曰亦，運流洶洶東注，正與入特穆爾圖泊之吹河合，此一證也。今吹河之南，即天山山脈，其山，西人謂之阿歷山德嶺。《西游記》云晚至南山下，即謂此山。《西使記》云：兩山間土平民夥，溝洫映帶，則兼水南之天山，水北之羯丹山而言，此二證也。《唐志》，自裴羅將軍城至呾羅斯之距離，凡三百五十里。據《大唐西域記》及《慈恩法師傳》，則五百八十九十里，大抵賈耽所

書里數，率較玄奘所書爲短，當由計里之單位或方法不同。今徵之元人所記，則邱長春自大石林牙西行七八日始見一石城。常德以二月二十四日過亦堵，二十八日過塔賴寺，塔賴寺即長春所見之石城。但長春以車行，常德以馬行。又常德奉使當憲宗己未，在太宗大置站赤之後，故遲速不同。即如自呾羅斯至賽藍，長春行五日，常德僅三日。又自塞藍至尋思干，長春行十四日，常德僅八日。以比例求之，則常德五日之行程，正當長春七八日，是二書所記，自西遼都城至呾羅斯之行程，正與玄奘及賈耽所記自裴羅將軍城至呾羅斯之里數相應，此三證也。然則八剌沙袞即裴羅將軍城，殆無疑問。

先生又考證大石林牙既平西域，何以不居碎葉，而居裴羅將軍城之原故，并論尋斯干與虎思斡耳朵爲契丹東西二都，故并得大石之名。先生曰：

> 及大石林牙既平西域，思復契丹故地，乃東徙於此，然不居碎葉而居其東四十里之裴羅將軍城者，蓋唐時碎葉故城已毀壞無餘故也。而《金史》忠義傳言契丹所居屯營，乘馬行，自旦至日中始周匝，則視唐之碎葉城廣大可知，更無論故斐羅將軍城矣。據《遼史‧天祚紀》，自大石都此，訖直魯古亡，凡七十有八年，其未東徙時，則都於尋斯干。此事《遼史》雖不記，然謂班師東歸，馬行二十日得善地，正與邱長春尋斯干詩所謂東石東過二十程者相合，故西遼名尋斯干爲河中府，東徙之後，仍建爲陪都。《西游記》云：西南至尋斯干，萬里外回紇國最佳處，契丹都焉，即以其西都言之，耶律文正《湛然居士集》〈和裴子法見寄〉云，扈從出天山，從容游大石，此大石謂尋斯干。蓋尋斯干與虎思斡耳朵爲契丹東西二都，故并得大石之名耳。西遼都城自來未有眞切言之者，故聊發其概焉。

二、流沙墜簡出土地之考證

流沙墜簡係英人斯坦因所發現，先經法人沙畹氏爲之詮次，後經羅振玉、王國維爲之考釋，於我國西北史地之研究裨益甚大。斯坦因據所發現之木簡等物編爲千號，沙氏選其較完整者九百九十一號，撰成考釋，按出土地區彙爲三類，列敦煌漢簡七〇五號，記有年代者九十八，自武帝天漢三年至順帝永和二年，並考定出土之域爲東經九十三度十分至九十五度三十分，北緯四十度稍北。沙氏《漢晉木簡考釋》書成後郵寄羅振玉。民國三年，羅氏乃與靜

安先生自沙畹書九百九十一片中，選取五百八十八片，編爲《流沙墜簡》三卷，考釋三卷，第一卷爲〈小學術數方技書〉，共八十片，由羅氏署名，第二卷爲〈屯戍叢殘〉，由靜安先生署名，第三卷爲〈簡牘遺文〉，亦由羅氏署名。羅振玉序云：

> 光緒戊中，予聞斯坦因訪古於我西陲，得漢晉簡冊載英倫，神物去國，惻焉疚懷。越二年，鄉人有自歐洲歸者，爲言往在法都，親見沙畹博士方爲考釋，云且版矣。……既刊定石室佚書，而兩京遺文猶未寓目，爰遺書沙君，求爲寫影。……逾年，沙君乃寄手校之本至。……斯氏發幽潛於前，沙氏闡絕業於後，十年遺跡，頓還舊觀，藝苑爭傳，率土咸誦，兩君之功，可謂偉矣！顧以歐文撰述，東方人士不能盡窺，則猶有憾焉。因與王靜安君分端考訂，析爲三類，寫以邦文，校理之功，匝月而竟。乃知遺文所記，裨益甚宏，如玉門之方位，烽燧之次弟，西域二道之分歧，晉長史之治所。部尉曲侯，數有前後之殊，海頭樓蘭，地有東西之異。並可補職方之記載，訂史氏之闕遺。若夫不姬證宣尼之歎，馬夫訂墨子之文。字體別構，拾洪丞相之遺；書跡遞遷，證許浚長之説。此又名物藝事，考鏡所資，如是之類，僂指莫罄。惟是書之成，實賴諸賢之力，沙氏闢其蠶叢，王君通其衢術。

靜安先生序曰：

> 光緒戊中，英人斯坦因博士訪古於我新疆甘肅，得漢晉木簡千餘以歸，法國沙畹博士爲之考釋，越五年，癸丑歲暮，乃印行於倫敦，未出版。沙氏即以手校之本寄上虞羅叔言參事，參事復與余重行考訂。握槧踰月，粗具條理，乃略考簡牘所出之地，弁諸篇首，以詒讀是書者。案古簡所出，厥地凡三：一爲敦煌迤北之長城，二爲羅布淖爾北之古城，其三則和闐東北之尼雅城及馬咱託拉拔拉滑史德三地也。敦煌所出，皆兩漢之物，出羅布淖爾北者，其物大抵上自魏末訖於前涼，其出和闐旁三地者，都不過二十餘簡，又皆無年代可考，然其古者，猶當爲後漢遺物，其近者亦當在隋唐之際也。今略考諸地古代之情狀，而闕其不可知者，世之君子，以觀覽焉。漢代簡牘出於敦煌之北，其地當北緯四十度，自東經九十三度十分至九十五度二十分之間，出土之地，東西縣亙一度有餘，斯氏以此爲

漢之長城，其說是也。……長城之說既定，玉門關之方位亦可由此決，玉門一關，《漢志》繫於敦煌郡龍勒縣下，嗣是《續漢書・郡國志》及《括地志》、《元和郡縣志》、兩《唐書・地理志》、《太平寰宇記》、《輿地廣記》，以至近代官私著述，亦皆謂漢之玉門關在今敦煌西北，惟《史記・大宛列傳》云，大初二年，貳師將軍李廣利伐大宛，還至敦煌，請罷兵，益發而復往，天子聞之大怒，而使使遮玉門曰：軍有敢入者輒斬。貳師恐，因留敦煌；沙畹博士據此以為大初二年前之玉門關尚在敦煌之東，其徙敦煌西北，則為後日之事，其說是也。

先生考證墜簡出土之地，其有裨於西北地理者有三，一曰古長城之考定，二曰羅布淖爾北古城之考定，三曰尼雅城之考定。其結論如下：

（一）長城：敦煌迤北之長城，築於漢武時，至晉末已頹廢。漢太初二年以前之玉門關，當在酒泉郡玉門縣，後徙之玉門關則在壽昌縣西北百一十八里，其西徙之年，當在李廣利克大宛之後，此即《漢志》所謂之西門關。

（二）羅布淖爾北之古城：其地當前涼之世，實名海頭，而《漢書・西域傳》及《魏略・西戎傳》之居盧倉，《水經・河水注》之龍城，皆是地也，此為敦煌赴西域必經之地。

（三）尼雅城：此地為古之精絕國，東漢初為鄯善所併，故范書無精絕國。

第十章　王靜安先生之敦煌學

第一節　概　說

　　清季以還，我國學術上之新發現，層出不窮，其中以殷虛甲骨、漢晉簡牘、敦煌經卷、大內檔案最為重要。而敦煌與殷虛所發現之文物，經晚近中外學者之潛心鑽研，已號稱顯學，成為學術之新名詞，曰「甲骨學」、曰「敦煌學」。

　　甲骨學貢獻於學界者，乃使我殷商之歷史，獲得文獻上之證實；敦煌學則使我中古時代對西方之關係史，增添不少史料，又石室所發現之唐人寫本，不但可斠正宋元刊本之譌誤，亦使失傳已久之秘籍，重現於人世之間。

　　敦煌千佛洞，古名莫高窟，其地位於鳴沙、三危二山間之河谷西側崖壁間，遠望纍纍如蜂巢，長達一公里許，洞窟層疊鑿造，約分上中下三層，亦有高至四列者，宏偉無匹。其創建時代，據〈大周李君重修莫高窟佛龕碑〉斷碑之記載，謂在五胡十六國之前秦建元二年（366 年）有沙門樂傅者，雲遊至鳴沙山，見夕陽餘暉照射於三危山上，黃金夕照在壁，彷彿有千佛之姿，乃立誓在此挖掘巖壁建造神龕，其後有法良禪師及刺史建平公、東陽王之相繼恢弘，至武周之時已達千龕。

　　敦煌寶物可分為敦煌藝術與石室藏書兩大部份，敦煌藝術包含彩塑、壁畫、絹畫及石窟本身之建築等，無一不是光彩奪目，絢麗無比。石室藏書包含大量佛、道、摩尼教、景教等宗教經典及儒家著作與文學作品，此外尚有公文、契約、戶籍、帳冊等文書，其文字除漢文外，尚有梵文、藏文、突厥文、康居文、于闐文與龜茲文等。其藏書數量，據羅振玉稱約在二萬軸以上。

寫本時代最早爲西涼建初元年（405）即S・七九七號之〈比丘德祐書受戒記〉；最遲爲北宋成平五年（1002）今藏蘇俄列寧格勒之〈曹宗壽施經題記〉。寫本形式，以卷子爲多，少數爲蝴蝶小冊，此外尚有少數之印刷本，其中有唐咸通九年（868）所刻之《金鋼般若波羅密經》，迄今爲世界上所發現之最早木刻本。

「敦煌石室」係指莫高窟伯編一六三號，張編一五一號洞甬道旁複壁中之藏經洞。其封閉時間，約當西元十一世紀初年，党項族西夏國王趙元昊帶兵侵佔沙洲之時，莫高窟寺僧開鑿後，將其所有經卷、佛像及各項文書藏入石窟之中，後砌牆封洞並加象飾，羅振玉〈敦煌石室書目及發現之原始〉云：「一洞藏書滿中，乃西夏兵革時所藏，壁外加以象飾，故不能知其爲藏書之所。」羅氏據《宋史・西夏傳》有「景祐二年乙亥歲，夏人取瓜、沙、肅三州。」之記載，乃作如此之推測，果如其說，則石室封閉之時，當爲景祐二年（當西夏廣運二年，亦即西元1035年）之前，法人伯希和（Paul. pelliot）《沙州文錄》稱：「當一〇三五年藏人侵掠敦煌時，寺僧聞警倉卒窖藏書畫，寇至僧殲，遂無知窖處者。」吾人據巴黎、倫敦所藏敦煌資料研究所得，比觀互較，可知此一經典卷軸之封存，必在十一世紀初期左右，殆無疑問。

石室之發現至爲偶然，據蘇瑩輝先生之研究，時在光緒二十六年五月二十六日（1900）清晨，千佛洞住持道王元籙（王道士，湖北省麻城縣人，初爲肅州巡防軍士卒，退役後爲道士。）發現千佛洞張編第一五一洞牆有一裂痕，敲之有空洞之鼓聲，心疑其中或有寶藏，破壁後乃發現石室之藏書及刺繡、書旛等物。

石室打通後，此一無價之寶物，先後爲英、法、日、美、德、俄之掠奪者斯坦因、伯希和、橘瑞超二、華爾納等人所劫奪，其中以斯坦因、伯希和所劫掠最多。現分別藏於大英博物院與巴黎法國國立圖書館，又據一九六三年出版之《蘇聯敦煌卷目》，列寧格勒東洋學研究分所之藏書，又遠在英、法兩京所藏敦煌文件數量之上。據悉蘇俄現藏敦煌卷子，其數量逾萬卷以上，本師潘重規先生因緣湊合，曾於列寧格勒親眼目睹此一流落異國之敦煌寶物。

第二節　石室卷軸之流傳

敦煌石室發現於清光緒二十六年（1900）五月二十六日，其後卷軸寶物

陸續流傳於外，光緒二十八年五月葉昌熾氏接任甘肅學政，曾赴各地主考，西至酒泉，在其《緣督廬日記》中自稱當時已得有畫像二軸、寫經五卷，爲數雖少，但敦煌卷軸之流傳，應以此爲濫觴。翌年（1903）冬，汪栗庵自敦煌寄贈葉氏唐磚拓本，亦記載於當年十一月十二日日記中，當時取得藏經者尙有恆介眉、張筱珊、張友履等人，此爲國人記載敦煌卷軸流傳之第二批，曹元忠《沙州石室文字》云：「光緒戊申同年陸季良示余，甘肅敦煌縣令汪宗翰（字栗庵）所遺唐天成四年己丑歲五月二十九日樊宜信造藥師琉璃光如來象，絹本，長三尺許，筆意古拙，彩色鮮明，其所題記皆右行，蓋千佛巖莫高窟物也。」汪氏既以卷軸爲饋贈之物，其贈送對象並非葉氏一人，可知其收藏甚豐。又羅振玉《鳴沙山石室秘錄》云：「光緒庚子掃除積砂，複壁破而書見，由是稍稍流傳人間，丁未冬，法人伯希和君遊迪化，謁長將軍（即滿洲人長庚），將軍曾得石室書一卷，因語其事，繼謁瀾公暨安西州牧某，則各以一卷贈伯君，審知爲唐寫本。」此爲國人記載敦煌卷軸流傳之第三批，可知伯希和一九〇七年遊抵迪化之前，長庚等人已獲有石室書軸，數量及內容皆不得其詳，然所獲卷軸時間，均在斯坦因之前。

外籍人士來華掠奪者，始作俑者爲斯坦因，先後在我國西北部遊歷三次，第一次爲西元一九〇〇年下半年，遊歷新疆，第二次係以客籍官員身分，得印度英殖民地政府之資助，率探險團經西藏北部，進入新疆，東行抵達敦煌，來往行程共計二年八月，到達敦煌時間爲西元一九〇七年春天，第三次爲民國三年，西元一九一四年。斯坦因所得卷軸數量，寫本八〇八二卷，木版印刷本二〇卷，其中佛教著作六七九〇卷，今藏英國倫敦大英博物館（British Museum）。

繼斯坦因而來者，有法人伯希和於光緒三十四年三月三日（1908），抵達千佛洞。伯希和日後演講得書經過時稱：「余甌向僧（王元籙）議贈，幸僧不識字，故成交易。竭三週之力，運之始盡，中有木版書數種，十世紀、八世紀所刊行者，世之最古印本也。」（沈紘譯本）伯希和所得約五千餘卷，雖較斯坦因八千餘卷爲少，但因伯希和精通中文，漢學之造詣極高，斯坦因所揀選者多爲完整無缺之卷軸，而伯希和所得者皆是註有題記、年代之卷軸，就質而言，其所得者尤在斯坦因之上，卷軸運抵法國後，藏於巴黎國家圖書館（Bibiotheque, Nationale）。一九七〇年出版《巴黎國家圖書館所藏敦煌漢文寫本目錄》第一冊共收寫本五百號（自 2001-2500 號），藏文卷子有拉魯（M. Lalou）

所編之《敦煌西藏文寫本目錄》三冊，共著錄二二一六號。絹本、紙本之刺繡、繪畫等美術品，則分別藏於羅浮宮（Palais du louvre）及紀梅博物館（Mu'see Guimet）。繼伯希和而來者，尚有日、美、德等國人士，其中以日人橘瑞超氏所得爲多，橘瑞超於光緒三十四年（1908）訪古於甘新一帶，嘗至敦煌石室獲取卷軸，其所得數量雖無從查考，然見之橘瑞超氏所編之《敦煌將來藏經目錄》（民國3年發表）者，計經部三六七卷、律部八卷、論部二十七卷、疏解部二十五卷、雜部二卷，共計四百二十九卷，其所包含之時代，上起北魏，下訖五代。據羅振玉《雪堂叢刊》稱，橘瑞超所得尚有未列目中者。

日本方面之私人收藏，據《昭和法寶總目錄》、《敦煌遺書總目索引‧散錄》及《西域漢文文獻分類目錄》所載，下列諸家均有收藏：三井八郎右衛門、內藤虎次郎、松本文三郎、三井源右衛門、石井光雄、山本梯二郎、清野謙次、浜田德海、栗原貞一、山合喜三郎、出口常順、林平藏、橋本凝胤、小川広己、富岡謙三、高楠順次郎、西脇濟三郎、杉山與兵衛、淺野長武、伊藤庄兵衛、上野理一、江藤濤雄、小川爲二郎、小川勸之助、田中慶太郎、內藤堯寶、三浦兼助、村山龍本、守屋吉藏、森政一、山口謙四郎、有尾佐治、禿氏祐祥、長曾我部水人、舟橘水哉、井川定慶。

蘇俄所得者，藏於列寧格勒亞洲民族研究所（Leningred Branch the Institute of the People of Asia）所藏敦煌卷子，全部約有一萬二千號，其中有數百件爲一九〇六年烏魯木齊俄國領事克洛可夫及馬洛夫於新疆所得，其餘均係鄂登保於一九一四－一九一五年得自敦煌者。

藏於美國者，有華盛頓國會圖書館敦煌殘卷八卷、紐約市都城藝術博物館有寫本三卷，芝加哥大學遠東圖書館有《蓮花經》寫本三卷，芝加哥自然歷史博物館有寫本一卷，哥倫比亞大學圖書館有一長卷，惟亦非完帙。

德國西柏林人類考古學博物館亦藏有敦煌寫本，惟數目未詳。

劫餘後之敦煌卷軸，據蘇瑩輝先生所記，國內公私所藏者如下：

（一）國立北平圖書館：前京師圖書館所得之敦煌卷子八千餘卷（據陳垣《敦煌劫餘錄》所錄，凡八六七九號）其後胡鳴盛復檢殘葉，增編至九八七一號。

（二）國立中央圖書館：民國三十七年冬，自京搶運來台，有敦煌卷子一五三卷，其時代上起六朝，下訖五代宋初。

（三）國立敦煌藝術研究所：於民國三十三年八月卅日，有該所修建住所發

現之六朝寫本殘卷六十餘件，除佛經外，尚有《毛詩注》殘頁，《孝經》殘頁及寫經時日計數單等。

（四）國立西北圖書館：藏有敦煌卷子若干卷，合六朝、唐、五代卷數件。

（五）甘肅省立蘭州圖書館：藏有敦煌卷軸近百卷，且多完帙，內容多佛教經典，其中以唐寫本居多。

（六）中央研究院歷史語言研究所：藏有倫敦英國博物院所藏之敦煌卷子縮印本全部，並有少數唐五代寫本及宋初藏文經殘片。

（七）國立歷史博物館：於民國五十三年初藏入敦煌寫本二十餘卷，其中以唐寫本為多。

（八）臺灣私人之所藏者有蔣穀孫所藏後晉開運四年敦煌印本「毗沙門天王像」一幅，丁念先藏敦煌唐人寫本《瑜伽師地論釋》一卷，寶景椿藏敦煌寫本若干卷，羅吉眉藏敦煌所出六朝、唐人寫經數卷，黃君璧藏有「右侍蓮花供養菩薩」旛畫一幅、六朝及唐人寫經各一卷。

就敦煌石室所流布之敦煌數量言，含列寧格勒所藏者共計約三萬餘卷，主要庋藏國家有中、英、法、俄四國，其次為日、德、美等國。蘇瑩輝形容敦煌卷軸曰「卷之則退藏於密，放之則彌六合。」蓋卷之則退藏於密室，放之則散佈於歐、美、亞洲，時間起自西元四○六年，迄於九九五年止，其與殷虛甲骨所涵之時代自盤庚迄帝辛共二百七十有三年相比較，堪稱後來居上。

第三節　敦煌寫本之研究

羅振玉《集蓼編》云：「宣統紀元，法國大學教授伯希和博士，賃宅於京師蘇州胡同，將啟行返國，所得敦煌鳴沙石室古卷軸，已先運歸，尚有在行篋者。」又《鳴沙石室秘錄》云：「吾友董授經（康）以茲事見告，乃與同好往觀。」此時為伯希和第二次上北京之時，因行篋中尚有卷軸，羅振玉偕蔣黼、董康、王靜安等前往觀賞，靜安先生首次目覩敦煌文物，殆在此時。至於專心致力於敦煌卷軸之研究，則在民國二、三年間留寓日本京都之時。

靜安先生流寓日本京都之時，與漢學家狩野直喜過從甚密，因得見狩野一九一二年專程旅歐洲所過錄之倫敦博物館所藏敦煌寫本，見後眼界大開，遂從事於寫本之研究，撰有專著二十有四篇，民國八年孟秋並譯有法國伯希和博士一九一一年就職法蘭西學院中亞細亞語史學教授之演講詞：〈中亞細亞

探險談〉，先生於譯稿後，於伯希和教授之學養備極讚譽。靜安先生曰：「當光宣之際，余遇博士於京師，以爲博士優於中學而已，比讀此篇乃知博士於亞洲諸國古今語，無不深造，如敦煌以西迄于于闐古代所用之東伊蘭語，即博士之所發見及創通者也。博士所獲之中國古籍，吾友上虞羅參事既印行其大半，世當無不知博士名者，既而歐洲戰事起，博士從軍達達尼斯海峽，既而復有事西伯利亞，今春凱還過滬，遇參事，劇談凡我輩所著所印之書，無不能舉其名及其大略者，軍旅之中其篤學如此，嗚呼！博士之所以成就其學業者，豈偶然哉，今博士復歸就教授之職，將來貢獻于世界及東方學術者，或更倍蓰于此，然博士就職演說迄今雖經八年，我國人士殆未有見者，故爲重譯，以餉學者。」

靜安先生爲我國早期敦煌學之研究者，因其所見敦煌卷軸以唐人寫本爲多，故其研究亦偏重於唐人寫本。其敦煌卷軸之研究專著見於《觀堂集林》卷八，有〈書巴黎國民圖書館所藏唐寫本切韻後〉、〈書吳縣蔣氏藏書唐寫本唐韻後〉二篇。卷二十有〈于闐公主供養地藏王菩薩畫像跋〉、〈曹夫人繪觀音菩薩象跋〉二篇，卷二十一有〈唐寫本殘職官令跋〉、〈食療本草殘卷跋〉、〈靈棋殘卷跋〉、〈失名殘書跋〉、〈太公家教跋〉、〈兔園冊府殘卷跋〉、〈大雲經疏跋〉、〈老子化胡經殘卷跋〉、〈韋莊秦婦吟跋〉、〈雲謠集雜曲子跋〉、〈春秋後語背記跋〉、〈殘小說跋〉、〈敦煌縣戶籍跋〉、〈宋初寫本燉煌縣戶籍跋〉等十四篇。見於《觀堂別集》者有〈唐寫本新鄉眾百姓謝司徒施麥牒跋〉、〈字林殘卷跋〉、〈季布歌孝子董永傳殘卷跋〉、〈摩訶般若波羅蜜經殘卷跋〉、〈晉開運刻毘沙門天王象跋〉、〈唐韻殘卷校勘記自序〉等二十四篇。茲就其重要成就分述如下：

一、韻書寫本之研究

敦煌石室所發現之寫本與刻本卷子中，以韻書爲多，泰半以上均已流傳於外，據非式之統計，以法國所藏約近三十卷爲最多，英國、德國次之，我國及日本又次之。其中又以法、英所藏 P2011 號及 S2071 號卷最爲完整。

靜安先生撰有〈書巴黎國民圖書館所藏唐寫本切韻後〉（案：唐寫本切韻殘卷，今存倫敦，編號 S2683、S2055、S2071，先生因得自伯希和，遂誤以爲係巴黎所藏，其詳請閱〈王靜安先生之聲韻學〉。）爲國人研究敦煌石室唐寫本切韻之第一人。陸法言之名號問題，自來傳說紛紜，人各異詞，莫衷一是，兩《唐書藝文志》有陸慈《切韻》五卷，日本源順《倭名類聚鈔》引陸詞《切

韻》五十四條，又日本僧瑞信《淨土三部經音義》引陸詞《切韻》十六條，人各異稱，是非終莫能定，靜安先生曰：「日本狩谷望之《倭名鈔箋》謂陸詞即法言，案詞與法言名字相應，又以唐寫殘韻與彼土所引陸詞切韻校之，半相符合，則狩谷之言殆信，兩唐志之陸慈，亦即陸詞，隋唐間人多以字行，故字著而名隱耳。」今考之伯二一二九號卷子題曰：「陸詞字法言撰」名與字應，千古疑案，渙然冰釋，由此亦可知靜安先生功力彌厚，故判斷彌高也。

　　法言事迹，史不概見，前人又無考之者，靜安遂考其事迹，據《隋書·陸爽傳》，法言爲陸爽之子，其撰書時代著手於開皇仁壽間，成書於仁壽二年也。靜安先生曰：

> 案《隋書·陸爽傳》，爽字開明，魏郡臨漳人，自齊入周，隋時爲太子洗馬，開皇十一年卒官，年五十三，子法言，敏學有家風，釋褐承奉郎。據此，則開皇初法言與蕭顏諸公論韻時，年纔弱冠，而諸公多顯於梁魏齊周之世，於法言均爲文人行矣，其受成書之託，亦即以此。《隋書》又云：初，爽之爲洗馬，嘗奏高祖云，皇太子諸子未有嘉名，請依春秋之義更立名字，上從之，及太子廢，上追怒爽曰，我孫製名，寧不自解，陸爽乃爾多事，扇惑於勇，亦由此人，其身雖故，子孫並宜廢黜，終身不齒，法言竟坐除名。案太子勇之廢，在開皇二十年九月，次年改元仁壽，法言除名當在是冬。〈切韻序〉作於仁壽二年，云今反初服，私訓諸弟，凡有文藻即須音韻，遂取諸家音韻古今字書，定之爲《切韻》五卷。是法言撰此書，著手於開皇仁壽間，而成於仁壽二年也。

《廣韻》二〇六部之目，清儒皆以爲係陸氏之舊，遂謂陸韻部目及其次序與《廣韻》不殊，此實大誤也。靜安先生曰：

> 以余曩日所考，則《廣韻》部目次序并出李舟，而《切韻》、《唐韻》則自爲一系，今見陸氏書，乃得證成前説。案陸氏書雖闕有間，然平上入三聲分目具存，平聲上廿六韻，其次爲一東、二冬、三鍾、四江、五支、六脂、七之、八微、九魚、十虞、十一模、十二齊、十三佳、十四皆、十五灰、十六哈、十七眞、十八臻、十九文、廿殷、廿一元，廿二魂、廿三痕、廿四寒、廿五刪、廿六山。平聲下廿八韻，一先、二仙、三蕭、四宵、五肴、六豪、七歌、八麻、九覃、十談、十一陽、十二唐、十三庚、十四耕、十五清、十六青、

十七尤、十八侯、十九幽、廿侵、廿一鹽、廿二添、廿三蒸、廿四
登、廿五成、廿六銜、廿七嚴、廿八凡，視《廣韻》無諄、寒、戈
三韻，而次第亦異；上聲準之凡五十一韻，視《廣韻》無準、緩、
果三韻，次序與平聲同，入聲三十二韻，視《廣韻》無術、曷二韻，
其次爲一屋、二沃、三燭、四覺、五質、六物、七櫛、八迄、九月、
十沒、十一末、十二黠、十三鎋、十四屑、十五薛、十六錫、十七
昔、十八麥、十九陌、廿合、廿一盍、廿二洽、廿三狎、廿四葉、
廿五怗、廿六緝、廿七藥、廿八鐸、廿九職，卅德，卅一業，卅二
乏，與《廣韻》次序固殊，即與本書平上二聲之次序亦不相應。

今考之Ｓ二〇七一號、Ｐ二〇一一號諸卷，陸氏舊部不及二百，而二〇六部者，
蓋晚唐以後之目，並非隋人舊目。又守溫三十六母，不足以明定《廣韻》聲
紐，故陳澧考定爲四十類，高本漢（B. Karlgren）考《廣韻》聲紐爲四十八類，
姜亮夫繼靜安先生研究唐寫本《切韻》，考訂Ｓ二〇七一及Ｐ二〇一一兩卷亦
係四十八類，與高氏合，足以訂正三百年來之誤。

　　靜安先生又有〈書吳縣蔣氏藏唐寫本唐韻後〉之撰著，與〈書巴黎國民
圖書館所藏唐寫本切韻後〉同載《觀堂集林》卷八，靜安先生舉八證，以證
蔣伯斧所藏唐寫本確爲孫愐書，而非陸法言《切韻》原本。其言曰：

隋唐韻書皆曰《切韻》，獨孫愐取《周易》、《周禮》之義，勒成一書，
名曰《唐韻》，見於自序，此本卷五前題尚存，曰「唐韻卷第五」，與
孫序合，是爲孫書之證一也。孫序云：州縣名號，亦據今時。又云：
武德以來創置及開元三十年并列注中。蔣君跋中舉未韻之暨字，《廣
韻》注云，諸暨縣在越州；此本云在會稽。霽韻之薊字，《廣韻》注
云縣名又州，開元十八年以漁陽爲薊州；此本直云縣名。代韻之代字，
《廣韻》注云州名；此本云郡名。緝韻之汲字，《廣韻》注云縣名在
衛州；此本云郡名在衛。謂郡縣之沿用隋名者，即以此爲法言書之證。
余謂此正孫書之證也。《舊唐書‧玄宗紀》天寶元年二月，天下諸州
改爲郡，刺史改爲太守，唐時建置，以此及乾元元年復郡爲州爲最大。
孫序所云開元三十年，即天寶元年（開元無三十年）。越州之爲會稽
郡，薊州之改爲漁陽郡而僅存薊縣，代州之爲代郡，汲縣之爲汲郡，
皆開元三十年事，與隋無涉。又此本注中說水地所在凡五十餘科，皆
舉郡名，不舉州名。正序中所謂州縣名號，悉用今時者。惟歟字下注

云縣名在歙州，不云新安郡。鄭字下注云縣名在鄭州，不云文安郡。鄔字下注云新息縣在豫州，不云汝南郡。鄴字下注云縣名在襄（當作相）州，不云鄴郡。然舉郡名者五十餘科，而舉州名者僅四科，自係偶爾疏失。且歙字鄭字下均云縣名，不云州名，尤為是時已無歙州鄭州之證，此其為孫書之證二也。魏鶴山〈唐韻後序〉云：今書升藥鐸於麥陌昔之前，置職德於錫緝之間。所謂今書，謂《禮部韻略》，是鶴山所見《唐韻》藥鐸職德亦如此本之次，是此本為孫書之證三也。孫序又云：其有異聞奇怪傳說，姓氏原由備載其間，皆引馮據。又列其引據書目關乎姓氏者，有《姓苑》《風俗通》、賈執《姓氏英賢傳》、王僧孺《百家譜》等，是韻書中詳注姓氏始於孫愐。此本注中姓氏雖不如《廣韻》之詳，然每字之為古姓氏者，已概舉無遺，此其為孫書之證四也。《封氏聞見記》云：陸法言《切韻》凡一萬二千一百五十八字，爾後有孫愐之徒，以字書中閒字釀於《切韻》，殊不知為文之要，匪是陸之略也。（雅爾堂刊本要匪二字誤倒）今此本所增之字皆注云加，又多云出《說文》、出《字林》、出《音譜》云云，即封記所謂以字書中閒字釀於《切韻》者。封氏雖云孫愐之徒，不專指一家，而此書正與之同，此其為孫書之證五也。《廣韻》三鍾恭字下注云：陸以恭蚣縱等入冬韻，非也。考之大徐《說文》，則恭，俱容切；縱，即容切；蚣，息恭切，皆在鍾韻。，大徐《說文》用孫愐音，則孫愐始改此數字入鍾韻。《廣韻》此注必係《唐韻》舊文。今此本麥韻鶴字下注云，陸入格韻，與《廣韻》恭字下注例同，此其為孫書之證六也。《廣韻》一書，兼採諸家切韻，然首載陸法言、長孫訥言、孫愐三序，是以陸孫二韻為藍本之證。考《倭名類聚鈔》引諸家切韻，中有孫愐《切韻》二十五條、《唐韻》三百八十四條，其字見於此殘本者，多與此本合，與《廣韻》合者亦十之八，其與此本異者，則《廣韻》多合於此本，而異於《倭名鈔》所據之本。此由《倭名鈔》已經後人增改（見日本稻葉通邦《倭名類聚鈔序》），故有此不合，此其為孫愐書之證七也。前蔣君跋此書，謂書中於太宗諱世字，睿宗諱旦字，皆闕筆，代宗以後之諱則否，玄肅二宗之諱皆在平韻，不可考。余細檢全書，見九御中豫字（代宗諱）、四十馮漾字注中豫字、十三末中括字（德宗諱），均不闕筆，然三十一職鄔字下注中豫州之豫，作豫，

關末二筆，則此書當是肅代之間寫本。當寫第四卷時，肅宗未崩，比
寫至第五卷末，則已聞代宗更名及登極之詔（均在四月），故不闕於
前而闕於後，不闕於大字而闕於小注也。是歲距孫氏書成已十年，其
所寫者爲孫氏書無疑，此八證也。

二、史部寫本之研究

靜安先生研究敦煌石室寫本，有關史部者有唐職官令與敦煌戶籍之研
究，據日本狩野直喜所錄Ｓ一八八○號唐寫本殘職官書撰〈唐寫本殘職官書
跋〉，據Ｓ五一四撰〈唐寫本敦煌縣戶籍跋〉。又據Ｓ四一七五、Ｓ四一七二
撰〈宋初寫本燉煌縣戶籍跋〉。

（一）唐代職官令之研究

唐寫本殘職官書，係大英博物館所藏，共二十八行。前後闕。靜安先生
據《六典》及兩唐志，考其非爲隋制，蓋《六典》爲唐開元二十四年制，則
此當爲開元以前制也，先生並推論此殘卷或爲武德令之斷片。靜安先生曰：

所以知非隋制者，隋有上開府儀同三司，開府儀同三司，上儀同三
司，儀同三司四級，而此卷惟開府儀同三司一級，與唐制合。又隋
時上柱國柱國不問帶文武職事與否，均置府屬，而此則帶職事者始
得置之。又隋制上柱國在三師三公上，此則在三師三公下，與隋制
不合故也。然猶當爲唐初之制，故與《六典》及新舊兩書志又大不
同。《六典》謂「三師爲贈官，其或親王拜者，但存其名」；又謂「自
隋文帝罷三公府，皇朝因之。」《通典》亦云：「大唐三師三公府並
無官屬」，而此有三師三公府官屬，蓋《六典》《通典》以事實言，
則唐初除親王外，無拜三師三公者，親王自有王府官屬，故不別開
府，此以立制言。容親王外有拜三師三公者，故爲之制府屬，（唐中
葉後，多有以庶姓拜三師三公者，然多爲他職事官崇階，亦不開府。）
猶此卷及《六典》皆有王國官屬，實則唐世親王均未就國，則亦未
嘗置此種官也。至開府儀同三司上柱國以下帶文武職事官屬，亦《六
典》及兩唐志所未載，而親王府官屬亦有異同。《六典》王府官屬，
尚有錄事、倉曹、戶曹、騎曹、士曹、參軍各一人，親事府及帳內
府典軍各一人、副典軍二人，此皆無之。又記室參軍，此一人，《六

典》二人；親事此三十九人，彼三十六人；帳內此六十人，彼六百六十七人。蓋《六典》爲唐開元二十四年制，此則開元以前制也。案《六典》唐令，自武德貞觀麟德儀鳳垂拱神龍太極凡七脩，開元初兩脩，《舊唐書‧經籍志》又有永徽令，別出九者之外，此卷當即其一。觀其開府儀同三司官屬準三師三公，而上柱國以下帶職事者皆得開府，大與隋制近，則此殘卷或武德令斷片歟？

（二）敦煌戶籍之研究

　　靜安先生研究敦煌戶籍，所見寫本爲大曆四年燉煌縣戶籍及雍熙二年至道元年戶籍殘卷。大曆爲唐代宗年號，雍熙及至道已進入北宋之初期，先生據此考查古代授田之制，戶籍所載戶主係以家長充當，唐制以二十一歲成丁，后又加至二十三歲、二十五歲成丁，丁男一口授田一頃，老病殘廢者四十畝，寡妻妾三十畝，戶主比丁男減半，故戶籍有老男、小男、廢疾、中女、小女之稱。又授田之例依官階、功勛而有不同，殘卷所載戶主索思禮爲老男兼戶主，合受田五十畝，其父子皆爲上柱國，按例上柱國受田三十頃，合受田爲六十頃，男游鸞爲丁，合受百畝，又園宅地三畝，故合受田六十一頃五十三畝。田又有「永業」與「口分」之別，按《唐志》丁中人一頃，其八十畝爲口分，二十畝爲永業，老及篤疾廢疾寡妻妾皆以二十畝爲永業，餘爲口分。戶籍又有「課戶」與「不課戶」之分，蓋《通典》云：「戶內有課口爲課戶，無課口者不課戶。諸視流內九品以上官，皆爲不課戶。」又奴與婢皆不授田，凡此種種，皆可由靜安《戶籍跋》中一一得之，由此可考唐代授田及課稅之制，於唐代歷史及社會情況之瞭解，頗有助益。

　　靜安先生曰：

　　唐《六典》戶部尚書職，每一歲一造計帳，三年一造戶籍。凡定戶以仲年（子、卯、午、酉），造籍以季年（丑、辰、未、戌）。大曆四年歲在己酉，正定戶之年也。云戶主者，《通典》引開元二十五年戶令云：凡戶主，皆以家長爲之是也。云戶主索思禮，年六十五，老男者，《六典》「凡男女始生爲黃，四歲爲小，十六爲中，二十有一爲丁，六十爲老。」《唐志》「天寶三載更民十八以上爲中，二十三以上成丁。」廣德元年詔「男子二十五爲成丁，五十五爲老。」又《六典》「凡給田之制，丁男中男以一頃，老男篤疾廢疾以四十畝，寡妻妾以三十畝，若爲戶者（戶主）則減丁之半。」此索思禮年六十五，故云「老男」，

必書此者,以與授田之事相關故也。此下或書寡,或書小男,或書廢
疾,或書小女中女,皆放此。云「昭武校尉前行右金吾衛靈州武略府
別將上柱國」者,昭武都尉,武散官,正六品上;別將則唐制上府別
將職事官,正七品下,中府從七品上,下府從七品下。云前行者,《六
典》凡任官階高而擬卑曰行,此以六品散官任七品職事官,故曰行;
又時已罷職,故曰前行也。上柱國者,勳官第十二轉。云甲頭某某者,
唐制授官有團甲過甲之制,授散官與勳亦然,言甲頭某某者,猶唐以
來言某某下及第某某牓下進士矣。云下中戶者,《六典》「天下之戶,
量其資產,分為九等」,下中則第八等也。云不課戶者,《通典》「戶
內有課口者為課戶,無課口者為不課戶,諸視流內九品以上官,皆為
不課戶」是也。云母汜氏,上元二年帳後死者,謂上元二年計帳上有
其名,其後即死;已死而猶列於籍者,造籍者之失也。云男游鶯,丹
州通化府折衝者,案《唐志》丹州府名,有同化無通化,然〈唐袁秀
巖墓志〉云:遷左威衛丹州通化府折衝,正與此合,折衝者,折衝都
尉之略,唐制上府折衝都尉職事官正四品上,中府正四品下,下府從
四品上,不知道通化府居何等矣。上索思禮名下具散官、職事官、勳
官三種,此僅具職事官勳官而不著散官者,因勳官自上柱國以下授田
各有差,而散官則與授田無涉故也。云「鶯男齊岳,年一十二歲,大
曆二年帳後編附」者,謂至大曆計帳後,其名始編入也。云「沙州燉
煌縣懸泉鄉宜禾里大曆四年□□手實」者,《唐會要》(八十五)「開
元十八年敕諸戶籍三年一造,起正月上旬,縣司責手實計帳,赴州依
式勘造,鄉別為卷,總寫三通,其縫皆注某州某縣某年籍。州名用州
印,縣名用縣印,三月三十日納訖。」此行連用四印,即是也。「手
實」者,《文獻通考》載宋熙寧七年呂惠卿議引戶令云:「手實者,令
人戶具其丁口田宅之實也。」《宋史・呂惠卿傳》亦云:「自供手實」,
是前後所具丁口田宅,皆出人戶自供矣。云「乾元三年籍者」,乾元
三年,歲在庚子,亦定戶籍之年。《六典》注「諸造籍起正月,畢三
月」,故戶籍以定籍之年名之,不以造籍之年名之也。云「合應受田
陸拾壹頃伍拾參畝」者,唐制上柱國受田三十頃,思禮父子二人,勳
皆上柱國,合受田六十頃;又思禮以老男為戶主,合受田五十畝,游
鶯為丁,合受百畝,又園宅地三畝,故合受田六十一頃五十三畝。下

安游璟戶云「應受田三十一頃一畝」，亦上柱國勳田三十頃，丁田一頃，園宅一畝，與此同例也。云「貳佰肆拾畝已受，卅畝永業，一十九畝勳田，一十四畝買田，一百六十七畝口分，三畝居住園宅，五十九頃一十畝未受」者，案從上應受田數中，除去勳田六十頃園宅三畝外，只餘百五十畝爲永業口分之田，其中卅畝爲永業，百一十一畝爲口分，（《唐志》丁中人一頃，其八十畝爲口分，二十畝爲永業，老及篤疾廢疾寡妻妾皆以二十畝爲永業，餘爲口分），而此口分得六十七畝者，此亦有說。蓋思禮已老，游鸞又爲他州四品職事官，均未必能躬耕，爲之耕者二奴也；二奴之年，正在丁中，例得受田百畝，意其初以二奴之名受田二頃，然唐制奴婢無受田之文，於是即以思禮游鸞之名受田百五十畝，然實際已受田二百七畝，有司以其家勳田未受者尚多，又以游鸞官稍高，遂不復致詰，即據以定籍，故有此參池也。勳田六十頃，僅受一十九畝，蓋唐時職事官田與勳官田皆有名無實，下安游璟勳亦上柱國，而勳田未受半畝，亦其證也。田畝皆注所在地及四至者，爲授受田也。瓜渠地在城東十五里，疑即《唐沙州圖經》之北府渠，孟授渠亦見《圖經》，云「長二十里。」《西涼錄》云「燉煌太守趙郡孟敏，於州西南十八里甘泉鄉鄉斗門上開渠溉田，百姓蒙賴，因以爲號，今城東一里尚有此渠」，知此渠自城西南迤至城東矣。又安游璟年伍拾參歲，上柱國，開元二十五年九月五日授甲頭王斛斯。考《舊唐書‧玄宗紀》「開元二十九年北州刺史王斛斯爲幽州節度使」，當即其人。游璟於大曆四年年五十三歲，上溯至開元二十五年僅二十歲，上柱國勳官第一，自白丁十二轉乃得之，游璟此時似無遽得上柱國之理，疑游璟是歲代叔承戶，其叔本有上柱國勳，游璟因而書之。唐制勳無襲法，又職事官田及勳官田未請受而身亡者，子孫不得追請（六典注），游璟不知國故，因舊籍書之，有司以當時勳田本是虛名，故亦不復致詰。可知唐時帳籍，固未能核實也。

戶籍之制，至北宋而有變革，其時僅具姓名而無年歲，蓋當時已實施就田課稅，而非就丁課稅，故無庸書寫姓名，又當時所請之田亦無定制，靜安因見雍熙二年及至道元年殘卷，又作《宋初寫本燉煌縣戶籍跋》，文長僅一百二十六字，茲錄之於后，以爲參考：

右雍熙二年至道元年戶籍殘卷，當沙州曹延祿之世。雍熙二年籍，鄧

永興戶下尚注妻與弟姓名，而不注年歲。至道元年籍則但有戶主姓
名，蓋沙州此時純就田課稅，不就丁課稅矣。所請之田，亦無定制。
鄧永興受二十畝，何石住受一頃十畝，高安三受七十五畝，蓋視力之
所能耕者受之，至是而後，周隋唐以來之舊制，并其名而亦亡之矣。

三、子部寫本之研究

敦煌石室所藏子部寫本有《孔子家語》等七十多卷，靜安先生研究敦煌
子部寫本有〈老子化胡經殘卷跋〉、〈食療本草殘卷跋〉、〈靈橫經殘卷跋〉、〈兔
園策府殘卷跋〉及〈太公家教跋〉之作。

（一）《老子化胡經》

《老子化胡經》藏巴黎者爲Ｐ二〇〇四、二〇〇七、三四〇四號，藏倫敦
者爲Ｓ一八五七、六九六三號。殘卷存法京者爲卷一、卷八、卷十，存英京
者爲卷一、卷二兩卷。

《老子化胡經》，一焚於唐，再燬於元，故史志既不著錄，道藏亦無傳本，
惟宋晁氏《郡齋讀書志》及《日本國見在書目》有之。羅振玉以Ｐ二〇〇七、
二〇〇四，Ｓ一八五七號三卷印入《敦煌石室遺書》，並謂：「晁錄及《日本現
在書目》所著錄之《老子化胡經》十卷，稱名及卷數並與此同，是此本與晁
本、日本本合，而元代所禁本題《老子化胡成佛經》，稱名已不符，而《辨僞
錄》所引經文，證以此二卷亦多不合，元代所傳之本，或已非唐代之舊歟？」

靜安先生據法京所藏卷一、卷十兩卷及英京所藏卷一撰成〈老子化胡經
殘卷跋〉一文。因英京所藏《化胡經》卷一首行〈老子化胡經序〉下，紀撰
人姓名處尚存一「魏」字，遂推論魏下所缺當是「明帝」二字，此卷寫本，
蓋即趙希弁所見之本。靜安先生曰：

巴黎國民圖書館藏《老子化胡經》卷一、卷十兩卷，卷一首殘闕數
行。此英倫博物館所藏《化胡經》卷一，較彼本多十一行，而首行
「老子化胡經序」下，紀撰人姓名處，尚存一「魏」字。案趙希弁
《郡齋讀書後志》載《老子化胡經》十卷，魏明帝爲之序，此卷序
題下尚有一「魏」字，則下所闕當是「明帝」二字，即希弁所見本
矣。序作四言韻語，爲他書序所未見。巴黎本卷首有闕佚，得此本
校補，序文略可讀矣。

（二）《食療本草》

《食療本草》存於英京，編號Ｓ七六，唐朝同州刺史孟詵所撰。張鼎又補其不足者八十四條，並舊爲二百二十七條，皆說食補治病之效，凡三卷。今《食療本草》已亡佚，僅存二十四條於石室殘卷之中，羅振玉又據友人所寄美國某博物館印本，總得二十六條，命羅福葆印入《敦煌石室碎金》。

動植諸物，各異其性，有相濟以益人者，亦有相殺以中和者，我國醫學即依此相濟相殺之理以爲治療之標準。我國醫療之術起源甚早，至唐而大備。孟氏不僅繼往聖遺方，且師事名醫孫思邈，故學識經驗皆冠於當代，其所著《食療本草》，復經數十人之注訂，其價值卓著可想而知。惜久經世亂，原本遂散佚無存，實我國醫學典籍之一劫也。

靜安先生據日本狩野直喜博士錄自英倫博物館之本，撰成〈唐寫本食療本草殘卷跋〉一文。敘所見之本，存藥名二十有四，其藥名皆朱書，而冷熱去旁注，蓋以有毒無毒易知，而冷熱須明，舊法朱點爲熱，墨點爲冷，無點爲平，其後因恐後人易於舛錯，故以冷熱平旁注之。茲錄跋文於後，以便參考。

> 唐寫本《本草》，英倫博物館藏，狩野博士所錄。存藥名二十四，惟木瓜胡桃下有注，餘未錄。其木瓜胡桃二注，以《政和本草》所引《食療本草》校之，皆合，惟語有詳略耳。案《唐書藝文志》有孟詵《食療本草》三卷，嘉祐補注《本草》所引書傳有《食療本草》，云「唐同州刺史孟詵撰，張鼎又補其不足者八十九種，并舊爲二百二十七條，凡三卷。」云云：今存二十四條，則僅得十之一矣。其藥名皆朱書，余所見唐寫本《周易釋文》之卦名、《唐韻》之部首，皆然。但用以與餘文識別，更無他義。其藥性冷熱皆用小字旁注。案唐寫本《陶隱居本草集注》序錄云：「有毒無毒易知，惟冷熱須明，今以朱點爲熱，墨點爲冷，無點者是平」，而《證類本草》所引陶氏序錄，則云：「惟冷熱須明，今依本經別錄注於本條之下」是唐慎微所見陶《本草》，已與原本異，蓋後人緣朱墨點與其有無，易於舛錯，故以冷熱平等字旁注之，而又恐與序錄牴牾，遂并改序錄原文。此卷藥名朱書，而冷熱用旁注，知陶《本草》於藥性易朱墨點而爲旁注，亦自唐已來然矣。

（三）《靈棋經》之研究

《靈棋經》殘卷今存大英博物館，編號爲Ｓ五五七。存卦象三，其卦作

上^{下下下} 下^{下下}，其辭作四言韻語，即《靈棋經》鬼災、空亡、不諧三卦辭。靜安先生據狩野直喜之所錄，撰作〈唐寫本靈棋經殘卷跋〉曰：

> 今本《靈棋經》卦作一上四下，二上一下，二上二下，不同古本。又第一卦象云：「家有惡鬼，兩兩對坐，天地高卑，莫（下闕）」，今本作：「家有惡鬼，兩相對坐，伺候過失，斷水絕火，天神地祇，專察人過。」又第三卦象云：「兩女無夫，鬥爭別居，入異路分，別宅處廬」，今本作「兩女無夫，鬥爭各居，出入異路，分別室廬。」象下各有「注曰」云云，今本所無。其「顏淵曰」云云，則與今本所載晉駕部郎中顏幼明注大同。古本作「顏淵曰」，則又因其同爲顏氏而依託也。

（四）《兔園策府》

《兔園策府》，唐杜嗣先撰。《宋史・藝文志》有《唐杜嗣先兔園冊府》三十卷，惟兩《唐書・藝文志》均未著錄，今存法京圖書館爲P二五七三號；存大英博物館有S六一四、一○八六、一七二二號三卷。其中S一七二二號，存序文後半及卷一全文，與P二五七三號原爲同卷，可以綴合。

先生據P二五七三殘卷撰成〈唐寫本兔園冊府殘卷跋〉，以爲此書盛行於五代，至宋代尚存，雖斷璣尺羽，亦人間瓌寶也。先生曰：

> 案此書《舊唐書・經籍志》與《唐書・藝文志》均未著錄，惟《宋史・藝文志》有杜嗣先《兔園冊府》三十卷。《五代史・劉岳傳》云：「宰相馮道，世本田家，狀貌質野，朝士多笑其陋。道日入朝，兵部侍郎任贊與岳在其後，道行數反顧，贊問岳：道反顧何爲？岳曰：遺下《兔園冊》耳。」《兔園冊》者，鄉校俚儒教田夫牧子之所誦也。《困學紀聞》云：「《兔園冊府》三十卷，唐蔣王惲令僚佐杜嗣先倣應科目策，自設問對，引經史爲訓注。惲太宗子，故用梁王兔園名其書，馮道《兔園策》謂此也。」則此書盛行於五代，或至宋季尚存，故深甯尚能言之歟？然宋時藏書家罕有是書，惟晁氏《郡齋讀書志》有《兔園冊》十卷，云：「唐虞世南奉王命纂古今事爲四十八門，皆偶儷之語。五代時行於民間，村塾以授學童，故有遺下《兔園冊》之誚。」據此，五代村塾盛行之書，爲虞爲杜，殊未可知。竊疑世南入唐，太宗引爲記室，即與房元齡對掌文翰，未必令撰此等書，豈此書盛行之際，或并三十卷爲十卷，又以世南有《北堂書鈔》，故嫁名於彼歟？此本雖僅存卷首，然猶是貞觀時寫本。序中「劉

君詔問，皆願治之言」，「治」字未闕筆，知尚在太宗時。又案《舊
唐書・太宗諸子列傳》，蔣王惲以貞觀七年爲安州都督，至永徽三年
除梁州都督，在安州凡十六年，則成書當在安州，而此本乃書成後
即傳寫者。雖斷璣尺羽，亦人間環寶也。

先生引《五代史・劉岳傳》，以爲此書係鄉校俚儒教田夫牧子所誦，此說似有
可商。《舊五代史》卷一二六〈馮道傳〉云：

　　（道）遷中書侍郎，刑部尚書平章事。凡孤寒士子，抱才業，素知識
　　者，皆與引用。唐末衣冠，履行浮躁者，必抑而置之。有工部侍郎任
　　贊，因班退，與同列戲道於後曰：「若急，必遺下《兔園冊》。」道知
　　之，召贊謂曰：「《兔園冊》皆名儒所集，道能諷之。中朝士子止看文
　　場秀句，便爲舉業，皆竊取公卿，何淺狹之甚邪？」贊大愧焉。

又孫光憲《北夢瑣言》卷十九云：

　　北中村塾多以《兔園冊》教童蒙，以是譏之。然《兔園冊》乃徐庾
　　文體，非鄙朴之談，但家藏一本，人多賤之。

由以上所引，可知《兔園策府》爲童蒙之書，家藏一冊，人多賤之，殆爲事
實；然其爲徐庾文體，並非鄙朴之談，亦爲實情。

　　又先生云：「序中『劉君詔問，皆願治之言』，治字未闕筆，知尚在太宗
時。」案先生所據爲Ｐ二五七三卷，此處有污損不清之處，「皆願治之言」句，
宜據Ｓ六一四卷，正爲「吐河洛之詞」。

　　此書成書年代問題，那波利貞〈敦煌雜鈔考〉、周一良〈敦煌寫本雜鈔考〉
雖均有論述，然多屬臆測，未能爲定論，實有待吾人之研究。

（五）《太公家教》

　　《太公家教》，藏於上虞羅振玉者一卷，印入《鳴沙石室佚書》，羅氏藏
本，前題存一卷字，篇首闕五字，餘皆完好，共一百二十七行，每行自十八、
九字至廿四、五字不等。

　　靜安先生據羅氏之書，撰成〈唐寫本太公家教跋〉一文，述本書流傳之
經過，認爲此書係斯坦因、伯希和二氏所遺，又石室遺書未歸京師圖書館時
流入人間者也。案羅振玉於一九〇九年所發表文章中，述伯希和送往巴黎之重
要卷卷軸內，已有《太公家教》一書。後伯希和郵寄古籍影本中未見之，而
於羅振玉唐風樓中見此書，此中經過，頗堪玩味。

　　王明清《玉照新志》云：「世傳《太公家教》，其書極淺陋鄙俚，然見之

《李習之文集》，至以《文中子》爲一律，觀其中猶引周漢以來事，當是有唐村落間老校書爲之。太公者猶曾高祖之類，非渭濱之師臣明矣。」靜安先生引王明清之說於跋文中，並據《家教》中有「太公未遇，釣魚渭水；相如未達，賣卜於市」等四則歷史故事，否定王明清「太公者猶曾高祖」之說，認爲後人係取書中故事「太公」之名冠爲書名，乃是主因。

　　繼靜安之後研究敦煌《太公家教》寫本者，有王重民先生所纂《敦煌古籍敍錄》曾論及，其言曰：

> 我在伯希和所劫的古寫本書中，看到一卷原本《六韜》，是漢代到唐代相傳的原本，所載都是太公對文王和武王所說的種種嘉言懿行。因此漢唐時代的人，就拿來用爲進德之書，《太公家教》就是本著這個意思，從六韜裏取出一些最有進德之助的嘉言，來用作童蒙讀本的。可是《太公家教》，是專取太公對文王說的話，他對武王說的話，別纂成一部《武王家教》，在敦煌石室內也發現了幾本。

據此，又可補正王靜安說之不足，蓋學術之事，後出轉精，誠勢所必然也。

四、集部寫本之研究

　　靜安先生研究敦煌集部寫本之撰作有三，茲分別敍述如次：

（一）韋莊〈秦婦吟〉之研究

　　〈秦婦吟〉寫本，今流傳海外，藏巴黎者五卷，編號爲Ｐ二七〇〇、三三八一、三七八〇、三九一〇、三九五；藏倫敦者四卷，編號爲Ｓ六九一、五四七六、五四七七、五八三四；藏日、中村不折及列寧格勒一〇七四〇號者名一卷，現時所知見共計此十一卷。

　　〈秦婦吟〉係蜀相韋莊之作，不載《浣花集》中。此詩係其早歲赴長安應舉之時，遇黃巢之亂，乃託一秦婦之口吻，敍述當時雜亂之情景，時人爭相傳誦，韋莊因有「秦婦吟秀才」之稱。後莊顯達，乃諱言之，未選入集，遂不傳於世。

　　西元一九〇八年伯希和於敦煌莫高窟取得石室卷軸後，選其精好者運歸法國，並將少量卷軸携來北京，羅振玉等聞知，乃偕同好前往觀賞，並將所見所聞於伯希和者，作〈莫高窟石室秘錄〉一文，發表於《東方雜誌》第六卷第十、第十二期。秘錄中所謂之〈秦人吟〉，實即〈秦婦吟〉也。蓋因羅氏未

見原寫，乃誤爲〈秦人吟〉，然此實我國人得知此寫本之始。

　　一九一二年日人狩野直喜博士旅遊歐洲，時斯坦因所得敦煌寫本尚未移歸英倫博物館，狩野乃從斯坦因錄得石室寫本，內有〈秦婦吟〉殘本，並攜以東歸。後靜安先生見之，乃並參閱狩野所錄其他通俗文學，作〈敦煌發見唐朝之通俗詩及通俗小說〉一文，於一九二○年發表於《東方雜誌》十七卷八期，其第一段即爲〈秦婦吟〉殘篇，此爲我國得見〈秦婦吟〉原文之始。

　　靜安先生所見之寫本，其首尾皆不完，無篇題及撰人姓名，因其中有「內庫燒爲錦繡灰，天街踏盡公卿骨」一聯，乃與孫光憲《北夢瑣言》所記，蜀相韋莊應舉時遇黃巢犯闕，著〈秦婦吟〉一篇，有句云：「內庫燒爲錦繡灰，天街踏盡公卿骨」相對證。遂斷定爲蜀相韋莊之作。靜安先生曰：

　　　　此詩前後殘闕，無篇題及撰人姓名，亦英倫博物館所藏，狩野博士所
　　　　錄。案《北夢瑣言》蜀相韋莊應舉時遇黃巢犯闕，著〈秦婦吟〉一篇
　　　　云：「內庫燒爲錦繡灰，天街踏盡公卿骨。」此詩中有此二語，則爲
　　　　韋莊〈秦婦吟〉審矣。《瑣言》又云：「爾後公卿頗多垂訝，莊乃諱之，
　　　　時人號爲秦婦吟秀才。他日撰家戒內不許垂〈秦婦吟〉障子，以此止
　　　　謗，亦無及也」云云。是莊貴後諱言此詩，故弟藹編《浣花集》，不
　　　　以入集，遂不傳於世。然此詩當時製爲障子，則風行一時可知。

靜安先生因所見非爲完本，復聞英倫亦有一本，遂郵請伯希和博士傳寫足本，癸亥歲末，博士乃手書見寄，卷末有「天復五年乙丑歲十二月張龜寫」款，〈秦婦吟〉下題有「右補闕韋莊」，靜安之考定遂獲得證實。

　　伯希和所寄者有張龜本及倫敦博物館所藏梁貞明五年安友盛寫本二種。翌年（1924）羅氏遂將此二寫本互校之全文一千三百八十六字印入《敦煌零拾》，是爲國人得見全文之始。靜安先生復據此二本與狩野博士所錄者比勘研究，列舉其異同，發表於北大《國學季刊》一卷四號，題曰：〈韋莊的秦婦吟〉，此爲我國人正式研究敦煌學，所作校勘之始。

　　靜安先生又考證此詩乃係韋莊客遊江南時，獻與鎮海節度使周寶之詩。其稱「右補闕」者，乃莊在唐所終之官。靜安先生曰：

　　　　二本並首尾完具，凡千三百八十六字，其首云中和癸卯春三月，則
　　　　此詩乃中和三年所作。其末云：適聞有客金陵至，見說江南風景異。
　　　　又云：願君舉棹東復東，詠此長歌獻相公。則此詩乃上江南某帥者，
　　　　考是時，周寶以鎮海軍節度使同平章事鎮潤州，則相公蓋周寶也。

> 莊遇黃寇之亂，初居洛中，旋客江南，《浣花集》四有〈江上逢史館
> 李學士詩〉云：關河自此爲征壘，城關於今陷戰塵。自注云：時巢
> 寇未平。則中和三年，莊已由洛渡江，其後有〈陪金陵府相中堂夜
> 宴詩〉、〈觀浙西府相畋游詩〉、又有〈官莊詩〉，自注云：江南富民
> 悉以犯酒沒家，因以此詩諷之，浙帥遂改酒法，不入財產。是莊曾
> 爲周寶客，此詩當即其初至江南贄寶之作矣。此時莊尚未第，其署
> 名左補闕者，乃莊在唐所終之官。

靜安之後，續有張蔭麟、郝立權、黃仲琴、周雲青、陳寅恪、劉修業、王重
民等諸家爲之箋釋寫定。惟綜觀諸家校本，文字頗歧，箋釋復多異說，吾師
潘重規先生乃博稽眾議，細覈原卷，考定異文，成〈敦煌寫本秦婦吟新書〉
一文，不惟使韋氏原詩文義獲安，且復綜述諸家之說，斟酌研求，而韋莊刪
諱此詩之故乃亦因得釋疑也。

（二）《雲謠集雜曲子》之研究

《雲謠集雜曲子》藏巴黎者爲Ｐ二八三八號，藏倫敦者爲Ｓ一四四一號，
二本皆不全；法京藏本所存者十四首，英京藏本十八首，校除重複，適得三
十首。《雲謠集》雜曲首先傳至我國者爲英京本，朱孝臧據董康手抄本刻入《蕙
風簃叢書》，羅振玉則據伯希和攝影者，印入《敦煌零拾》，其後劉復遊巴黎，
始將法京本鈔回中國，刻入《敦煌掇瑣》中。同時校訂研究《雲謠集》尚有
況蕙風、冒鶴亭、龍沐勛、盧冀野諸家。靜安先生亦爲早期研究者之一，據
所見之鈔本撰〈雲謠集雜曲子跋〉一文。王氏於《戲曲考源》中已有「詩餘
之興，齊梁小樂府先之」之論。而於《雲謠集》中又看出「唐人詞律之寬」，
并發現〈天仙子〉爲雙調；又評論來自民間之〈天仙子〉詞特深峭隱秀，堪
與飛卿端己抗行。靜安先生曰：

> 此卷首題《雲謠集雜曲子》，共三十首，其目爲〈鳳歸雲〉四首、〈天
> 仙子〉二首、〈竹枝子〉、〈洞仙歌〉、〈破陣子〉、〈換沙溪〉、〈柳青娘〉、
> 〈傾盃樂〉則不著首數。其詞爲狩野博士錄出者，〈鳳歸雲〉二首，
> 〈天仙子〉一首而已。案此八調名，均見崔令欽《教坊記》所載曲
> 名中。《唐書・宰相世系表》，有國子司業崔令欽，爲隋宏農太守宣
> 度之五世孫，則其人當生玄肅二宗時。《教坊記》記事訖於開元，亦
> 足推其時代，則此八曲，固開元教坊舊物矣。郭茂倩《樂府詩集・
> 近代曲辭》中，有滕潛〈鳳歸雲〉二首，皆七言絕句，此則爲長短

　　句：此猶唐人樂府見於各家文集、《樂府詩集》者多近體詩，而同調
　　之見於《花間》《尊前》者，則多爲長短句。蓋詩家務尊其體，而樂
　　家只倚其聲，故不同也。〈天仙子〉唐人皇甫松所作者不疊，此則有
　　二疊；〈鳳歸雲〉二首，句法與用韻，各自不同，然大體相似，可見
　　唐人詞律之寬。〈天仙子〉詞特深峭隱秀，堪與飛卿端己抗行。惜其
　　餘二十餘篇，不可見也。（《觀堂集林》卷二十一）

敦煌石室文物之發現，爲近代中國文學史之一件大事，石室未開之前，歷來
學者皆以五代趙崇祚所編之《花間集》爲我國最早之詞集，今《雲謠集》之
發現，其抄寫時代更在《花間集》之前。據此，則最早之詞集，應由《花間
集》改爲《雲謠集》乃合乎事實。

　　《雲謠集》寫本自斯坦因、伯希和載之西去，董康、劉復鈔回，傳刻校
訂者，紛然並作，然因寫本俗字甚多，諸家之作，往往有誤讀，甚或改字者：
如羅振玉、朱祖謀、龍沐勛、王重民、任二北、趙尊嶽、唐圭璋、胡適諸家，
莫不欲存眞求善，而往往治絲益紛。吾師潘重規先生有鑒於此，乃於民國六
十五年八月間，飛往巴黎精校法京所藏敦煌原卷，復商得英法圖書館之同意，
將《雲謠集》卷子全部照相影印。又攬諸家之說，擷其精粹，補正譌誤，成
〈雲謠集校箋〉一卷。後據〈校箋〉考訂所得，重寫一通，名曰《敦煌雲謠
集新書》，於民國六十六年元月印行於世，自茲之後，《雲謠集》乃還其本來
面目，而得有善本。蘇瑩輝先生曰：

　　昔海寧王氏以嘉定朱氏《汲冢紀年存眞》爲藍本，另加校注，成古
　　本《竹書紀年輯校》一卷，今本《竹書紀年疏證》二卷；於是今本
　　可廢，古本《紀年》乃差可讀。余於潘氏《雲謠》新書之問世，蓋
　　亦云然。（《敦煌學概要》）

蘇氏之論，可謂知言。

（三）唐人小說斷片之研究

　　唐人小說斷片，藏倫敦大英博物館，編號Ｓ二六三〇，日人狩野直喜博士
所錄，載入羅福萇《沙州文錄補遺》，敍太宗入冥事，又記判官姓名爲崔子玉；
王重民暨諸家研究敦煌學本者，均稱此殘卷爲〈唐太宗入冥記殘卷〉，靜安先
生跋此寫本，則題爲〈唐人小說斷片〉。

　　狩野博士曾於《藝文雜誌》中考證此片，引《太平廣記》所引《朝野僉
載》記太宗入冥事，謂唐初已有此傳說。靜安先生則以《僉載》不著冥判姓

名，復引《府君神異錄》之冥判爲崔府君及景祐二年加封崔眞君封號詔文，及樓鑰顯《應觀碑記》所述，以相印證，其言曰：

> 然僉載不著冥判姓名，近代鄭炨作《崔府君祠錄》，引《府君神異錄》正與《僉載》同，惟以冥判爲崔府君，考費袞《梁溪漫志》載宋仁宗景祐二年加崔眞君封號詔曰：「惠存滏邑，恩結蒲人，生著令猷，沒司幽府。」已以崔眞君爲司幽府之神。而樓鑰顯《應觀碑記》，言宣和三年磁守韓景作記，言太宗嘗夢得之，詔入觀，刺蒲州，河北採訪使，則徑以太宗所見冥判爲即眞君。

先生總結其跋文云：

> 今觀此殘卷，知唐人已有此說矣。太宗入冥與崔判官事，傳世《西游記演義》亦載之，其語妄誕，不足詰。

文後並附《僉載》及《府君神異錄》之文，云：「《僉載》及《府君異錄》二事，茲比錄之，以備參考，可知後世傳說，其所由來遠矣。」

案《西遊記》中有「遊地府太宗還魂」之故事，敘鬼龍索命，太宗將次易簀之時，魏徵親書一函與太宗。付與酆都判官崔珏，信中曰：「今因我太宗文皇帝攸然而故，料對案三曹，必與兄長相會，萬祈俯念生日交情，方便一二，放我主回陽，殊爲愛也。」第十一回又云：「崔判官急取天下萬國國王天祿總簿，逐一檢閱，只見大唐太宗皇帝註定貞觀一十三年崩殂，乃取濃墨大筆，將一字上添了兩畫，十殿閻王見太宗名下註定三十三年，即說：陛下寬心無慮，還有二十年陽壽，請返本還陽。」唐太宗一十三年帝位，因崔珏大筆一揮，遂延長爲三十三年。崔判官名珏，「珏」字二玉並立，自古以來名與字應，崔珏字子玉，殆無疑問。

五、佛教文物之研究

敦煌石室寫本之四部書籍及典籍，多數流入英、法諸國，我國所收殘餘及流落民間者，除京師圖書館舊藏尚有部分非佛教典籍外，他如國立敦煌藝術研究所、國立中央圖書館及一般私人藏品，其中百分之九十以上，悉爲佛教經典，如益以海外所存，則佛經數量尤在道經卷子之上。

靜安先生所撰之唐寫本佛經跋文有二：一爲《觀堂集林》卷二十一所載之〈唐寫本大雲經疏跋〉，一爲《觀堂別集》卷三所載之〈唐寫本摩訶般若波羅密經殘卷跋〉。

　　《大雲經》殘卷，藏大英博物館，編號Ｓ六五○二，靜安先生據日本狩野直喜博士所錄之書，并及羅振玉六朝人書殘卷一卷（係第九卷，闕前半），撰成〈大雲經疏跋〉，因見卷中所引經曰及經記曰，均見後涼曇無讖所譯《大方等無想經》，又竺法念譯本名《大雲無想經》，曇公譯本中亦屢見「大雲」字，故知此爲《大雲經疏》也。

　　《舊唐書·則天皇后本紀》：「載初元年，有沙門十人僞撰《大雲經》，表上之，盛言神皇受命之事，制頒於天下，令諸州各置大雲寺。」又〈薛懷義傳〉：「懷義與法明等造大雲，陳符命，言則天是彌勒下生，作閻浮提主，唐氏合微，故則天革命稱周，其僞《大雲經》頒於天下，寺各藏一本，令昇高座講說。」《新唐書·后妃傳》所紀略同，宋次道《長安志》記大雲經寺亦云：「武太后初，光明寺沙門宣政進《大雲經》，經中有女主之符，因改爲大雲經寺。」由以上所引，可知此經爲武后所僞造。靜安先生因曰：「此疏之成，蓋與僞經同頒天下，故敦煌寺中尚藏此殘卷。」沈曾植初見此卷時，曾告靜安先生內典自有黑河女主之事。靜安因檢《僧史略》、《佛祖疏紀》諸事，考知此卷經文皆與涼譯無大差異，而謂：「豈符命之說，皆在疏中，經但稍加緣飾，不盡僞託歟？」

　　《觀堂別集》卷三，有〈唐寫本摩訶般若波羅密經殘卷跋〉，靜安先生因見唐人書《摩訶般若波羅密經》卷一後有跋云：「弱水府折衝都尉錢唐縣開國男菩薩戒弟子鄧元穆爲七世父母敬寫大品經一部，願法界眾生同登正覺。」認爲此有弱水府折衝都尉，足以補志之闕。弱水府以地理言之，當設於甘州，而折衝府之廢，在唐中葉。并謂：「此卷當是玄肅二宗世甘州書也。」

　　靜安先生於《敦煌唐人菩薩畫像》，撰有跋文二，一曰：〈于闐公主供養地藏菩薩畫像跋〉。一曰：〈曹夫人繪觀世音菩薩像跋〉。

　　〈于闐公主供養地藏菩薩畫像〉係南林蔣氏所藏，而生於千佛洞之古畫，上畫菩薩像，題曰南无地藏菩薩，下有四小字曰：「忌日畫施」。菩薩旁立武士一、僧一、題曰：五道將軍、曰：道明和尚。下層畫一女子，盛服持香爐，作頂禮狀，題曰：「故大朝大于闐金玉國天公主李氏供養。」靜安先生因謂：「此于闐國王李聖天之女若女孫嫁爲敦煌曹氏婦者所作也。」又考證于闐爲唐安西四鎮之一，《宋史》謂李聖天自稱唐之宗屬，則此畫所云故大朝者，當屬唐朝，大于闐金玉國則李氏王于闐後所自名；天公主者，本外國稱唐公主之詞，《五代史》謂回鶻可汗之妻號天公主，蓋回鶻盛時，每娶唐公主爲可敦，後雖不娶於唐，猶號其可敦爲天公主，因之其旁之小國之女亦號天公主。于

闐李氏有國始末，史無可考，唐之初葉，尉遲氏世王于闐，貞觀末入朝於唐，改其國為毗沙都督府，即以其王兼都督。及至德初，安祿山反，于闐王尉遲勝率兵赴難，以其弟曜攝國事，後勝請留宿衛，乃以曜為王。德宗時，吐蕃攻陷安西四鎮，與唐隔絕，終唐之世，遂不復知于闐事，李氏代尉遲氏王于闐，不知始何時，靜安先生以為李氏有國，當在唐之季世，爾時回鶻雄長異域，疑聖天亦回鶻人，李聖天名必回鶻語之漢譯也。其結語曰：

> 大中祥符以後，于闐入貢時皆稱黑汗王，或黑韓王，皆可汗之異譯，其貢使亦皆回鶻，疑李氏本出回鶻，特以于闐佛教根柢至深，又自尉遲氏以來，世效忠於唐氏，故稱唐族，奉象教以安集其國，百年之間，國基既定，仍復其故俗，然則李氏殆回鶻之別種歟？抑李氏得于闐後旋為回鶻所并，《宋史》所稱黑韓王、黑汗王者，非李氏之後歟？此亦不能質言之矣。

靜安先生此一跋文，係據佛像題記以考西北異族歷史之沿革，可謂博學多聞，用力至勤。

靜安先生又有〈曹夫人繪觀音菩薩象跋〉載於《觀堂集林》卷二十，此一畫像亦南林蔣氏所藏，上層畫觀世音菩薩像，下層中央寫繪像功德記，左繪男子一，幞頭黑衣，署曰節度行軍司馬（中缺）校司空兼（中缺）曹延（下缺）。女子一，署曰女小娘子□□持花一心供養，記右繪女子二，一署曰慈母娘子□氏一心供養。一署曰小娘子陰氏一心供養。記末署乾德六年歲次戊辰五月癸未朔十五日丁酉題記。靜安先生據題記，考知此一畫像乃慈母娘子為男司空新婦小娘子難月而作；慈母娘子即歸義軍節度使曹元忠之妻，男司空則為延恭。時曹元忠已卒，故題記中無一語及元忠。又據日本西本願寺藏大般若波羅密經卷二百七十四，末有〈寫經記〉，署乾德四年五月，乃元忠子延晟所造，記有大王遐壽寶位堅於邱山等語。大王亦指元忠，知此時元忠尚存，靜安先生因謂：「元忠之卒，當在乾德四年五月之後，六年五月之前，或在乾德五年矣。」又云：「元忠卒與延恭嗣位之歲，均得由此畫定之。上虞羅叔言參事作瓜州曹氏年表，未得元忠卒年，當由此畫補之矣。」

以上四跋文，佛經二，畫像二。靜安先生除考證《大雲經疏》之真偽及其年代外，並兼及西北史地之研究，吾人可從供養人繪菩薩像中，想見佛教之興盛，及先人為佛教藝術及古籍文物所遺留之無盡寶藏與卓越之貢獻也。

第十一章　王靜安先生之文學

第一節　概　說

　　王靜安先生早歲醉心於哲學，自三十歲至三十五歲之間又轉治文學。先生之詩詞清邃淵永，於近代之作家中，頗能獨樹一幟；其《苕華詞》，寫景必豁人耳目，言情必沁人心脾，寓含無限之人生哲理；其《人間詞話》，精瑩澄澈，為文藝批評之上品；其〈紅樓夢評論〉，以西洋文學原理評論我國傳統通俗文學，為繼《文心雕龍》、《詩品》之後，又一文學批評桂構；其《宋元戲曲史》，綜論生平論曲之恉而集大成者，戲曲之有史，蓋始自先生，先生當為戲曲學不祧之祖矣。

　　先生之文學見解，如《宋元戲曲史》自序所云：「凡一代有一代之文學。」頗類胡適〈文學改良芻議〉中所倡「一時代有一時代之文學」之論。其主張「不為美刺投贈之篇，不使隸事之句，不用粉飾之字。」反對「模做之文學」，反對「矯揉妝束之態。」主張文學作者「感自己之感，言自己之言」，不可「感他人之感，言他人之言。」又云：「文學者，不外知識與感情交代之結果而已。」先生之論與胡適所倡八不主義：「一曰須言之有物；二曰不摹仿古人；三曰須講求文法；四曰不作無病之呻吟；五曰務去爛調套語；六曰不用典；七曰不講對仗；八曰不避俗字俗語。」并及「一、要有話說，方才說話；二、有甚麼話，說甚麼話，怎麼說，就怎麼說；三、要說我自己的話，別說別人的話；四、是甚麼時代的人，說甚麼時代的話。」頗有相似之處。先生之〈紅樓夢評論〉，創以西洋文學原理，評論中國文學名著之始，其《宋元戲曲史》，〈屈

子文學之精神〉等，創以西洋文學史體製，評述中國文學之開山。靜安先生之文學見解，為五四文學運動鋪下極平坦之道路，吳文祺譽之為文學革命之先驅者。吳文棋曰：

> 王靜安先生在二十年間的文學見解，竟和二十年後的新文學家不謀而合，如胡適之曾斥團圓式的小說為無價值（〈文學進步與戲劇改良〉），王氏也很反對始因終亨、先離後合的小說戲曲。胡適之以為白話的詞類較文言精密（〈國語的進步〉），王氏也以為多節詞精密而單節詞不精密；胡適之曾說詩宜具體，不宜抽象（〈談新詩〉），王氏也有「美術之特質貴具體而不貴抽象」（〈紅樓夢評論〉）之言。又如近來的新文學家都懷著「文學是表現人生的」「文學是人生的圖畫」的口號，王氏也知道文學的目的在描寫人生。近來的新文學家很激烈地反對文以載道的文學觀，王氏也很不贊成勸善懲惡的聖諭廣訓式的文學；近來的新文學家都知道自然為文學的要素，王氏也說：「古今來之大文學無不以自然勝」。近來的文學家都知道外國的文學較中國發達，王氏也說「我國之重文學不如泰西。」近來的新文學家都知道雅詞和俗語的價值，並沒有什麼高下，王氏不但知道「雅俗古今不分，不過時代之差，其間固無界限也。」並且很嘆賞元曲之運用俗語為「古所未有」。……王氏有這樣高超的見解，若是繼續不已的在文藝的園地盡力，那麼我國的文藝之花，或許要開得格外鮮艷些也未可知。但是不幸得很，趣味也使王氏轉變了研究的對象，現在他已經踱出了藝術之宮，而去替國故學先生開掘金礦去了。這在國故學先生固然有得人之慶，但在藝術宮中卻失去了一個作工的能手了。（《文學革命的先驅者──王靜安先生》）

吳氏之言，以今日眼光觀之，容或有不無武斷之處，然由此亦可窺知時人推崇之一斑。靜安先生詩詞文學之作，雖為早期之作品，但仍有其地位與價值，以下分節敘述先生之詩詞、文學批評及其戲曲學。

第二節　詩　詞

　　王靜安先生之詩詞，各有百餘首，以數量言之，誠不為多，然卻頗具特色。繆鉞稱其含有哲學意味，清邃淵永，於近年詩詞作家中能獨樹一幟。繆

銘曰：

> 王靜安詩詞中所蘊含之人生哲學爲何？一言以蔽之，曰極深之悲觀
> 主義，以爲天地不仁，以萬物爲芻狗。人生縛於生活之欲，只有痛
> 苦，惟望速求解脫而已，此種思想之構成，初或因靜安本性即偏於
> 悲觀，而推波助瀾，使其深信篤守終身不移者，則叔本華哲學之力
> 爲多。……靜安詩詞中，悲世憫生、深婉愴楚之作甚夥，覽者可自
> 得之。吾國古人詩詞含政治與倫理之意味者多，而含哲學之意味者
> 少，……叔本華哲學思想是否純正乃另一問題，而靜安能將叔本華
> 哲思寫入詩詞，遂深刻清新，別開境界。余平日持論，謂在近五十
> 年詩詞作者之中，王靜安應據一重要地位。近人喜言新詩，詩之新
> 不僅在形式，而尤重內容，王靜安以歐西哲理融入詩詞，得良好之
> 成績，不啻爲新詩試驗開一康莊。靜安學術貢獻，舉世推崇，其詩
> 才實亦甚早，所作量雖少而質則精，領異標新，未容忽視。(〈王靜
> 安與叔本華〉)

一、王靜安詩

　　王靜安詩稿百餘首，早歲詩作平易流暢，頗有得自於陸游者。其題友人
小像云：「深宵愛誦劍南詩。」可見其對放翁詩之喜愛，錢鍾書《談藝錄》云：

> 今觀所作，平易流暢，固得放翁之一體，製體寬泛，亦近放翁。若
> 〈五月十五夜坐雨〉之「水聲粗悍如驕將，山色淒涼似病夫」，則尤
> 類朱竹垞〈書劍南集〉所指摘者。

先生三十歲作文學小言，獨推許於屈原、陶潛、杜甫、蘇軾四人。先生曰：「三
代以下之詩人，無過於屈子、淵明、子美、子瞻者。此四子者，苟無文學之
天才，其人格亦自足千古。」故先生之詩作，亦頗有取自於四家之精髓者，
其中又以學陶、學杜爲多。如〈端居〉：

> 時與二三子，披草越林莽，清曠淡人慮，幽葺遺世網。歸來倚小閣，
> 坐待新月上。漁火散微星，暮鐘發疎響，高談達夜分，往往入遐想。

又如〈秋夜即事〉：

> 蕭然飯罷步魚磯，東寺疏鐘度夕霏。一百八聲親數徹，不知清露濕
> 人衣。

以上二首，頗類陶淵明之作。又如〈端居〉三首之三：「晴川帶芳甸，十里平

如掌。」正取用杜甫〈樂遊園〉:「秦川對酒平如掌」之句。杜甫詩中百、千、萬等字層出疊見,以擴大其詩境,靜安詩中往往多有。舉例如下:

> 萬木沈酣新雨後,百昌蘇醒曉風前。(〈曉步〉)
>
> 翁埠潮回千頃月,超山雪盡百株梅。(〈題友人三十小像〉)
>
> 天邊遠樹千山疊,風裏垂楊態萬方。(〈秀州〉)
>
> 起看月中霜萬瓦,臥聞風裏竹千竿。(〈欲覓〉)
>
> 何當直上千峰頂,看取金波湧太虛。(〈五月十五夜坐雨賦此〉)
>
> 千秋壯觀君知否,黑海西頭望大秦。(〈詠史〉)

先生性本憂鬱,又深受叔本華人生苦痛之影響,故其詩作中「人間」「人生」二字往往層出。

> 人生一大夢,未審覺何時。(〈來日〉二首之二)
>
> 人生過處唯存悔,知識增時祇益疑。(〈六月二十七日宿硤石〉)
>
> 人生苦局促,俛仰多悲悸。(〈遊通州湖心亭〉)
>
> 書成付與爐中火,了卻人間是與非。(〈書古書中故紙〉)
>
> 門外青驄郭外舟,人生無奈是離愁。(〈紅豆詞〉四首之二)

先生二十八九歲時,嗜讀叔本華哲學及康德美學。故其詩中時露西學義諦,錢鍾書稱其佳者可入《飲冰室詩話》,而理窟過之。錢鍾書曰:

> 老輩惟王靜安,少作時時流露西學義諦,庶幾水中之鹽味,而非眼裏之金屑。其觀堂丙午以前詩一小冊,甚有詩情作意。……七律多二字標題,比興以寄天人之玄感,申悲智之勝義,是治西洋哲學人本色語,佳者可入《飲冰室詩話》,而理窟過之。

先生乃一代學人,其考古、治史、玄哲之造詣,冠冕時輩,而文藝修養之深,亦是卓絕一時,如〈雜感詩〉頗能揭柏拉圖之理想,而參以浪漫主義之期待情懷。〈雜感詩〉:

> 側身天地苦拘攣,姑射神人未可攀,雲若無心常淡淡,川如不競豈潺潺。馳懷敷水條山裏,託意開元武德間,終古詩人太無賴,苦求樂土向塵寰。

如〈出門詩〉乃以普羅太哥拉斯(Protagoras)之人本論,而用之於哲學家所謂之主觀時間(Duration)。〈出門詩〉:

出門惘惘知奚適，白日昭昭未易昏，但解購書那計讀，且消今日敢
論旬。百年頓盡追懷裏，一夜難爲怨別人，我欲乘龍問義叔，兩般
誰幻又誰眞？

先生於叔本華之人生論，觀察深刻，持之有故，覺人生皆受自然之潛驅默遣，
勞悴終身，盡歸幻滅，先生以此義注入詩中，詩意之高，無出其右，如〈詠
蠶詩〉：

余家浙水濱，栽桑徑百里，年年三四月，春蠶盈筐篚。蠕蠕食復息，
蠢蠢眠又起，口腹雖累人，操作終自己。絲盡口卒瘏，纖就鴛鴦被，
一朝毛羽成，委之如敝屣。嶵嶵索其偶，如馬遭鞭箠，昀濡視遺卵，
恬然即泥滓。明年二三月，儦儦長子孫，茫茫千萬載，輾轉周復始。
嗟汝竟何爲，草草閱生死，豈伊悅此生，抑由天所畀。畀者固不仁，
悅者長已矣，勸君歌少息，人生亦如此。

先生又有〈頤和園詞〉之作，記述滿清之末運，頗有以詩存史之意。茲錄全
詩於後：

漢家七葉鍾陽九，潢洞風埃昏九有。南國潢池正弄兵，北沽門戶仍
飛牡。倉皇萬乘向金微，一去宮車不復歸，提挈嗣皇綏舊服，萬機
從此出宮闈。東朝淵塞曾無匹，西宮才略稱第一。恩澤何曾逮外家，
咨謀往往聞溫室，親王輔政最稱賢，諸將專征捷奏先。迅掃欃槍回
日月，八荒重睹中興年。聯翩方召升朝右，北門獨付西平手。因治
樓船鑿漢池，別營臺沼追文囿。西直門西柳色青，玉泉山下水流清，
新錫山名呼萬壽，舊疏湖水號昆明。昆明萬壽佳山水，中間宮殿排
雲起，拂水回廊千步深，冠山傑閣三層峙，磴道盤紆凌紫烟，上方
寶殿放祈年，更栽火樹千花發，不數明珠徹夜懸。是時朝野多豐豫，
年年三月迎鸞馭，長樂深嚴苦敝神，甘泉爽塏宜清暑，高秋風日過
朝陽，佳節坤成啓未央，丹陛大陳三部伎，玉巵親舉萬年觴。嗣皇
上壽稱臣子，本朝家法嚴無比，問膳曾無賜坐時，從游罕講家人禮，
東平小女最承恩，遠嫁歸來奉紫宸，臥起每偕榮壽主，丹青差善繆
夫人，尊號珠聯十六字，太官加豆依前制，別啓瓊林貯羨餘，更營
玉府蒐珍異。月殿雲階敞上方，宮中習靜夜焚香，但祝時年邊塞靜，
千秋萬歲未渠央。五十年間天下母，後來無繼前無偶，欲因清暇話
平生，萬事何堪重回首。憶昔先皇幸朔方，屬車恩幸故難量，內批

教寫清舒館，小印新鑴同道堂，一朝鑄鼎降龍馭，後宮嚳絕不能去，
北渚何堪帝子愁，南衙復溝丞卿怒，手夷端肅反京師，永念沖人未
有知，為簡儒臣嚴諭教，別求名族正宮闈，可憐白日西南駛，一紀
恩勤付流水，甲觀曾無世嫡孫，後宮并乏才人子，提攜猶子付黃圖，
劬苦還如同治初，又見法宮馮玉几，更勞武帳坐珠襦，國事中間幾
翻覆，近年最憶懷來辱，草地間關短轂車，郵亭倉卒燕藜粥，上相
留都樹大牙，東南諸將奉王家，坐令佳氣騰金闕，復道都人望翠華，
自古忠良能活國，於今母子仍玉食，九廟重聞鐘鼓聲，離宮不改池
臺色，一自官家靜攝頻，含飴無冀弄諸孫，但看腰腳今猶健，莫道
傷心跡已陳，兩宮一旦同綿惙，天柱偏先地維折，高武子孫復幾人，
哀平國統仍三絕，是時長樂正彌留，茹痛還為社稷謀，已遣伯禽承
大統，更扳公旦覲諸侯，別有重臣升御榻，紫樞元老開黃閣，安世
忠勤自始終，本初才氣尤騰踏，復數同時奉話言，諸王劉澤號親賢，
獨總百官居冢宰，共扶孺子濟艱難，社稷有靈邦有主，今朝地下告
文祖，坐見彌天戢玉棺，獨留末命書盟府，原朝丹青儼若神，鏡奩
遺物尚如新，那知此日新朝主，便是當年顧命臣，離宮一閉經三載，
綠山青山不曾改，雨洗蒼苔石獸間，風搖朱戶銅蠡在，雲韻散樂久
無聲，甲帳珠簾取次傾，豈謂先朝營楚殿，翻教今日恨堯城，宣室
遺言猶在耳，山河盟誓期終始，寡婦孤兒要易欺，謳歌獄訟終何是，
深宮母子獨淒然，卻似濼陽游幸年，昔去會逢天下養，今來劣受屬
人憐，虎鼠龍魚無定態，唐侯已在虞賓位，且語王孫慎勿疎，相期
黃髮終無艾，定陵松柏鬱青青，應為興亡一拊膺，卻憶年年寒食節，
朱侯親上十三陵。

先生此詩一出，羅振玉見而激賞，為之手寫付印，傳誦一時，日本友人鈴木
虎雄比之為吳梅村之〈圓圓曲〉。

　　先生平生雖不喜酬酢之作，但其所作者亦多有佳構，如〈羅參事六十壽
詩〉：

卅載雲龍會合常，半生濡呴更難忘，昏燈履道坊中雨，羸馬慈恩院
外霜，事列死生無上策，智窮江漢有回腸。毗藍風裏山河碎，痛定
為君舉一觴。（其一）

事列艱難誓致身，雲雷屯處見經綸。庭墻雀立難存楚，關塞雞鳴已

脫秦。獨贊至尊成勇決，可知高廟有威神。百年知遇君無負，慚愧
　同為侍從臣。

右詩二首為先生晚年之作，時年四十有九歲，此詩頗有憂時之痛，敘羅王之
交尤見真情，自為酬酢詩中之上品。

二、王靜安詞

　　先生所作之詞，見《觀堂集林》卷二十四者，凡二十三闋，另《苕華詞》
一卷，凡九十二闋。比之前代作者，誠不為多，然寫景必豁人耳目，言情必
沁人心脾。先生於填詞自視甚高，自謂其所作雖未及百闋，然自南宋以來，
除一二人外，尚未有能及者。先生曰：

　　余之於詞，雖所作尚不及百闋，然自南宋以後，除一二人外，尚未
　　有能及余者，則平日之自信也，雖比五代、北宋之大詞人，余愧有
　　所不如，然此等詞人，亦未始無不及余之處。

《苕華詞》原名《人間詞甲乙稿》，蓋以詞中人間二字常見，遂以名之。甲稿
成於光緒三十二年三月，託名山陰樊志厚為之序，實則先生之自序也。序曰：

　　王君靜安將刊其所為〈人間詞〉，詒書告余曰：知我詞者莫如子，敘
　　之亦莫如子宜。余與君處十年矣，比年以來，君頗以詞自娛，余雖
　　不能詞，然喜讀詞，每夜漏始下，一燈熒然，玩古人之作，未嘗不
　　與君共，君成一闋易一字，未嘗不以訊余。既而暌離，苟有所作，
　　未嘗不郵以示余也。然則余於君之詞，又烏可無言乎？夫自南宋以
　　後，斯道之不振久矣，元明及國初諸老，非無警句也，然不免乎局
　　促者，氣固於雕琢也。嘉道以後之詞非不美也，然無效于淺薄者，
　　意竭於摹擬也。君之於詞，於五代喜李後主、馮正中，於北宋喜永
　　叔、子瞻、少游、美成，於南宋除稼軒、白石外，所嗜蓋鮮矣，尤
　　痛詆夢窗、玉田，謂夢窗砌字，玉田疊句，一彫琢一敷衍，其病不
　　同，而同歸於淺薄，六百年來，詞之不振實自此始。其持論如此！
　　及讀君自所為詞，則誠往復幽咽，動搖人心，快而能況，直而能曲。
　　不屑屑於言詞之末，而名句間出，殆往往度越前人。至其言近而指
　　遠，意決而辭婉，自永叔以後殆未有工如君者也。……若夫觀物之
　　微，託與之深，則又君詩詞之特色，求之古作者罕有倫比。

《人間詞乙稿》成於光緒三十三年十月，亦託於樊志厚序。於此序中特標舉

意與境二字，意境之說，後於《人間詞話》闡述至詳，先生此年喪偶，心緒
淒蒼，所爲詞多哀婉，其詞又受叔氏之影響，頗含哲學意味，序稱其詞「意
深於歐而境次於秦」，所謂意深者，即詞中含有人生哲學之故。序曰：

> 去歲夏，王君靜安集其所爲辭得六十餘闋，名曰〈人間詞甲稿〉……
> 今又復彙所作詞爲乙稿。……文學之事，其內足以攄己，而外足以
> 感人者，意與境二者而已。上焉者意與境渾，其次或以境勝，或以
> 意勝，苟缺其一，不足以言文學。原夫文學之所以有意境者，以其
> 能觀也；出於觀我者，意餘於境；而出於觀物者，境多於意。非物
> 然無以見我，而觀我之時又自有我在，故二者常互相錯綜，能有所
> 偏重而不能有所偏廢也。文學之工不工，亦視其意境之有無與其深
> 淺而已，……苟持此以觀古今人之詞，則其得失可得而言焉！溫韋
> 之精艷所以不如正中者，意境有深淺也；珠玉所以遜六一，小山所
> 以愧淮海者，意境異也。美成晚出，始以辭采擅長，然終不失爲北
> 宋人之詞者，有意境也。南宋詞人之有意境者唯一稼軒，然亦若不
> 欲以意勝境。白石之詞，氣體雅健耳，至於意境，則去北宋人遠甚。
> 及夢窗玉田出，並不求諸氣體，而惟文學之是務，於是詞之道熄矣！
> 自元迄明益不振，至於國朝，而納蘭侍衛以天賦之才，崛起於方興
> 之族，其所爲詞，悲涼頑艷，獨有得於意境之深，可謂豪傑之士奮
> 乎百世之下者矣！同時朱陳，旣非勁敵，後世項蔣，尤難鼎足。至
> 於乾嘉以降，審乎體格韻律之間愈微，而意味之溢于字句之表者益
> 淺，豈非拘泥文字而不求諸意境之失歟？……余與靜安均夙持此
> 論，靜安之爲詞眞能以意境勝。夫古今人詞之以意勝者，莫若歐陽
> 公，以境勝者莫若秦少游。至意境兩渾，則惟太白，後主、正中數
> 人足以當之。靜安之詞，大抵意深於歐而境次於秦，……至君詞之
> 體裁，亦與五代北宋爲近，然君詞之所以爲五代北宋之詞者，以其
> 有意境在，若以其體裁故而遽指爲五代北宋，此又君之不任受，
> 固當與夢窗玉田之徒專事摹擬者同類而笑之也。

靜安詞一百一十五闋中，「人間」一辭凡有三十八見。依《苕華詞》及長短句
之序。舉之如下：

1. 人間何苦又悲秋。
2. 不辨墜歡新恨，是人間滋味。

3. 金城路，多少人間行役。

4. 人間曙，疎林平楚，歷歷來時路。

5. 朝朝含笑復含顰，人間相媚爭如許。

6. 最是人間留不住，朱顏辭鏡花辭樹。

7. 人間事事不堪憑，但除卻無憑兩字。

8. 繡衾初展，銀釭旋剔，不盡燈前歡語，人間歲歲似今宵，便勝卻貂蟬無數。

9. 依舊人間，一夢鈞天只惘然。

10. 人間總是堪疑處，惟有茲疑不可疑。

11. 陋室風多青燈炧，中有千秋魂魄，似訴盡人間紛濁。

12. 人間何地著疎狂。

13. 人間解與春游冶。

14. 開盡隔牆桃與杏，人間望眼何由騁。

15. 人間夜色還如許。

16. 眾裏嫣然通一顧，人間顏色如塵土。

17. 潮落潮生，幾換人間世。

18. 算來只合，人間哀樂，者般零碎。

19. 手把齊紈相決絕，懶祝西風，再使人間熱。

20. 人間夜色尚蒼蒼。

21. 思量只有人間，年年征路，縱有恨都無啼處。

22. 西窗落月蕩花枝，又是人間酒醒夢回時。

23. 小立西風吹素幘，人間幾度生華髮。

24. 一霎新歡千萬種，人間今夜渾如夢。

25. 盡撒華燈招素月，更緣人面發花光，人間何處有嚴霜？

26. 不緣此夜金閨夢，那信人間尚少年？

27. 只恐飛塵滄海滿，人間精衛知何限？

28. 起瀹龍團，對雪烹肥羜，此景人間殊不負，簷前凍雀還知否？

29. 溪上平岡千疊翠，萬樹亭亭，爭作拏雲勢，總為自家生意遂，人間愛道為渠媚。

30. 人間孤憤最難平，消得幾回潮落又潮生。

31. 只餘眉樣在人間。

32. 人間只有相思分。

33. 何處高樓無可醉，誰家紅袖不相憐，人間那信有華顛？

34. 自是浮生無可說，人間第一躭離別。

35. 何物尊前哀與樂，已墜前歡，無據他年約，幾度燭花開又落，
　　人間須信思量錯。

36. 昨夜西窗殘夢裏，一霎幽歡，不似人間世。

37. 自是思量渠不與，人間總被思量誤。

38. 人間爭度漸長宵。

　　先生晚年感時喪亂，易《人間詞》爲《苕華詞》，蓋取義於《詩·小雅·
苕之華》，詩序稱其爲大夫憫時之作，朱熹曰：「詩人自以身逢周室之衰，如
苕附物而生，雖榮不久，故以爲此，而自言其心之憂傷也。」先生哀民生之
多艱，傷清室之淪亡，憫內憂外患之痛苦，故易以此稱。

　　先生性本憂鬱，間又受叔本華悲觀人生之影響，倚聲之作，頗見痛苦人
生之表現，令人不忍卒讀。〈甲稿序〉云：「讀君自所爲詞，則誠往復幽咽，
動搖人心，快而沈，直而能曲，不屑屑於言語之末，而名句間出，殆往往度
越前人。」舉之如下：

　　人間孤憤最難平，消得幾回潮落又潮生。(〈虞美人〉)

　　思量只有人間，年年征路，縱有恨都無啼處。(〈祝英臺近〉)

　　人生只似風前絮，歡也零星，悲也零星，都作連江點點萍。(〈採桑
　　子〉)

　　試上高峰窺皓月，偶開天眼覷紅塵，可憐身是眼中人。(〈浣谿沙〉)

唐汝詢云：「一日之愁，黃昏爲切。」先生詞作，常見「殘陽」、「夕陽」、「斜
陽」之句，讀來頗有沈痛之感。其例如下：

1. 路轉峯回出畫塘，一山楓葉背殘陽。(〈浣谿沙〉)

2. 斜陽漏處，一塔枕孤城。(〈臨江仙〉)

3. 西風林下，夕陽水際，獨自尋詩去。(〈青玉案〉)

4. 歸船簫鼓夕陽間，一生難得是春閒。(〈浣谿沙〉)

5. 數峰和雨對斜陽，十里杜鵑紅似燒。(〈玉樓春〉)

6. 冉冉赤雲將綠繞，回首林間，無限斜陽好。(〈蝶戀花〉)

7. 細雨池塘，斜陽院落。(〈水龍吟詠楊花〉)

人生至苦者，莫非世事之無常，悲歡之無據也。觀堂詞中，常有「無據」之句：

1. 何物尊前哀與樂，已墜前歡，無據他年約。（〈蝶戀花〉）
2. 睡淺夢初成，又被東風吹去，無據！無據！斜漢垂垂欲曙。（〈如夢令〉）
3. 封侯覓得也尋常，何況是封侯無據。（〈鵲橋仙〉）

以上三闋，一曰後約無據，二曰夢影無據，三曰封侯無據，周策縱《論王國維人間詞》，以爲〈鵲橋仙〉結語「無憑」二字尤發人深省，其言曰：

> 若〈鵲橋仙〉中結語：「人間事事不堪憑，但除卻無憑兩字。」則對人生之無常，蓋能極言之矣。此語頗發人深省。世之持相對論者，若認相對論之本身亦爲相對之理，則其所持已不常眞、不全眞，若認其爲絕對眞理，則又於其所信中自立例外；若謂絕對眞理，容或有之，但尚未求得，或永不可得，現所知者，皆相對之眞理耳，此又流於不可知論。然若逕謂：相對論固爲絕對眞理，惟此絕對眞理之本身即爲相對之說，其矛盾雖未解除，惟相對之感動力則更增強矣。今説「無憑」亦然，倘「無憑」爲常眞，則人間已非事事無憑，初視之猶有可慰也；乃此常眞而可憑者即爲「無憑」之本身，於是此人生虛妄無常之可怕，乃愈達於極點，似此以無常爲常，殆靜安悲劇之焦點耶！

屈子者彭咸之信徒也，彼既不肯同化於所不滿意之社會中，又無力以改造社會，遂致自煎自焚，終依彭咸之遺則，葬身於水中，而完成其人格。靜安先生者又爲屈子之知音也，其〈文學小言〉曰：「三代以下詩人，無過於屈子、淵明、子美、子瞻者。此四子者，苟無文學之天才，其人格亦自足千古。」先生於文，著有〈屈子文學之精神〉一文；其詩有〈塵勞〉一律，末稱「投閣沈淵爭一問，子雲何事反離騷？」頗有爲屈子自沈作辯護之意；於詞有〈百字令〉：

> 楚靈均後數柴桑，第一傷心人物，招屈亭前千古水，流向潯陽百折，
> 夷叔西陵，山陽下國，此恨那堪說，寂寥千載，有人同此伊鬱。

此詞作於靜安自沈之前九年（1918），先生之自沈，即效屈子以全其人格也。

靜安詞，雖多痛苦之思，但亦有艷詞之作，其神情逼似五代，頗能描繪兒女之情態。

情極不能羞，乍調箏處又回眸。(〈荷葉盃〉)

窈窕燕姬年十五，慣曳長裙，不作纖纖步。眾裏嫣然通一顧，人間顏色如塵土。(〈蝶戀花〉)

金鞭珠彈嬉春日，門戶初相識，未能羞澀但嬌癡，覷立風前散髮凝脂。　近來瞥見都無語，但覺雙眉聚。不知何日始工愁，記取那回花下一低頭。(〈虞美人〉)

紫騮卻照春波綠，波上蕩舟人似玉。似相知，羞相逐，一晌低頭猶送目。　鬢雲散，眉黛蹙，應恨這番匆促。惱一時心曲，手中雙槳速。(〈應天長〉)

先生論詞頗推崇李後主之作，曰：「詞至李後主而眼界始大，感慨遂深。」又云：「尼采謂一切文學，余愛以血書者，後主之詞，真所謂血書者也。」先生之作，亦頗有取法於後主詞者，〈蝶戀花〉云：

閱盡天涯離別苦，不道歸來，零落花如許，花底相看無一語，綠窗春與天俱暮。　待把相思燈下訴。一縷新歡，舊恨千千縷，最是人間留不住，朱顏辭鏡花辭樹。

此詞無論聲情面貌無不酷似南唐後主之作。

先生之於〈人間詞〉，尤得意於甲稿〈浣谿沙〉之天末同雲，〈蝶戀花〉之昨夜夢中，乙稿〈蝶戀花〉之百尺朱樓等闋，自謂皆意境兩忘，物我一體，高蹈乎八荒之表，而必抗乎千秋之間，本師汪雨庵先生錄其〈蝶戀花〉昨夜夢中於所著《清詞金荃集》中，評曰：「真摯處逼近花間，此性情中來，不可偽也。」勞榦〈說王國維的浣溪沙詞〉說天末同雲此詞「從尼采到叔本華的研究中，發出對人生絕望的哀音。」(《中國的社會與文學》)茲錄天末同雲等三闋如下：

〈浣谿沙〉天末同雲黯四垂，失行孤雁逆風飛，江湖寥落爾安歸？　陌上金丸看落羽，閨中素手試調醯，今朝歡宴勝平時。

〈蝶戀花〉昨夜夢中多少恨？鈿馬香車，兩兩相行近。對面似憐人瘦損，眾中不惜搴帷問。　陌上輕雷聽隱轔，夢裏難從。覺後那堪訊？蠟淚窗前堆一寸，人間只有相思分。

〈又〉百尺朱樓臨大道，樓外輕雷，不間昏和曉，獨倚闌干人窈窕，閒中數盡行人小。　一霎車塵生樹杪，陌上樓頭，都向塵中老。

薄晚西風次雨到，明朝又是傷流潦。

先生之高弟趙萬里於所撰先生年譜，稱其詞有清眞之縣密，而去其纖逸，有稼軒後村之閎麗，而去其率直。其意境之高超，三百年間，惟納蘭容若差可比擬，餘子碌碌，實不足以當先生一二詞也。茲錄先生之詞數閱於后以徵其實。

〈如夢令〉點滴空階踈雨，迢遞嚴城更鼓；睡淺夢初成，又被東風吹去。無據，無據，斜漢垂垂欲曙。

〈好事近〉夜起倚危樓，樓角玉繩低亞；唯有月明霜冷，浸萬家鴛瓦。人間何苦又悲秋，正是傷春罷，卻向春風亭畔，數梧桐葉下。

〈采桑子〉高城鼓動蘭缸炧，睡也還醒，醉也還醒，忽聽孤鳴三兩聲！　人生只似風前絮，歡也零星，悲也零星，都作連江點點萍。

〈點絳唇〉萬頃蓬壺，夢中昨夜遍舟去，縈迴島嶼。中有舟行路。　波上樓台，波底層層俯。何人住？斷崖如鋸，不見停橈處。

〈蝶戀花〉閱盡天涯離別苦，不道歸來，零落花如許；花底相著無一語，綠窗天與春俱莫。　待把相思燈下訴，一縷新歡，舊恨千千縷；最是人間留不住，朱顏辭鏡花辭樹。

〈玉樓春〉今年花事垂垂過，明歲花開應更嚲。看花終古少年多，只恐少年非屬我。　勸君莫厭尊罍大，醉倒且拼花底臥，君看今日樹頭花，不是去年枝上朵。

〈鵲橋仙〉沈沈戍鼓，蕭蕭廏馬，起視霜華滿地，猛然記得別伊時，正今日郵亭天氣。　北征車轍，南征歸夢，知是調停無計，人間事事不堪憑，但除卻無憑二字。

第三節　文學批評

我國近代文學批評史上，王靜安先生爲創以西洋文學理論，批評我國傳統文學之第一人。先生早歲醉心於西洋哲學之研究，尤愜心於叔本華之知識論。二十八歲之年，以現代哲學、美學、心理學、倫理學之觀點，撰成〈紅樓夢評論〉一篇，予我國此一文學名著，予以極深刻之批評。三十一歲至三十七歲之間，專力於詞曲之研究，三十四歲撰成《人間詞話》，獨標「境界」

二字，認爲詞以境界爲上，有境界則自成高格，自有名句。三十七歲之年，集歷年研究戲曲之大成，撰成《宋元戲曲史》一書，遂使戲曲成爲專門之學，我國戲曲學之研究，亦以先生爲開山之鼻祖。

先生自二十八歲至三十七歲之間（1904～1913），前後近十年，雖僅以餘力爲之研究，但此三篇文學批評專著之撰述，其影於我國近代文學理論之研究者，可謂至深且鉅矣。

一、〈紅樓夢評論〉

我國文學批評專著，除《文心雕龍》及《詩品》外，千餘年來，無人能繼之者。至王國維先生始以西洋文學原理研究中國文學，撰就〈紅樓夢評論〉一篇，使我國文學批評擺脫舊日之傳統，邁向嶄新之途徑。吳文祺曰：「無疑的，在黑暗的中國文學批評界，王國維是一盞引路的明燈。」又云：「其能以西洋文學原理來批評中國舊文學的，當以王靜安爲第一人。」此言信然。

早期我國從事《紅樓夢》研究之名學者有三，其中以先生之〈紅樓夢評論〉爲最早，其次爲蔡元培之《石頭記索隱》，又其次爲胡適之之《紅樓夢考證》。蔡先生之《索隱》著重於闡證本事，以爲書中本事在弔明之亡，揭清之失，而尤於漢族名士仕清者，寓痛惜之意。胡先生之《考證》，著重於考證作者之姓名及作者之時代。先生之〈紅樓夢評論〉，既不同於蔡，又不同於胡，其立足點全在叔本華之哲學，以現代哲學、美學、心理學、倫理學之觀點，予我國此一名著深刻之批評。先生二十二歲就學上海，始從事於西學，其後醉心於西洋哲學，叔本華之哲學思想予先生之影響至深且鉅。叔氏近承康德，遠紹柏拉圖，旁搜於印度佛說，自創爲一家之言，但其思想具東方色彩，謂人生乃凌亂憂苦，故持悲觀而主解脫，先生取精用宏，以其哲學方法與思想以研究《紅樓夢》。

夫人皆有生活之意志，因而即有欲望，有欲望則求滿足，然則慾望永無滿足之時。故人生與痛苦相終始，欲免痛苦，惟有否認生活之欲，而求其解脫之道。解脫之道不在於自殺，而在於拒絕生活之欲，亦即是「出世」之一途。美術之任務，正是「描寫人生之苦痛與解脫之道，而使吾儕馮生之徒，於此桎梏之世界中，離此生活之欲之爭鬥，而得其暫時之平和。此一切美術之目的也。夫歐洲近代之文學中所以推格代（歌德）之「法斯德」（即浮士德）爲第一者，以其描寫博士法斯德之苦痛及其解脫之途徑最爲精切故也」（第二

章）。先生即本此理以評《紅樓夢》，認為浮士德與《紅樓夢》皆為文學上之大著作，《紅樓夢》之猶高於浮士德者，浮士德之痛苦僅屬天才個人之痛苦，而《紅樓夢》中賈寶玉之痛苦，卻為人人所有之痛苦，其解脫較浮士德為難。

人生諸欲中以男女之欲為最大，《紅樓夢》一書，即寫人生男女之欲而示以如何解脫之道，其中人物，多為此欲所困苦，賈寶玉初亦備嘗男女之欲望與痛苦，其後棄家為僧，否認生活之欲，是為解脫。所謂「此生活之苦痛由於自造，又示其解脫之道不可不由自己求之者。而解脫之道存於出世，而不存於自殺，出世者，拒絕一切生活之欲者也。」《紅樓夢》為一文學偉著，自應包蘊人生真理，先生所評亦可稱為一種扶微之論。近數十年來，研究《紅樓夢》者，多從事於作者本身之考證，而純從文學觀點論《紅樓夢》者，尚不多觀，先生此文，要不失為一篇文學批評之傑作，而其見解則受叔本華哲學之啟示。

先生論《紅樓夢》一書，為徹頭徹尾之悲劇。據叔本華學說分悲劇為三類，第一類由極惡之人，極其所有之能力以陷害者，第二類由於盲目惡運之降臨，第三類由於劇中之人物之位置及關係，而不得不然者，非必有蛇蝎之性質，與意外之變故，但由普通之人物，普通之境遇，交互錯綜，所造成之悲慘情事，故第三類為悲劇中之悲劇，其悲劇價值最高。先生乃將《紅樓夢》列為悲劇之第三類，一則稱其為「宇宙之大著述」，一則稱其為「我國美術上之唯一大著述」，由此可見先生於叔氏學說之體認不可謂之不深。

李長之〈王國維文藝批評著作批判〉一文，謂先生〈紅樓夢評論〉有四長：一、有組織有系統，為從來中國文藝批評所沒有，顯然是受了西洋著述體例的影響和哲學的思索訓練之結果。二、有根據。三、有眼光。四、有感情。在理智的秤衡中，還流露著熱切的情感。其短則在「半生不熟，終究是接受西洋文化而整理中國東西之開始。」然先生之評論，乃從哲學、倫理學、心理學之觀點著眼，考索其思想，又從美學之觀點欣賞其藝術，認識純文學之真正價值，實為開風氣之先者。

先生之〈紅樓夢評論〉，撰於光緒三十年甲辰夏日，刊於其所主編之《教育世界》雜誌，全篇共分五章：一、人生及美術之概觀。二、《紅樓夢》之精神。三、《紅樓夢》之美學上之價值。四、《紅樓夢》之倫理學上之價值。五、餘論。全文約一萬四五千字，茲錄其要於后：

第一章人生及美術之概觀：

吾人之知識與實踐二方面，無往而不與生活之欲相關係，即與苦痛相關係。……哥德之詩曰：What in life only grievs us that in art we gladly see。凡人生中足以使人悲者，於美術中則吾人樂而觀之。此之謂也。此即所謂壯美之情，而其快樂存於使人忘物我之關係，則田與優美無以異。至美術中與二者相反者名之曰眩惑。夫優美與壯美皆使吾人離生活之欲而入於純粹之知識者，若美術中而有眩惑之原質乎，則又使吾人自純粹之知識出而復歸於生活之欲。……吾人欲以眩惑之快樂，醫人世之苦痛，是猶欲航斷港而至海，入幽谷而求明，豈徒無益，而又增之。

第二章《紅樓夢》之精神：

飲食男女，人之大欲存焉，人苟能解此問題，則於人生之知識思過半矣，詩歌小說之描寫此事者，通古今東西殆不可悉數，然能解決者鮮矣！《紅樓夢》一書非徒提出此問題，又解決之者也。人類生活之欲先人生而存在，而人生不過欲之發現也。吾人之墜落，由吾人之所欲，而意志自由之罪惡也。而此一生活之欲之罪過，即以生活之苦痛罰之，此即宇宙永遠之正義。自犯罪自加罰，自懺悔自解脫，美術之務在描寫人生苦痛與其解脫之道。歐洲近世文學中所以首推哥德之法斯德者，以其描寫法斯德之苦痛與其解脫之途徑最為精切故也。若《紅樓夢》之寫賈寶玉於纏陷最深之中，即已伏下解脫之種子。寶玉之苦痛，人人所有之苦痛，其存於人之根據者為獨深，而其希救濟也為尤切。故此書之精神大背於吾國人之性質，吾人之沈溺於生活之欲而乏美術之知識有如此也。

第三章《紅樓夢》之美學上之價值：

吾國人之精神世間的也，樂天的也。故代表其精神之戲曲小說，無法而不著此樂天之色彩。始於悲者終於歡，始於離者終於合，始於困者終於亨，非是而欲饜閱者之心難矣！吾國之文學中，其具厭世解脫之精神者，僅有《桃花扇》與《紅樓夢》耳！《桃花扇》但借侯李之事以寫故國之戚，而非以描寫人生之事，故《桃花扇》政治的也，歷史的也；《紅樓夢》哲學的也，文學的也。此《紅樓夢》所以大背於吾國之精神，而其價值亦即存乎此。《紅樓夢》一書，徹頭徹尾之悲劇也，依叔本華之分類，屬第三類，乃悲劇中之悲劇也，

叔本華置詩歌於美術之頂點，而於悲劇中又特重第三種，以其示人生之眞相，又示解脫之不可已故。由是《紅樓夢》之美學上之價值，亦與倫理學上價值相聯絡也。

第四章《紅樓夢》之倫理學上之價值：

《紅樓夢》者，悲劇中之悲劇也，其美學上之價值即存乎此。然使無倫理學上之價值以繼之，則其於美術上之價值尚未可知也。今使爲寶玉者，於黛玉既死之後，或感憤而自殺，或放廢以終其身，則雖謂此書一無價值可也。何則？欲達解脫之域，固不可不嘗人世憂患，然所貴乎憂患者，以其爲解脫之手段故，非重憂患自身之價值也。今使人日日居憂患言憂患，而無希求解脫之勇氣，則天國與地獄彼兩失之，其所領之境界除陰天佢泇彌望外，固無所獲焉。解脫之果足爲倫理上最高之理想與否，實存於解脫之可能與否，今使解脫之事終不可能，則一切倫理學上之理想皆不可能也。夫以人生憂患之如彼，而勞苦又如此，未有不渴慕救濟者也，不求之於實行，猶將求之於美術，獨《紅樓夢》者，同時與吾人以二者之救濟，人而自絕於救濟則已耳！不然，則對此宇宙之大著述宜如何企踵而歡迎之也。

第五章餘論：

自我朝（清代）考證之學盛，而讀小說者亦以考證之眼光讀之，於是評《紅樓夢》者，紛然索此書之主人公之爲誰，此又甚不可解者也。夫美術所寫者非個人之性質，而人類全體之性質也。惟美術之特質，貴具體而不貴抽象，於是舉人類全體之性質，置諸個人之名字之下而已，……善於觀物者，能就個人之事實而發現人類全體之性質，故《紅樓夢》之主人公，謂之賈寶玉可，謂之子虛烏有先生可，即謂之納蘭容若，謂之曹雪芹亦無不可也。……苟知美術之大有造於人生，而《紅樓夢》自足爲我國美術上唯一大著述。

二、詞學批評

王靜安先生詞學批評之專著，有託名於樊志厚之〈人間詞甲乙稿序〉，〈唐五代二十一家詞輯跋〉、〈人間詞話〉，〈清眞先生遺事〉等作，其中以《人間詞話》最爲重要。

先生《人間詞話》撰成於宣統二年（1910）時年三十四歲，其論詞獨標

境界二字，凡能寫眞景物，眞感情者，謂之有境界，否則謂之無境界。詞有境界，則自成高格，自有名句。先生曰：

> 詞以境界爲最工，有境界則自成高格，自有名句。五代北宋之詞所以獨絕者此。有造境、有寫境，此理想與寫實二派之所由分，然二者頗難分別；因大詩人所造之境，必合乎自然；所寫之境，亦必隣於理想故也。

又云：

> 境非獨謂景物也，喜怒哀樂亦人心中之一境界，故能寫眞景物眞感情者，謂之有境界，否則謂之無境界。

先生析意境爲二，一曰有我之境，一曰無我之境。無我之境，唯於靜中得之，有我之境，於由動之靜時得之，故一優美一壯美也。先生曰：

> 有有我之境，有無我之境：「淚眼問花花不語，亂紅飛過秋千去。」「可堪孤館閉春寒，杜鵑聲裡斜陽暮」，有我之境也。「采菊東籬下，悠然見南山」、「寒波澹澹起，白鳥悠悠下」，無我之境也。有我之境，以我觀物，故物物皆著我之色彩，無我之境，以物觀物，故不知何者爲我，何者爲物。古人爲詞，寫有我之境爲多，然未始不能寫無我之境，此在豪傑之士能自樹立耳。無我之境，人唯于靜中得之；有我之境，於由動之靜時得之，故一優美一宏壯也。

先生認爲文學之境界，有造境、有寫境，但二者頗難分別；境界又有大小之分，但不以之分優劣。先生：

> 有造境，有寫境，此理想與寫實二派之所由分。然二者頗難分別，因大詩人所造之境，必合乎自然，所寫之境，亦必鄰於理想故也。

又曰：

> 境界有大小，不以是分優劣：「細雨魚兒出，微風燕子斜」何遽不若「落日照大旗，馬鳴風蕭蕭」？「寶簾閒掛小銀鉤。」何遽不若「霧失樓臺，月迷津渡」也？

先生認爲文學創作，可借古人之境界以爲我之境界者。先生曰：

> 「西風吹渭水，落日滿長安。」美成以之入詞，白仁甫以之入曲，此借古人之境界爲我之境界者也，然非自有境界，古人亦不爲我用。

借古人之境界以爲我之境界者，靜安詞往往有之：

> 1.〈蝶戀花〉「君似朝陽，妾似傾陽藿。」借用王世禎〈蝶戀花〉「郎似桐

花，妾似桐花鳳。」

2. 〈玉樓春〉「君看今日樹頭花，不是去年枝上朵。」套用屈大均〈夢江南〉「縱使歸來花滿樹，新枝不是去年枝。」

3. 〈點絳脣〉「高峽流雲，人隨飛鳥穿雲去，數峯著雨，相對青無語。」點化自姜白石〈點絳脣〉：「燕雁無心，太湖西畔隨雲去，數峰清苦，商略黃昏雨。」

先生云：「白石寫景之作，如『數峰清苦，商略黃昏雨。』雖格韻高絕，然如霧裏看花，終隔一層。」先生自作「數峰著雨，相對青無語。」點化白石之作，更見渾然無迹，此即先生《人間詞話》所謂：「語語都在目前，便是不隔。」先生又云：「美成〈青玉案〉（應爲〈蘇幕遮〉之誤）詞：『葉上初陽乾宿雨，水面清圓，一一風荷舉。』此眞能得荷之神理者。」先生自作「濕螢火大，一一風前墮。」其點化自清眞詞至爲明顯，凡此皆先生所謂不妨借用古人之境爲我之境者也。

境界有隔與不隔之別，先生以此品評詞格之高下。其言曰：

> 白石寫景之作，如「二十四橋仍在，波心蕩，冷月無聲」，「數峰清苦，商略黃昏雨」，「高樹晚蟬，說西風消息」，雖格韻高絕，然如霧裡看花，終隔一層。梅溪夢窗諸家寫景之病，皆在一隔字。……問隔與不隔之別，曰，陶謝之詩不隔，延年則稍隔矣；東坡之詩不隔，山谷則稍隔矣。「池塘生春草」「空梁落燕泥」等二句，妙處唯在不隔，詞亦如是。即以一人一詞論，如歐陽公〈少年游〉詠春草上半闋：「闌干十二，獨凭青晴，碧遠連雲，二月三月，千里萬里，行色苦愁人。」語語都在目前，便是不隔。至云「謝家池上，江淹浦上。」則隔矣。白石〈翠樓吟〉：「此地宜有詞仙，擁素雲黃鶴，與君游戲，玉梯凝望久，嘆芳草萋萋千里。」便是不隔。至「酒祓清愁，花消英氣。」則隔矣。然南宋詞雖不隔處，比之前人，自有淺深厚薄之別。「生年不滿百，常懷千歲憂，晝短苦夜長，何不秉燭遊。」「服食求神仙，多爲藥所誤，不如飲美酒，被服紈與素。」寫情如此，方爲不隔。「采菊東籬下，悠然見南山，山氣日夕佳，飛鳥相與還。」「天似穹廬，籠蓋四野」，「天蒼蒼，野茫茫，風吹草低見牛羊。」寫景如此，方爲不隔。

境界之觀念，爲先生文藝批評上見解成熟後之一根本論點，先生論古今成大

事業、大學問者，亦必經歷三種之境界。先生曰：

> 古今成大事業大學問者，必經過三種之境界：「昨夜西風凋碧樹，獨
> 上層樓，望盡天涯路。」此第一境也。「衣帶漸寬終不悔，爲伊消得
> 人憔悴」，此第二境也。「眾裏尋他千百度，回頭驀見，那人卻在，
> 燈火闌珊處」，此第三境也。

至論境界一觀念之演進，先生以爲以境界之有無而評詞之優劣，遠較興趣或
神韻爲具體而切當。又以爲言氣質言神韻，不如言境界。先生曰：

> 嚴滄浪詩話謂盛唐諸公唯在興趣，羚羊掛角，無跡可求。故其妙處，
> 透澈玲瓏，不可湊泊，如空中之音，相中之色，水中之影，鏡中之
> 象，言有窮而意無窮。余謂北宋以前之詞亦復如是。然滄浪所謂興
> 趣，阮亭所謂神韻，猶不過道其面目，不若鄙人拈出境界二字爲探
> 其本也。

又云：

> 言氣質，言神韻，不如言境界。有境界本也，氣質神韻末也，有境
> 界而二者隨之矣。

先生主張文學之創作重在求自然，不在雕琢，尚意境，而厭堆砌。最忌恪守
傳統，若未能擺脫習慣上之臼窠，則無文學創作之可言。先生曰：

> 納蘭容若以自然之眼觀物，以自然之舌言情。此由初入中國，未染
> 漢人習氣，故能眞切如此。

> 大家之作，其言情也必沁人心脾，其寫景也必豁人耳目。其詞脫口
> 而出，無矯柔妝束之態。以其所見者深也。詩詞皆然，持此以衡古
> 今之作者，可無大誤矣。

先生以爲一代有一代之文學，從事文學創作者，如欲有所創立，不可不採用
新創之體裁。先生曰：

> 四言敝而有楚辭，楚辭敝而有五言，五言敝而有七言，古詩敝而有
> 律絕，律絕敝而有詞，蓋文體通行既久，染指遂多，自成習套，豪
> 傑之士，亦難於其中自出新意，故遁而他體以自解脱，一切文體所
> 以始盛中衰者，皆由於此。故謂文學後不如前，余未敢信，但就一
> 體論，此論固無以易也。

先生論詞，尊崇五代北宋，貶抑南宋，蓋以五代北宋有境界者多，南宋有境
界者少之故也。其所喜詞人，五代有李後主、馮正中、北宋有永叔、子瞻、

少游、美成，南宋喜稼軒、白石，宋以後獨喜納蘭容若一人而已。歷代詞人所最惡者爲夢窗、玉田。先生曰：

> 唐五代之詞，可謂生香眞色。

> 南宋以後，詞亦爲羔雁之具，而詞亦替矣。

> 予於詞，五代喜李後主、馮正中，而不喜花間，宋喜同叔、永叔、子瞻、子游，而不喜美成，南宋只愛稼軒一人，而最惡夢窗、玉田。

> 美成〈青玉案〉詞：「葉上初陽乾宿雨，水面清圓，一一風荷舉。」此眞能得荷之神理者。

> 蘇辛詞中之狂，白石猶不失爲狷，若夢窗、梅溪、玉田、草窗、西麓輩，面目不同，同歸於鄉愿而已。

先生以爲詞人者，不失爲赤子之心也，論詞至李後主眼界始大，感慨遂深，後主詞誠所謂以血書之者。先生曰：

> 詞至李後主而眼界始大，感慨遂深，變伶工之詞而爲士大夫之詞，周介存置諸溫韋之下，可謂顚倒黑白矣。「自是人生長恨水長東」「流水落花春去也，天上人間」金荃浣花能有此氣象耶？詞人者，不失赤子之心也。故生於深宮之中，長於婦人之手，是後主爲人君所短處，亦即詞人所長處。客觀之詩人不可不多閱世，閱世愈深，材料愈豐富，愈變化，《水滸傳》、《紅樓夢》之作者是也。主觀之詩人不必多閱世，閱世愈淺則性情愈眞，李後主是也。尼采謂一切文學，余愛以血書者。後主之詞，眞所謂以血書者也。宋道君皇帝〈燕山亭〉詞亦略似之。然道君不過自道身世之戚，後主則儼有釋迦基督擔荷人間罪惡之意，其大小固不同矣。

先生論納蘭容若爲宋以後惟一有境界之詞人。其言曰：

> 納蘭容若以自然之眼觀物，以自然之舌言情，此由初入中原，未染漢人風氣，故能眞切如此，北宋以來，一人而已。

先生《人間詞話》之論詞，頗受叔本華哲學之濬發。繆鉞於〈王靜安與叔本華〉曰：

> 其見解似亦相當受叔本華哲學之濬發。雖不似〈紅樓夢評論〉一文有顯著之徵驗，然細讀之，亦未嘗無跡象可尋也。叔本華在其所著《意志與表象之世界》第三卷中論及藝術，頗多精言。叔氏之意，

以為人之觀物，如能內忘其生活之欲，而為一純粹觀察之主體，外忘物之一切關係，而領略其永恆，物我為一，如鏡照形，是即臻於藝術之境界。此種觀察，非天才不能。《人間詞話》曰：「自然中之物，互相關係，互相限制，然其寫之於文學及美術中也，必遺其關係限制之處。」又曰：「無我之境，以物觀物，故不知何者為我，何者為物。」皆與叔氏之說有通貫之處。

綜觀先生之《人間詞話》，精瑩澄澈，世多喜之，雖短短六十四則，寥寥萬餘言，非欣賞古人之作，別有會心者，何能道出隻字，吾人實不可以因其為早期之作而忽視之也。

第四節　戲曲學

王靜安先生自三十歲以後，疲於哲學而轉治文學，此後六、七年間，尤殫力於戲曲之研究，遂使戲曲成為專門之學。世之論戲曲者，莫不尊先生為不祧之祖。

先生從事戲曲研究之原因有二，一曰因填詞之成功而有涉獵戲曲之思。二曰中國文學之最不振者莫若戲曲，因思有志於是。先生曰：

> 但余所以有志於戲曲者，又自有故。吾中國文學之最不振者，莫戲曲若。元之雜劇，明之傳奇，存於今者，尚以百數，其中之文字，雖有佳者，然其理想及結構，雖欲不謂至幼稚，至拙劣，不可得也。國朝之作者，雖略有進步，然比諸西洋之名劇，相去尚不能以道里計，此余所以自忌其不敏，而獨有志乎是也。（〈三十自序〉二）

先生三十一歲至三十六歲之研究撰著有六。即：《曲錄》六卷、《戲曲考原》一卷、《宋大曲考》一卷、《優語錄》二卷、《古劇腳色考》一卷、《曲詞源流表》一卷。《曲錄》為先生整理宋元以來戲曲之第一部著作，初稿完成於光緒三十四年八月，初釐為二卷。〈自序〉云：

> 余作詞錄竟，因思古人所作戲曲何慮萬本，而傳世者寥寥，正史藝文志與《四庫全書提要》，於戲曲一門既未著錄，海內藏書家亦罕有蒐羅者，其傳世總集除臧懋循之《元曲選》、毛晉之《六十種曲》外，若古名家雜劇等，今日皆不可觀。餘亦僅寄之伶人之手，且頗遭改竄以就其唇吻，今崑曲且廢，則此區區之寄於伶人之手者，恐亦不

可問矣！明李中麓作張小山小令序，謂明諸王之國，必以雜劇千七
百本資遣之，今元曲之載於《元曲選》首卷及程明善《嘯餘譜》者，
僅五百餘本，則其散失，不自今日始矣！繼此作曲目者，有焦循之
《曲考》，黃文暘之《曲目》，無名氏之《傳奇彙考》等《焦氏叢書》
中未刻《曲考》，《曲目》則儀徵李斗載之《揚州畫舫錄》，《傳奇彙
考》僅有舊紗殘本。惟黃氏之書稍爲完具，其所見之曲，通雜劇、《傳
奇彙考》共一千零十三種，復益以《曲考》所有，而黃氏之未見者
六十八種。余乃參考諸書，並各種曲譜及藏書家目錄，共得二千二
百二十本，視黃氏之目增逾一倍。又就曲家姓名可考考之，可補者
補之，粗爲排比，成書二卷。（《觀堂別集》卷四）

趙萬里曰：

先生以宋之官本雜劇、金之院本、元明之雜劇傳奇，其名不見於史
志，其源流變遷又不盡可尋，而士大夫談藝，輒鄙之若遺，焦里堂、
黃文暘之書，當時已若存若亡，因思有以董理之。董理之方，其道
凡二：一則由元明而上溯宋金，以求其闡變演化之迹，於是有《戲
曲考源》，《宋大曲考》及《曲調源流考》之作。一則就各家書目所
載及有傳本者，錄其名目，並作者爵里爲一編，以便稽考，於是有
《曲錄》之輯。（趙譜）

宣統元年五月，先生修訂《曲錄》成，定爲六卷。即：宋金雜劇院本部、雜
劇部上、雜劇部下、傳奇部上、傳奇部下、雜劇傳奇總集部。胡適先生〈讀
王國維先生的曲錄〉云：

《曲錄》卷一爲宋金雜劇院本部，凡九百七十七種，多采自周密的
《武林舊事》及陶宗儀《輟耕錄》。此外尚有采自錢曾《也是園書目》
之宋人詞話十二種，當日猶未知其非戲曲也。至近年江東老蟫覓得
京本通俗小說九種，共四冊，三冊上有錢遵王圖章，而其中〈錯斬
崔寧〉和〈馮玉梅團圓〉兩種，即見於《也是園書目》的，人始知
此十二種乃是話本，不是戲曲。後羅振玉借得《唐三藏取經詩話》，
影印行世，始知當日詩話、詞話，皆是當日平話的種類，錢曾誤列
此十二種入戲曲部，王先生沿其誤而不及改，以此類推，周陶兩目
所列九百餘種中，定有很多不是曲文。其以調名（如〈金明池〉、〈山
麻稭〉）或以事繫曲調者（如〈四皓逍遙樂〉、〈請客薄眉〉、〈柳批上

官降黃龍〉）固是曲無疑，其以事繫扮演之腳色者（如〈貨郎孤〉、〈貧富旦〉，〈孤與旦腳色名目〉）亦無疑。但其中有以事名者（如〈刺董卓〉、如〈懸頭梁上〉），有以人名者（如〈王安石〉、如〈史弘肇〉），皆不一定爲曲文。王安石也許和京本通俗小說中的拗相公同是一本，其中最明顯的是頁二十八之《太公家教》一本，此本之非曲文，王先生後來在他處曾得著鐵證，已無可疑。……卷二列有主名之元雜劇四百九十六種，卷三列有主名之明雜劇一百五十六種，元明無名氏雜劇二百六十六種，清雜劇有主名的六十九種，無名氏十四種，共五百零五種。計二卷，可定爲元明清三朝雜劇共一千零一種。卷四列傳奇，有主名的二百六十七種，無名的百二十種，其首列之董解元〈西廂〉，乃絃索彈詞，不當列在此。又此三百八十多種，只有五六種是元人做的，大概皆元末明初人，其餘皆明人之作。卷五列清代傳奇，有主名的四百三十七種，無名的三百七十二種，附禁書目中六種，共八百十五種。中如歸莊的〈萬古愁〉明是彈詞，高鶚的《紅樓夢》明是小說，皆不當列入。又如舒位的〈修簫譜〉四種，皆是極短的雜劇，也不當列入傳奇之部。此外遺漏的當不少，如曹寅的〈虎口餘生〉（鐵冠圖），原署「遺民外史」，此錄列入無名氏。曹寅作曲大概不少，今皆不可考了。計五卷所列三朝曲本共存三千一百七十八種之目，其全本留傳者，大概只有十之二三了。「正統文學」之害，眞烈於焚書之秦始皇。文學有正統，而不認得時代文學，收藏之家出千金買一部絕無價值之宋版唐人小集，而不知收集這三朝的戲曲的文學，豈不可惜！全本既不可得，則保存一部分精華之各種總集爲可貴了。《曲錄》於此類總集也有小錯誤，如《誠齋樂府》不當在「小令套數部」，如重要選本如《綴白裘》，竟不曾收入，又如曲譜中既收那些有曲無白的譜，而反遺去曲白俱全之《六也曲譜》，都是短處。（《胡適文存》二集卷四）

《戲曲考源》，《宋大曲考》、及《優語錄》、及《曲調源流表》、均寫成於宣統元年。趙萬里曰：

是月（五月）修訂《曲錄》，定爲六卷。而《戲曲考源》之成，亦在此時，均入《晨風閣叢書》刊之。（趙譜）

又云：

冬十月，《宋大曲考》及《優語錄》、《曲調源流表》寫成。《曲調源
流表》，今不可得見。《宋大曲考》、《優語錄》及同時所作《錄曲餘
誤》四種，均寄鄧秋枚（實）於海上，入《國粹學報》刊之。
案先生以元之雜劇，其源即出於唐宋大曲，因於各史樂志及宋人詞
集鈎稽之，尚可得其一二，於是有《宋大曲考》之作。先生又以優
人誹語，大都出於演劇之際，而戲劇之源與變遷之跡，均可由此推
尋，於是有《優語錄》之輯。《曲調源流表》，則考各宮調曲調之源
於樂府及詩餘者，列表爲之。而後此之《宋元戲曲史》，其材料亦大
都於此時搜輯成之矣。（趙譜）

宣統二年十一月撰成〈古劇腳色考〉一卷。〈古劇腳色考〉討論戲劇中之腳色，
約分生旦淨丑，皆考其命名之義及其淵源流變。謂隋唐以前雖有戲劇而無所
謂腳色，宋代始有腳色，分三級，一表其人在劇中之地位，二表其品性之善
惡，三表其氣質之剛柔。元劇腳色以唱不唱定之，南曲既出，諸腳色始都唱，
惟劇中主人翁率以末旦或生旦爲之，多美少惡，下流之歸，悉在淨丑，由是
腳色之分亦所以存善惡，寓褒貶之意於其間。先生曰：

腳色最終之意義實在於此。以品性必觀其人之言行而後見，而氣質
則可於容貌聲音舉止間一覽而得故也。（〈古劇腳色考〉）

民國二年，先生寓居日本，以三月之力，撰成《宋元戲曲史》自序云：

凡一代有一代之文學，楚之騷，漢之賦，六代之駢語、唐之詩、宋
之詞、元之曲，皆所謂一代之文學，而後世莫能繼焉者也。獨元人
之曲，爲時既近，託體稍卑，故兩朝史志與四庫集部均不著於錄，
後世碩儒，皆鄙棄不復道。而爲此學者，大率不學之徒，即有一二
學者以餘力及此，亦未有能觀其會通，窺其奧窔者，遂使一代文獻，
鬱埋沉晦者且數百年，愚甚惑焉！往者讀元人雜劇而善之，以爲能
道人情，狀物態。詞采俊拔，而出乎自然，蓋古所未有，而後人所
不能髣髴也，輒思究其淵源，明其變化之跡，以爲非求諸唐宋遼金
之文學弗能得也。乃成《曲錄》六卷，《戲曲考源》一卷、《宋大曲
考》一卷、《優語錄》二卷，《古劇角色考》一卷，《曲調源流表》一
卷。從事既久，續有所得，頗覺昔人之說與自己之書蟫漏日多，而
手所疏記與心所領會者，亦日有增益。壬子歲暮，旅居多暇，乃以
三月之力，寫爲此書，凡諸材料皆余所蒐集，其所說明，亦大抵余

所創獲也。世之爲此學者自余始，其所見於此學者，亦以此書爲多，
非吾輩才力過於古人，實以古人未嘗爲此學故也。

先生論戲曲，以爲自有元雜劇而後中國乃有眞戲曲出，元雜劇視前代戲曲之
進步有二：其一，每劇皆用四折，每折易一宮調，較大曲爲自由，較諸宮調
爲雄偉。其二，由敘事體而變爲代言體，形式與材質兼而有之：

先生分元劇爲三期：

一、蒙古時期（約 1260～1280）

二、一統時期（約 1280～1340）

三、至正時期（約 1340～1360）

論元雜劇發達之原因，乃爲元初廢止科舉之故。先生曰：

蓋自唐宋以來，士之競於科目者已非一朝一夕之事，一旦廢之，彼
其才力無用，而一於詞曲發之。且金時科目之學最爲淺陋，此種人
士一旦失業，固不能爲學術上之事，而高文典冊，又非其所素習，
適雜劇之新體出，遂多從事於此，而又有一二天才出於其間，充其
才力，而元劇之作，遂爲千古獨絕之文字。

先生論元劇之佳處爲自然，爲有意境。所謂有意境即寫情則沁人心脾，寫景
則在人耳目，述事則如出其口。而於新文體中，自由使用新言語，又爲元劇
文章之一大特色也。先生曰：

然則元曲之佳處何在？曰自然而已矣，古今之大文學，無不以自然
勝，而莫著於元曲。蓋元劇之作者，其人均非有學問名位也。其作
劇也，非有藏之名山，傳之其人之意也：彼以意興之所至爲之，以
自娛樂人，關目之拙劣所不問也，思想之卑陋所不諱也，人物之矛
盾所不顧也，彼但摹寫其胸中之感想，與時代之情狀，而眞摯之理
與秀傑之氣，時流露其間，故謂元曲爲中國最自然之文學無不可
也。……然元劇最佳之處，不在其思想結構而在其文章，其文章之
妙，亦一言以蔽之曰有意境而已矣。何以謂之有意境，曰寫情則沁
人心脾，寫景則在人耳目，述事則如出其口是也。……則元劇實於
新文體中自由使用新言語，在我國文學中，於楚辭、內典外，得此
而三；然其源遠在宋、金二代，不過至元而大成，其寫景抒情述事
之優美，足以當一代之文學，又以其自然，故能寫當時政治及社會
之情狀，足以供史論家論世之資又不少。

先生《宋元戲曲史》一書，計分十六章，一、上古至五代之戲劇，二、宋之滑稽戲，三、宋之小說雜戲，四、宋之樂曲，五、宋官本雜劇段數，六、金院本名目，七、古劇之結構，八、元雜劇之淵源，九、元劇之時地，十、元劇之存亡，十一、元劇之結構，十二、元劇之文章，十三、元院本，十四、南戲之淵源及時代，十五、元南戲之文章，十六、餘論。

　　第一章略論上古至五代之戲劇：戲劇之起源由於歌舞，歌舞之興，始於古之巫，巫以歌舞爲職，以樂神人者。其後有俳優，晉有優施，楚有優孟，優即是調戲之人。巫與優之區別，前者爲男，後者爲女，巫以樂神，優以樂人。至漢以後，俳優參演故事而合以歌舞，北朝以外族入主中原，外來音樂與戲劇形式遂以傳入，對中國戲劇產生極大之影響。唐五代於歌舞戲外，又有滑稽戲。滑稽戲不用歌舞，而以言語爲主，託故事以諷時事，並輔以隨意之動作。附考言古之優人，其始皆以侏儒爲之。

　　第二章至第七章考證宋以來戲劇之變遷，及其內容與結構：宋之滑稽劇，大抵與唐代相同，宋人之謂之雜劇（與後之元雜劇不同），或雜戲，此種雜劇多假託故事以諷刺時事，其題材取於宋代小說（與唐小說不同，髣髴我國內地茶肆中說平書一般，宋人稱爲「書會」）。

　　戲曲實濫觴於宋代樂曲，宋之歌曲最通行者爲詞，亦稱近體樂府，亦謂之長短句。宋人讌集，無不歌以佐觴，其初常以一曲連續歌之，至北宋末，其體漸變，此外又有曲破及大曲，曲之遍數雖多，而仍限於一曲，至合數曲而成一樂者，則自諸宮調始。諸宮調爲小說之支流而被之樂曲，南宋劇曲，又綜合種種樂曲，惟兩宋戲劇皆爲雜劇，至金始有院本之名目，實者二者爲一，因現今已無一存，但觀其目，知結構與後世戲劇不同，因稱之爲古劇。然以其純演故事，故眞正之戲劇當起於宋代。

　　第八章元雜劇之淵源。先生曰：

　　　　元雜劇之視前代戲曲之進步，約而言之，則有一焉，宋雜劇中用大曲者幾半。大曲之爲物，遍數雖多，然通前後爲一曲，其次序不容顛倒，而字句不容增減，格律至嚴，故其運用亦頗不便。其用諸宮調者，則不拘於一曲，凡同在一宮調中之曲，皆可用之。顧一宮調中，雖或有聯至十餘曲者，然大抵用二三曲而止。移宮換韻，轉變至多，故於雄肆之處稍有欠焉。元雜劇則不然，每劇皆用四折、每折易一宮調，每調中之曲，必在十曲以上，其視大曲爲自由，而較

諸宮調爲雄肆，且於正宮之端正好、貨郎兒煞尾，仙呂調之混江龍、
後庭花、青歌兒，南呂宮之草池春、鵪鶉兒、黃鐘尾，中呂宮之道
和，雙調之折桂令、梅花酒尾聲，共十四首，皆字句不拘，可以增
損。此樂曲上之一進步也。其二，則由敘事體而變爲代言體也：宋
人大曲，就其現存者觀之，皆爲敘事體；金之諸宮調雖有代言之處，
而其大體只可謂之敘事。獨元雜劇於科白中敘事，而曲文全爲代言，
雖宋金時或當已有代言體之戲曲，而就現存者言之，則斷自元劇始，
不可謂非戲曲上之一大進步也；此二者之進步，一屬形式，一屬材
質。二者兼備，而後我國之眞戲曲出焉。

第九章至第十三章論元劇之時地、存亡，結構及文章。先生論元代百餘年戲
曲史上，雜劇之優劣與人才之盛衰，區分爲蒙古、一統、至正三期，第一期
作家最盛，現存作品最多，如關漢卿、王實甫、白樸、馬致遠等北方之名家。
第二期作家，大都居南方，漸失其「天高風緊」之氣象，除鄭光祖、宮天挺、
喬吉外，餘無足觀；第三期已是強弩之末。

論其結構，大抵每劇四折（〈趙氏孤兒〉五折爲例外），有楔子、有曲文、
有科白，每折唱者僅限正角一人，他角有白無唱，其第四折之唱者，則非正
角（如末或旦——一劇之主要人物）不可。元劇角色名目甚多，末、旦爲正
角外，又有淨、有丑，末又分外末、沖末、二末、小末；旦又分老旦、大旦、
小旦、且徠、色旦、搽旦、外旦、貼旦。元劇中與年齡有關係之人物，有孛
老、卜兒、侏兒；與地位職業有關係者，有孤、細酸、伴歌、禾旦、曳刺、
邦老等人物。元劇自「砌末」之名，係演劇時所用之什物（樂器之類）。

論元劇之文章，最妙者爲有意境、爲自然。先生曰：

元劇最佳之處，……一言以蔽之曰：有意境而已矣。何以謂之有意

境？曰：寫情則必沁人心脾；寫景則在人耳目，述事則如出其口。

第十四、十五章，述南戲的淵源時代及文章：南戲淵源於宋，反古於元雜劇，
現存南戲之最古者，大抵作於元明之間，其文章之佳處與北劇略同，惟北劇
悲壯沈雄，南戲清柔曲折，如拜月亭，宛轉詳盡，情與詞偕，非元人不辨。
明以後人，全無能爲役，故雖謂北劇南戲，限於元代可也。

第十六章，餘論。先生曰：

我國戲劇，漢魏以來與百戲合，至唐而分爲歌舞戲及滑稽戲二種，

宋時滑稽戲尤盛，又漸藉歌舞以緣飾故事，於是……而以故事爲主。

　　至元雜劇出，而體製遂定，南戲出，而變化更多，於是我國始有純
粹之戲曲。

先生之盛推元劇如此。

第十二章　結　論

第一節　靜安先生治學成功之原因

　　先生學識淵博，識解瑩徹，方法縝密，不僅為我國當代大儒，更為國際知名之學者。其所以學識豐偉，貢獻卓著者，推其原因，有以下三端，一曰治學精勤，二曰智慧過人，三曰憑藉獨厚。

　　在治學精勤方面：先生自少至老，除治學外，不務他業，凡治一學，即精一學。先生曰：「余畢生惟以書冊為伴，故最愛而最難捨去者，亦惟此耳。」先生既浸淫書冊之中，故根柢深厚，見解精闢，聞見博洽，無往而不自得。如考證磬之懸法，先生以為應以側懸為是，乃自作一木磬以驗其懸制，驗證後，果如其然。僅此一例，即可見先生治學態度之精勤為何矣。

　　在智慧過人方面：先生智慧過人，於甲骨、金文之研究，創獲獨多，如高祖夔之考證，王亥之考證，皆能正千古之疑誤，而復其本來面目。又如民國十二年河南鄭州出土之銅器數百件中皆無銘文，獨有一器，文曰：「王子嬰次之□盧」，先生憑此七字，即能撰寫長達三百六十一字之跋文，考證此器係春秋時代楚令尹子重之遺物，時當魯成公十六年鄢陵之役。後之學者皆以先生之論斷精塙為觀止，於此可見其學養深厚而智慧過人之一斑。

　　在憑藉獨厚方面：先生無論治文學、史學、甲骨、金文、古器物之學，莫不有點石成金之功，此固得力於治學精勤，智慧過人，亦得力於憑藉獨厚。蓋由辛亥以至丙辰（191～1916），則上虞羅氏之書籍碑版金石甲骨任其觀摩；丙辰以至壬戌（1916～1922），則英倫哈同、吳興蔣氏劉氏之書聽其研究，癸

亥甲子（1924），則清宮之古代彝器由其檢閱，乙丑以至丁卯（1925～1927），則清華學校之圖書擅其選擇也。

由此三者，吾人可知先生學術之豐偉，要非偶然。讀其書，知其人，吾人益當效法其好學深思之精神，以發揚中國學術為己任矣。

第二節　靜安先生之學術成就

先生之學術研究具有多方面之貢獻，余讀其書認為先生之重要學術成就，有下列數項：

一、文學革命之先驅者：先生文學見識高超，尤明於文學流變之原則，主張「一代有一代之文學」，「不為美刺投贈之篇，不使隸事之句，不用粉飾之字。」反對「模倣之文學」、「矯柔妝束之態」，主張作者「感自己之感，言自己之言」，不可「感他人之感，言他人之言」。又云：「文學者，不外知識與感情交代之結果而已。」先生之論與胡適之所倡之八不主義、四大主張相近，譽之為文學革命之先驅者，當非溢美之詞。

二、戲曲學之祖：《元曲》託體稍卑，史志及《四庫》均不著述，自先生撰《宋元戲曲史》，以為唐之詩，宋之詞，元之曲，皆一代之文學也，乃奠定《元曲》之地位，戲曲之成為專門之學，先生當為其不祧之祖。

三、敦煌學之前驅：敦煌學已成為今日四大顯學之一，先生為早期之研究學者，撰有敦煌卷軸跋文二十四篇。其中〈書巴黎國民圖書館所藏唐寫本切韻後〉，誤以英倫所藏為巴黎藏書寫本，又《兔園冊府》亦有少許之誤。然其考證陸法言事迹，判斷〈秦婦吟〉為韋莊所作，均甚精塙，其所論有裨於韻書、史學、文學、佛教文物、西北地理者甚多，先生於敦煌學之研究，頗有開創之功。

四、文學批評之創新者：先生早年醉心西洋哲學，為最早介紹叔本華、康德、尼采之學者，其所撰〈紅樓夢評論〉，立足點全在叔本華，其《人間詞話》論優美、壯美，即本之康德《論優美與雄偉》，創國人以西洋哲學觀點，評論本國文學之始，為文學批評，別闢蹊徑，功不可沒也。

五、現代之新史學家：靜安先生精通小學，於甲骨、金石、簡牘均有精湛之研究。然先生之研究，不僅在於古文字之考釋，而在於運用古文字以考證古史，其發明甲骨綴合法、二重證據法，考證殷商制度，糾正史志譌誤，

重建殷商信史，貢獻厥偉，識者譽之爲現代之新史學家，洵稱確論。

第三節　學界之贊述

　　靜安先生以其富厚之學識根柢發而爲著述甚夥，其新得之富，貢獻之鉅，實可謂前無古人，茲綴錄諸家評論，以見學界推崇之一斑。

　　一、梁任公之評論：梁任公曰：「先生貢獻於學界之偉績，其章章在人耳目者，若以今文創讀殷墟書契，而因以是正商周間史蹟及發現當時社會制度之特點，使古文書然改觀。若創治《宋元戲曲史》，蒐述《曲錄》，使樂劇成爲專門之學。斯二者實空前絕業，後人雖有補苴附益，度終無以度越其範圍。若精校《水經注》，於趙、金、戴外別有發明；若校注蒙古史料，於漠北及西域史實多所懸解。此則續前賢之緒，而卓然成一家言。其他單篇著錄於《觀堂集林》及本專號與夫羅氏哈同氏諸叢刊者，其所討論之問題，雖洪纖繁簡不一，然每對於一問題，蒐集資料，殆無少遺失，其結論未或不饜心切理，驟視若新異，反覆推較而卒莫之能易，學者徒歆其成績之優異，而不知其所以能致此者，固別有大本大原在也。先生之學，從弘大處立腳，而從精微處著力；具有科學之天才，而以極嚴正之學者的道德貫注而運用之。其少年喜譚哲學，尤酷嗜德意志人康德、叔本華、尼采之學，晚雖棄置不甚治，然於學術之整個不可分的道理，印象甚深，故雖好從事於箇別問題，爲窄而深的研究，而常能從一問題與問題之關係上，見出其最適當之理解，絕無支離破碎專己守殘之蔽，先生古貌古飾，望者輒疑爲竺舊自封畛，顧其頭腦乃純爲現代的，對於現代文化原動力之科學精神，全部默契，無所牴拒。而每治一業，恒以極忠實極敬愼之態度行之，有絲毫不自信，則不以著諸竹帛；有一語爲前人所嘗道者，輒棄去，懼蹈勦說之嫌自點污。蓋其治學之道術所蘊蓄者如是，故以治任何顓門之業，無施不可，而每有致力，未嘗不深造而致其極也。」（清華學校研究院《國學論叢》第三號《王靜安先生紀念號序文》）

　　二、陳寅恪之評論：陳寅恪曰：「自昔大師巨子，其關係於民族盛衰，學術興廢者，不僅在能承續先哲將墜之業，爲其託命之人，而尤在能開拓學術之區宇，補前修所未逮，故其著作可以轉一時之風氣，而示來者以軌則也。先生之學博矣精矣，幾若無涯岸之可望，轍跡之可尋，然詳繹遺書，其學術內容及治學方法，殆可舉三目以概括之者：一曰取地下之實物與紙上之遺文

互相繹證，凡屬於考古學及上古史工作，如〈殷卜辭中所見先公先王考〉及〈鬼方昆吾玁狁考〉等是也。二曰取異族之故書，與吾國之舊籍互相補正，凡屬於遼金元史事及邊疆地理之作如〈萌古考〉及〈元朝秘史之主因亦兒堅考〉等是也。三曰取外來之觀念與固有之材料互相參證，凡屬文藝批評及小說戲曲工作，如〈紅樓夢評論〉及《宋元戲曲考》等是也。此三類之著作，其學術性質固有異同，所用方法亦不盡符會要，皆足以轉移一時之風氣，途徑縱多，恐亦無以遠出三類之外，此先生之遺書所以為吾國近代學術界最重要之產物也。（〈海寧王靜安先生遺書序〉）

三、繆鉞之評論：繆鉞曰：海寧王靜安先生為近世中國學術史上之奇才。學無專師，自闢戶牖，生平治經史，古文字、古器物之學，兼及文學史、文學批評，均有深詣創獲，而能開新風氣，詩詞駢散文亦無不精工，其心中如具靈光，各種學術，經此靈光所照，即生異彩。論其方面之廣博，識解之瑩徹，方法之謹密，文辭之精潔，一人而兼具數美，求諸近三百年，殆罕其匹。吾人讀王氏書，非但欣賞並接受其學術上種種貢獻，而對於此超特夐異之才性，似應加以研究。據王靜安自序，謂少治西洋哲學，尤喜叔本華之說，殆不免受其影響。……叔本華與王靜安皆為近百餘年中西學術史上之奇才，叔本華哲學之影響王靜安，亦為學術史上之奇蹟。……抑更有進者，凡學術思想之能開新境而揚光輝者，多賴他山攻錯之益。有佛學之輸入，而後有宋明新儒學之產生。晚清西學東漸，其儀態萬方，又遠過於印度佛說，蛻故變新，勢不容己。王靜安智力澄明，思想穎銳，敏於承受，善於消化，居日本時，粗習西文，略窺西籍，而評論文學，已多新見，擺脫傳統之束縛，能言時人之所不能言。其論述經史，方法精密，態度客觀，才質之美，極不易觀。然王靜安受西學沾溉者究屬有限，其最得力之叔本華學說，在西洋哲學中亦僅別派旁支，假使王靜安於歐西學術能繼續研究，深造自得，洞悉精微，轉而治中國文哲之學，其創獲新知，建樹風氣，非不可能之事。以清新之美才，丁蛻變之嘉會，而未能得發展之良機，盡其最大之貢獻，……所以不能不深致歎惋者也。」（〈王靜安與叔本華〉）

四、殷南之評論：殷南曰：「他最初研究哲學，後來研究文學，最後乃致力於考古學。他所以研究考古學的原因，是完全因為材料見得多，引起他研究的興趣……他在考古學上的貢獻，當然很多，但是最偉大的成績，要算一篇《殷周制度論》，是他研究甲骨文學的大發明。」（〈我所知道的王靜安先生〉）

　　五、容庚之評論：容庚曰：「其治學甚勤，而所學甚博。初治西洋哲學，醉心於叔本華、尼采之說，繼治宋元以來戲曲。清亡後，與羅振玉先生東渡日本，治古文字及聲韻之學。民國五六年，爲廣倉學宭編學術叢書，著作乃益富。比來京都，轉治西北地理及遼金元三史。讀先生書者，皆服其精識，然其方法縝密實有以成之。其治宋元戲曲也，則先爲《曲錄》；其治金文也，則先爲《金文著錄表》；其治甲骨文也，則先釋《殷虛書契前後編》；其治元史也，則先爲《元朝秘史地名索引》。故其對於百餘種書籍之批校，大抵爲《觀堂集林》中之文所從出。」（〈王國維先生考古學之貢獻〉）

　　六、王國華之評論：王國華曰：「先兄治學之方雖有類於乾嘉諸老，而實非乾嘉諸老所能範圍。其疑古也，不僅抉其理之所難符，而必尋其僞之所自出；其創新也，不僅羅其證之所應有，而必通其類例之所在。此有得於西歐學術精湛綿密之助也。並世賢者，今文家輕疑古書，古文家墨守師說，俱不外以經治經，而先兄以史治經，不輕疑古，亦不欲以墨守自封，必求其眞，故六經皆史之論，雖發於前人，而以之與地下史料相印證，立今後新史學之骨幹者，謂之始於先兄可也。」（〈王靜安先生遺書序〉）

　　七、吳其昌之評論：吳其昌曰：「先生之學，綜凡三變，辛亥國變以前（先生年三十五歲），專治宋元戲曲史料。壬子東渡以後一變，以迄甲子乙丑將入清華之際（先生四十七八歲）專治金石甲骨文字，以證古史。乙丑以後一變，以迄於卒（先生五十一歲），專治西北地理史事，此其大略也。……先生之學，其目的在於考史，而於史之範圍之中，又偏重於古史。而先生考證古史之學，皆建設於小學之上。……先生之學，有承襲前人遺業，而發揮光大之者，有從舊學圃中，而另闢新園圃者。有雖爲創通鑿空，而仍有賴於他人之互助者。有絕無依傍，孤立血戰成一軍者。……結論……其一曰……先生著述皆偏於史學。……二曰先師發明，於古史學上最多。……三曰先師於學問上最大貢獻，乃在將物質與經籍，證成一片。」（〈王觀堂先生學述〉）

　　八、朱芳圃之評論：朱芳圃曰：「先師治學，縝密謹嚴，奄有清代三百餘年文字、聲韻、訓詁、目錄、校勘、金石、輿地之長，而變化之，恢宏之。其所見新出史料亦最夥。又精英、日、法諸國文字，精通科學方法。故每樹一義，考一事，精賅無倫，得未曾有。其著述之量，雖稍遜清代大儒，然新得之富，創獲之多，謂之前無古人可也。」（〈述先師王靜安先生治學之方法及國學上之貢獻〉）

附錄一　王東明女士〈先父王公國維自沉前後〉

　　前讀本年四月二十七日至二十九日《中國時報‧人間副刊》刊載楊君實先生之〈王國維自沈之「謎」——兼論歷史人物的評價〉，以及〈聯合報〉七十一年十一月二十一日及二十二日副刊楊牧先生之〈再論王國維之死〉二文後，身爲王公國維先生兒女的人，有不能已於言者。

　　自先公謝世迄今，已將近五十七週年。五十餘年來，凡心儀先父學術上成就的人，很自然地就想探索他的自沈原因。上述二文，搜證廣博，自有可取之處，最後之結論就現有之資料言之，尙屬持平。惟事隔五十多年，言人人殊，今願就個人當年所能記憶的和半生所感受的，略加說明補充如下：

一、個性及政治觀念

　　先父生性內向耿介，待人誠信不貳，甚至被人利用，亦不置疑。在他眼中，似乎沒有壞人。因此對朋友，對初入仕途所事奉的長官和元首，一經投入，終生不渝。他不是政治家，更非政客。他所效忠的只是他心目中的偶像。就歷史言，在他腦海中，仍是數千年來忠君報國的觀念，不管中華民族任何族姓建立政權，如被中國人事奉已久，其爲君上則一。民國成立之初，　國父的三民主義革命理論，未能廣傳於民間，根植於人心，一般人的思想，仍不脫封建時代的窠臼。況且軍閥割據，戰亂頻仍，政局混亂的情形，較清末尤有過之。北洋政府的作爲，不足以使人信賴。老一輩的學者如梁濟等便曾表示過失望。梁濟於民國七年自殺，以殉清聞，他遺書有：「其實非以清爲本位，而以初年所學爲本位。」他嘆恨世局所以敗壞，正由一些人朝三暮四反

覆無常，不知信義為何物所致。先父亦曾與陳寅恪先生談及：中國民智未開，教育落後，如驟行民主，必為野心家所乘。觀之今日，大陸沈淪，生靈塗炭，人民連基本的人權及自由都沒有。先父之言，猶不失為先見。

至於當時是否熱衷或參與政治活動，當視其動機與目的。如屬政客官僚者流，旨在弄權營私，則其人格之清白與否，已不言可喻。凡了解先父的性格及操守者，當知他心中所秉持的道和志，儒者所學本是要經世致用的，從政的目的，亦不過在維護他心目中的綱常，以求治平之道。即令實際參與政治活動，亦無損於他的清白，更無污點需要洗刷。至於張舜徽根據羅繼祖發表的乃祖與先父往來私函，便說：「如果王先生不是早死，偽滿小朝廷他也會去參加的。」其立論至為武斷狂妄，人已逝世，任何活動均不可能再參加，如何能假定未死而作此推斷？古今多少預言家，僅能預言將來可能發生之事件，決不對無可能發生條件的古人任何推定。何況研究歷史的學者，應根據史料已有的事實做評論推斷，若用假設之辭來推論，不但天下大亂，而且歷史上的是非黑白也混淆不清了。這不像出自一位學者筆下的文字，實在遺憾。如果我們也這樣說：「如果羅振玉早死十年，那段醜史就不會扮演了。」可以說嗎？誰能將羅氏的卒年改為民國十九年？

二、與清室的淵源

先父自光緒三十三年三月（民前五年）入清廷學部供職，至辛亥東渡日本，時間約四年半。民國十二年四月到北京，依民國成立時對清皇室優待條例，遜帝仍居紫禁城，保留原有尊位，先父因升允之薦，被徵選入值南書房，至十三年十一月馮玉祥逼宮止，約一年半。前後合計不過六年，最高只做到五品級的南書房行走之職，在民初清室遺老大員中，實在微不足道。但他那執著念舊的個性，並受羅氏保皇思想的影響，與宣統帝既有君臣之名，復有師生之誼，故對清室懷念，自在情理之中。至於說辛亥滿清退位，及民國十三年冬馮玉祥逼宮時不死，而於此與清廷無關時殉節，實在有些牽強，吾人深信：一位講信義的學者，總比朝三暮四之徒可愛又可敬得多。

三、與羅振玉的交往

自光緒二十四年（民前 14 年），羅氏識拔先父於上海東文學社，時先父才二十二歲。羅氏之於先父，猶伯樂之識千里駒。對先父在學術上的啟發及生活上的照顧，功德無量。嗣後資助赴日留學，辛亥東渡時期的生活，泰半

由羅氏供應。大哥潛明與其次女孝純即於此時訂定婚約，結爲兒女親家，兩家關係更趨密切。民國三年冬，先母携幼子女先行回國，暫居原籍外祖父家，僅留大哥在日陪伴先父。民國五年返國，受英人哈同之聘。民國八年大嫂來歸，雙方一直維持良好關係。直到民國十五年秋，大哥在滬病危，先父母接電報後，先後馳往探視，終因回生乏術，於九月二十六日病逝，迨喪事料理完畢，羅氏於次日即悄然携女返津。先父剛遭喪子之痛，又受羅氏一悶棍，心中悲憤，自不待言。按照羅氏平日爲人，素重舊禮教，今竟突然帶女兒歸寧，也不令稟明翁姑，擅自携歸，既有悖人之常情，也沒有顧念老朋友的面子，不管怎麼講也說不過去。如他覺得女兒年輕（二十四歲）新寡，所受打擊太大，要暫留父母身邊，寬慰她的心情，先父母亦是明理之人，必無留難之處。總以雙方心情不好，話也未講明，致生誤會傷和氣。古云：「君子愛人以德。」羅氏對先父有恩是事實，但先父也沒有負恩，何以會發生這樣事，實在百思不解。讓我再說句「如果」的話：「如果大哥健在，什麼不愉快也沒有了。」可能嗎？

　　先父返平後，因大嫂曾變賣首飾爲大哥治病，將醫藥費用寄至羅寓，歸還大嫂，羅將此款退回，又寄，又退，最後結果如何，已不復記憶。至傳聞羅向先父索大嫂生活費每年大洋貳仟元之說，似不確實，若果有其事，先母必然知道，而先母從未提到過，至於與羅氏合夥做生意，賠本後逼債之說，更屬無稽。羅原爲書商及古董商，且長袖善舞，但先父不善營生，靠束脩養家，稍積點錢，便去買書，從未作仰事俯畜的長遠打算。在清華執教時，月薪大洋四百元，當屬高薪，然逛一次琉璃廠，常常去其半數。家中食指浩繁，端賴先母撙節開支，才能溫飽無虞。如與羅氏合作做生意，先母必然知道，且此事傳聞已久，先母在世時我曾問過她，她當即否認。說到二人失歡是否尚有其他因素，因羅最後給先父的書信已被先父焚燬，無從查考，只有在先父最後致羅的信件中，或能發現蛛絲馬跡，惟恐羅繼祖所保存者不全，或發表時有所選擇，那恐怕永遠是個謎了。

四、自沈前後

　　先父生活一向有規律，每日上午，如無預先之其他約會，必步行到公事房辦公，學生大都到那裏請益，下午則在家中書房研讀或撰稿，毫無不正常現象。稍早，先父曾告先母說：「梁啓超約我赴日暫避，尚未作考慮。」由此可知當時學術教育界人士及一般民眾，對革命軍的事了解太少，再加上共產

黨嫁禍於革命軍之事件時有傳聞，使北洋政府治下之人民，惴惴不安。先父飽經憂患，正承受著子喪及友絕之痛，再難面對任何打擊，不如一死，以解除一切內心的痛苦。六月二日晨起，先母照常為他梳理髮辮，並進早餐，無絲毫異樣，全家人萬萬沒有料到竟會在當天投水自盡，由此可見先父確視自殺為解除他內心痛苦，並可避免未來難以預測的侮辱之唯一辦法。這種心情只有當事人能體認出來，至於其他的猜測，我想都是多餘的。

先父逝世後，由於羅僞造之遺摺，致獲溥儀頒下「忠愨」的謚號，華北各報莫不以極大篇幅，刊載王忠愨公殉節的報導。當時並無人對他的死因，提出存疑之論，後來有人研究他的遺囑以及一生行誼和晚年的遭遇，始提出各種看法。

最近先父與友人書信陸續發現，或可從其內容，略窺一斑。

據傳大陸目前亦在致力於研究先父的學術。上海華東師範大學，已搜集先父書信六百餘封，僅一百餘封已發表過，我想給馬衡的三十九封及羅繼祖保存的一百六十五封信，當在其中，並聞將於今年召開「國際王國維學術討論會」，並出版先父書信集，內情無法得知，如能獲得是項資料，當更有助於了解當時的情況。

東明是家庭主婦，學識淺薄，先父逝世時，尚在學齡，未能多聆教誨，繼承家學，無任愧省。尚望當代名賢，精研國學，發揚光大，度越前古，則是我國民族的大幸了。

見中華民國七十三年五月十九日《聯合報》第八版

附錄二　王靜安先生年表

清光緒三年（1877）丁丑　一歲

十月二十九日（12 月 3 日）生於浙江海寧縣城內雙仁巷之私第。

清光緒六年（1880）庚辰　四歲

九月十四日（10 月 17 日），母凌氏病卒，時先生甫離襁褓，長姊蘊玉亦年僅九歲，賴祖姑母范氏及叔祖母提攜撫養，至於成人。

清光緒九年（1883）癸未　七歲

是歲始就傅於鄰近私塾潘綏昌（紫貴）先生處。

清光緒十一年（1885）乙酉　九歲

是歲父乃譽娶同邑葉硯耕之女爲繼室，時年已三十八歲。

清光緒十二年（1886）丙戌　十歲

是歲，遷居縣城西門內周家兜新屋。

清光緒十三年（1887）丁亥　十一歲

正月二十六日（2 月 18 日），祖父嗣鐸卒，時父乃譽遊幕溧陽，奔喪歸，遂里居不出，以課子自娛，發行篋中藏書，口授指畫，每深夜不輟，時文時藝，皆能成誦。

是歲，更從邑人庠生陳壽田讀書，晚自塾歸，父仍夜課駢散文及古今體詩，並自攻金石書畫。是爲先生治詩文金石之始。

四月二十五日，異母弟國家（字健安，後字哲安）生。

清光緒十八年（1892）壬辰 十六歲

六月，入州學，好讀史、漢、三國，與褚嘉猷、葉宜春、陳守謙三君上下議論，稱海寧四才子。

清光緒十九年（1893）癸巳 十七歲

是歲，在杭州崇文書院肄業。十一月，長姊適同邑庠生陳汝聰。

清光緒二十年（1894）甲午 十八歲

是歲，中日之戰爆發，始知世界尚有所謂「新學」者。

二月，赴杭州省城，應科試不售。（趙譜繫於十九年，十九年不逢鄉試，因繫於本年）

清光緒二十二年（1896）丙申 二十歲

十月二十四日（11 月 28 日）娶妻莫氏，氏為同邑春富庵鎮莫寅生孫女，世業商。

清光緒二十三年（1897）丁酉 二十一歲

三月，為同邑陳汝楨（字枚肅）權家塾。

八月，赴杭州再應鄉試，又不售，歸里就館於同邑沈冠英（晃甫）家。

清光緒二十四年（1898）戊戌 二十二歲

正月，束裝來上海，會錢塘汪康年方主辦《時務報》，適有同學上虞許默齋掌書記，以事返鄉里，倩先生為之代，乃往就職，惟所得薪水甚微，但此行卻為先生一生事業之開端。

三月初一（3 月 22 日）羅振玉所創設之東文學社開學，先生請於時務報館主汪康年，日以午後三小時往學。至是乃獲羅振玉之賞識，先生之識學問途徑，以至發奮成名家，皆羅氏有以啟之。

六月，因病足返里，歷三閱月始愈。

秋後，先生病愈返上海，會時務報館已閉，羅振玉乃延先生治東文學社庶務，而免其各費。時《農學報》已改旬刊，振玉請先生為編譯，並撰社論，先生至是乃得專力於學。

清光緒二十五年（1899）己亥 二十三歲

秋，羅振玉以中國學校無授日文者，而就學者日多，乃添聘日人田岡佐治

為助教。學社以人多地隘，乃自新馬路之梅福里遷至江南製造局前之桂墅里。羅振玉任先生為學監，而同學多與之不洽，遂罷職，而仍致月薪如在職時。

十月，長子潛明（字伯深）生。

是時（戊戌己亥間），甲骨文字出土於河南安陽縣之小屯村。

清光緒二十六年（1900）庚子　二十四歲

敦煌莫高窟藏書發現。

夏，拳匪之亂起。七月，八國聯軍陷天津。八月陷北京；德宗及慈禧太后出走西安。學社因兵事提前結業。

秋後再返滬，住羅振玉家，振玉請譯農報，先生以譯才不如沈閎，乃讓沈任之。不久，振玉應鄂都張之洞電約，至湖北任湖北農務局總理兼學堂監督。

清光緒二十七年（1901）辛丑　二十五歲

羅振玉時主武昌農學校。春，招先生及樊炳清往擔任譯述講義及農書事。

四月，羅振玉創辦《教育世界雜誌》於上海，請先生為主編。秋，羅氏助以貲，使留學日本，先生從藤田博士之介，入東京物理學校肄業，又因博士之勸，擬專修理科，乃畫習英文，夜習數學。

清光緒二十八年（1902）壬寅　二十六歲

二月，次子高明（字仲聞）生

先生留日頗以幾何學為苦，夏病腳氣，遂返國，仍任振玉家。

十月，羅振玉受兩廣總督岑春宣之聘請去粵東，會張謇創辦通州師範學校欲聘心理學、哲學、倫理學教員，振玉薦先生往，謇欲與之訂三年契約，先生因商之振玉，振玉不同意，乃更定一年期。

是歲，劉鐵雲選印所藏甲骨文字千餘片行世，助之校印者為羅氏，而先生之得見甲骨文字，當自此始。

清光緒二十九年（1903）癸卯　二十七歲

正月，南通張謇在通州創師範學校，先設講習科，前經聘定先生為教員，二月到校。先生於授課之暇，兼為詩詞。

春，先生始讀翻爾彭之《社會學》，及文之《名學》，海甫定之《心理學》之半，而前所購哲學之書亦至，於是暫輟心理學，而讀巴爾善之《哲學概論》，文特爾彭之《哲學史》，當時之讀此等書，則與前時之讀英文讀本之

道無異，幸而先生已通日文、英文，此類之書參照讀之，遂得通其大略。

清光緒三十年（1904）甲辰　二十八歲

春，先生即卒讀哲學概論及哲學史，又讀汗德、叔本華之書。

是春臥病，有詩云：「因病廢書增寂寞，強顏人世苦支離。」又云：「聞道南山薇蕨美，膏車徑往莫遲疑。」頗有隱居之思。

夏，撰〈紅樓夢評論〉一篇，刊於其主編之《教育世界雜誌》，此為先生第一篇文學批評專著。

七月，羅振玉應江蘇巡撫端才之請，創立師範學堂於蘇州。

十一月，江蘇師範學堂開學，羅振玉被任為監督，延先生自通州任教職，主講心理、倫理、社會諸學，時日人藤田豐八亦在校，先生暇時仍從其問學，兼攻叔本華哲學，為文於《教育世界雜誌》中刊之。

是年撰有〈教育偶感四則〉，〈釋理〉，及〈叔本華與尼朵〉等作。

清光緒三十一年（1905）乙巳　二十九歲

三月初九日，三子貞明（字叔固）生。

春夏間，仍在蘇州講學，於汗德哲學為第二次之研究，日讀二小時，且願於今後數年專力治之。

八月，彙集此數年間所為文刊之於《教育世界雜誌》者，並所作古今體詩五十首，重加刊行，署名《靜安文集》。

十月，羅振玉以父喪辭監督事，先生亦辭職返里，至是在家間居達半年之久。同邑有張光第（字渭漁）其人，為清末一大收藏家，所藏書畫金石墨本及本邑先哲遺著至富。先生歸里後，曾來造訪，出其所藏馬湘蘭蘭石小幅，唐寅花菜畫卷，相與把玩。未幾，別去，未能再面聚。後光第卒，其藏書星散，鄉邦文獻為之蕩然，先生後日每念及光第，輒為之黯然。

是歲，先生於治哲學之暇，兼以填詞自遣，獨創意境，由北宋而反之唐五代，尤深惡近代詞人堆砌纖小之習。

清光緒三十二年（1906）丙午　三十歲

正月，羅振玉為學部尚書榮慶奏調，入學部參事，攜家北上，約先生與之同行，既抵京師，即住羅家。

正月，二月間，先生於《教育世界雜誌》上發表〈奏定經學科大學章程書後〉一文，見解超新，惜為時賢所忽略。

三月，集近二、三年內所塡詞而刊之，名爲〈人間詞甲稿〉。

七月，父乃譽病卒於家，享年六十，先生在京聞耗，亟奔喪歸里。

十月，葬父於縣北徐步橋之東原。自此先生即在鄉守制，時有邑人數輩，共推先生爲學部總董，先生卻之不就，因撰〈紀言〉一篇。

是歲，於上海《教育世界雜誌》，發表〈書辜氏湯生英譯中庸後〉一文，對辜鴻銘批評頗酷。

清光緒三十三年（1907）丁未　三十一歲

春，羅振玉薦先生於學部尙書蒙古人榮慶。三月北上，抵京，命在學部總務司行走，充學部圖書局編輯，主編譯及審定教科書等事。

六月，夫人莫氏病危，先生聞訊即歸里，月之十六日抵家，廿六日夫人病卒，年僅三十四。喪事料理畢，於七月又北上。時長子潛明甫九歲，次子高明才六歲，三子貞明尙不足三歲，皆待哺育，先生中年喪偶，心靈上之哀痛，可想而知。

十月，又彙集此一年間所爲詞，名曰〈人間詞乙稿〉，刊入《教育世界雜誌》，亦託名爲樊志厚序，此與甲稿實皆先生自序。

是月，弟國華在家鄉結婚，先生未返里。

十二月二十日，繼母葉太夫人病卒於家，先生聞訊，立即啓程奔喪回籍。年來家中連遭大故，對先生精神不無刺激。先生介弟國華云：「迨光緒丙午丁未，先君子曁先繼母葉太夫人先後棄養，先兄與國華爲生計所迫，南北暌隔，相敘遂希。」

清光緒三十四年（1908）戊申　三十二歲

爲奔繼母喪返里，正月二日抵家。此二年來，屢遭大故，三子貞明年尙幼，戚族咸勸先生續弦以支門戶。先生未之敢決，會岳母莫太夫人亦以此事爲言，且主張最力，婚事遂定。月之廿九，繼定潘氏來歸，氏爲同邑潘祖彝（字鹿鳴）之女，世業儒。

三月，携家眷北上，抵京，賃宅於宣武門內新簾子胡同。

六月，據《花間》、《尊前》諸集及《歷代詩餘》，《全唐詩》等書，輯成《唐五代二十一家詞輯》。

八月，草《曲錄》初稿成，釐爲二卷，此爲先生整理宋元以來戲曲之第一部著作。

十月，跋《曲品新傳奇品》，謂此書即為無名氏《傳奇彙考》，為江都黃文暘《曲目》所取材。著錄戲曲之書，除元鍾醜齋《錄鬼簿》，明寧獻王（朱權）《太和正音譜》外，當以此書為最古。

清宣統元年（1909）己酉　三十三歲

正月三日，跋羅懋登註拜月亭。先生考證拜月亭乃明初人之作，取羅注本與毛晉刻《六十種曲》本對校，知此本比毛刻為古，然亦非原刻，最早亦不過明中葉，且已經人刪改，然在今日，可謂第一善本。

三月，過錄樊榭老人手鈔《宋元四家詞本》陳克（子高）〈赤城詞〉，並跋之。又校南唐二主詞，為南宋初輯本，即《直齋書錄解題》所著錄宋長沙書肆所刊行之本，乃如式手錄一冊，另為補遺及校勘記附後。

是月，見閩縣葉申薌詞鈔中所載劉後村（克莊）詞三十首，為汲古閣本後村別調所未載，乃自閩縣陳壽祺（左海）所錄天一閣本《後村大全集》中鈔出，因重寫一本。是時羅振玉為番禺沈宗畸校刻《晨風閣叢書》，因以先生所輯之後村詞及所校補之南唐二主詞次第刊入之。

五月，修訂《曲錄》成，定為六卷。又成《戲曲考原》一卷。

是月，長女明珠生。

八月，法人伯希和教授寄敦煌所出古寫卷子本至，羅振玉等乃有《敦煌石室遺書》之輯，計《慧超往五天竺傳》、《沙州圖經》十餘種，武進董康刊之，助之校理者，亦以先生之力為多。

九月十六日，學部奏設編定名詞館，派嚴復（幾道）為總纂，先生被命為名詞館協修。

十月，成《優語錄》一卷。又成《宋大曲考》，《曲調源流表》及《錄曲餘談》等三種。

十一月，日人藤田豐八寄到英倫地學協會雜誌，內有斯坦因遊歷中亞細亞演說，記載敦煌搜書及考定西域水道圖事甚詳。時羅振玉正校印伯希和郵寄之千佛洞古寫本卷軸影印為《敦煌石室遺書》，先生因譯斯氏演講詞為《中亞細亞探險記》，刊入《石室遺書》之附錄〈流沙訪古記〉中。

十二月，將明季精鈔本鍾嗣成《錄鬼簿》對勘一過，又以《太和正音譜》、《元曲選》覆校一過，發現明鈔本足為一善本。

是歲，羅氏介先生與膠州柯鳳蓀學士及江陰繆藝風京師相見，遂定交，柯學士治元史，又善詩，繆先生精目錄學，時任京師圖書館總監。

是時，先生又與貴池劉世珩（字聚卿），仁和吳昌綬（字耘存）始相往返論學，二人好爲聚書，有異聞時向先生請教，先生草成《曲錄》，亦仰二人之力爲多。

清宣統二年（1910）庚戌　三十四歲

正月，長女明珠殤。

二月，將臧刻《元曲選》全書細讀一過，並以雍熙樂府校勘之，兩者不能偏廢。

八月，影鈔得江陰繆氏藏清初尤貞起手鈔本《錄鬼簿》，與明李鈔本對勘，各得佳處，互不相掩。

九月，發行《人間詞話》。

十一月，撰成《清眞先生遺事》一卷，又屬草《古劇腳色考》，迨明年春，羅振玉創辦《國學叢刊》，乃以此二書刊入之。

十二月二十九日，四子紀明（字季耿）生。

清宣統三年（1911）辛亥　三十五歲

正月初七（二月五日）跋馬元調刻沈括撰《夢溪筆談》，前曾假武進董康藏元翻乾道本校于裨海本上，至是得馬本以證之，一一相符，始知此刻本之善。裨海本亦大有佳處，遇「本朝」「祖宗」等字皆空格，因將該本字義長者及兩存者，復校於馬本上，凡乾道本誤者，亦往往從裨海本改於馬本上，其眉端並記與宋本異同，至上元燈節校畢。

二十六日，假荊州田氏藏宋嘉定贛州刻本《容齋隨筆》、《續筆》，校掃葉山房重刻馬元調本，凡四日而工畢。繆荃孫復取宋本重勘，亦校得數十字。宋本乃田氏自日本購歸，僅至二筆。二月，又假羅氏唐風樓所藏明浩字仿宋本校三筆四筆至五筆，至初八日校畢，後又臨寫繆氏校內閣大庫藏宋刻本，僅四筆前五卷，亦非全本。

正月，羅振玉創刊《國學叢書》，先生爲撰發刊詞一篇。

二月，以日本享保甲辰近衛家熙校本之《大唐六典》，以校所藏正德本，遇家熙本所刊各書有誤者，又檢原書重加改正，其間因患眼疾，時作時輟，至三月二十九日始校畢。

春，寫成《隋唐兵符圖錄附說》一卷，刊入《國學叢刊》第三冊。

八月，又見弘治乙卯歲華容令徐瑄刻本《夢溪筆談》，亦從乾道本出，行款

不同而平闕仍舊，乃裨海本所根據之本，即移校於馬元調本上。

八月十九日（十月十日）武昌革命一舉成功，推翻兩千多餘年之君主政體，而創建爲全民所共治之中華民國。

十月，先生携家眷隨羅振玉東渡，寄居日本京都。舊遊藤田豐八等皆來相聚。

民國元年（1912）壬子　三十六歲

二月，先生以羅振玉家人多地仄，同居不便，乃移居鄰屋，常以書信與羅氏往返論學。時振玉藏書寄存京都大學，先生逐日前往整理，因與彼邦諸文學教授相過從，而藤田豐八先生爲舊遊者。

先生東渡後，始放棄前所治諸學問，而專習經史小學，日有常課，學力駸駸日進。

三月，作〈頤和園詞〉七言古詩一首，記述晚清末運之事，頗有以詩存史之意。

春，草成〈簡牘檢署考〉，日本友人鈴木虎雄譯爲日本，刊於《藝文雜誌》。至九月朔日，〈簡牘檢署考〉始寫定，蓋至此已四易其稿矣。

八月，成〈古劇腳色考〉一卷，就唐宋以來迄今劇中之角色，考其淵源變化。

十月，將歷年研究所得宋元戲曲諸史料，以三月之力寫就十六章，署名《宋元戲曲史》。

十二月，羅氏編印其歷年所蒐得甲骨文字爲《殷虛書契》八卷。

民國二年（1913）癸丑　三十七歲

二月，爲日本友人隅田吉衛撰《二田畫廎記》。

四月，撰〈明堂廟寢考〉。

九月，羅氏出所藏齊魯封泥墨本，請先生排比而成之，爲《齊魯封泥集存》一卷。

十一月，草〈布帛通考〉二卷，於古今布帛之制及尺度之長短，考證至詳，並考自漢至元布帛丈尺價值之大略，後改名爲《釋幣》。

十一月，次女東明生。

是歲，圈點三禮，並時作疏記。

民國三年（1914）甲寅　三十八歲

二月，先生與羅振玉自沙畹書九百九十一片中，選取五百八十八片，編成

《流沙墜簡》三卷，《考釋》三卷。

六月，撰寫《宋代金文著錄表》，勒成一卷。

九月，撰成《清代金文著錄表》六卷。

民國四年（1915）乙卯　三十九歲

元月，羅振玉撰成《殷虛書契考釋》一卷，據傅斯年序《殷曆譜》謂此書實王氏之作，羅以五百元酬之。

三月中旬携眷返國，回里掃墓後又從羅振玉返日本。

春，撰〈鬼方昆夷玁狁考〉一卷，刊入《國學叢刊》第十卷中。

五月，撰成〈三代地理小記〉，刊入《國學叢刊》第十一卷中。是月，五子慈明誕生。

八月，撰成〈袴褶服考〉一卷，後改爲〈古胡服考〉。又訂正《流沙墜簡考釋》凡三十多處。

十月九日撰〈元刊雜劇三十種序錄〉。是月又撰〈古禮器略說〉一卷。

是歲春，撰〈洛浩箋〉一篇，刊入《國學叢刊》。

十二月，撰〈生霸死霸考〉刊入《國學叢刊》第二十卷中。

民國五年（1916）丙辰　四十歲

二月九日，自日本返國抵上海，暫寓友人樊炳清家，即就任哈同學術雜誌編輯之職。

是月錄《說文·籀文》撰成《史籀篇疏證》，三月又撰〈敘錄〉一篇，述此書之變遷，並誌疑問者二事，一爲史篇之時代，二爲史籀是否爲人名。又草〈周書·顧命禮徵〉，刊入《學術叢編》中。

三月二十一日，家眷自海寧來上海相會，即賃宅於大通路吳興里三百九十二號。

是月，又輯錄歷年所補《流沙墜簡》，爲補正一卷。

四月，跋《大元馬政記》，粗爲排比，收入《學術雜誌》刊之，先生謂此書足補《元史》及《元典章》之闕。

五月，編成〈裸禮捋〉一卷。又撰〈毛公鼎考釋〉刊入《學術叢編》第四冊中。又撰〈樂詩考略〉成，收入《學術叢編》第三冊，後訂正爲〈釋樂次〉，〈周大武樂章考〉，〈說舞象舞〉，〈說周頌〉，〈說商頌〉上下，及〈漢以後所傳周樂考〉等七篇，收入《觀堂集林》中。

九月，撰〈漢魏博士考〉三卷。

十月四日，撰〈周書顧命後考〉。

十一月，撰〈漢代古文考〉三卷，刊入《學術叢編》第八、九、十、十三冊中。後釐分爲九篇，收入《觀堂集林》。

十二月，撰〈爾雅草木蟲魚鳥獸釋例〉。

冬日，得瑞安孫詒讓遺稿《契文舉例》稿本於上海書肆，因寄羅振玉，印入《吉石庵叢書》中。先生云：「此書雖謬誤十之八九，然篳路椎輪不能不推此也。」

是時，先生同時郭安所主編之《藝術叢編》，苦乏材料，而羅振玉所著書之未印行者尚不在少數，因寄先生送入該叢編中刊之。計是年所印成者，有《殷虛書契後編》二卷，《古器物範圖錄》三卷，《金泥石屑》一卷，《殷虛古器物圖錄》二卷，《古明器圖錄》二卷等五種。

是歲，與錢塘張爾田、吳縣孫德謙訂交，時人稱爲海上三子。

民國六年（1917）丁巳　四十一歲

元月，以羅振玉函招，乘輪赴日本，寓居振玉家，即在海東度歲。

二月，羅氏以日本寬永活字本《孔子家語》見贈，以之校《四部叢刊》影印明嘉靖間刻本，知寬永本之善處，實遠過其他刊本。

月之中旬，自日本返歸上海，著手草〈殷卜辭中所見先公先王考〉，至三月上旬脫稿，計從卜辭中考定殷代先公先王，有帝嚳、相土、季、王亥、王恆、上甲、報丁、報丙、報乙、主壬、主癸、大乙、羊甲等十三人。

四月中旬，撰〈殷卜辭中所見先公先王續考〉成。

是月，假羅振玉所藏海寧吳氏拜經樓舊藏《嘉靖海寧縣志》校光緒中重刻本一過，始知重刻出隆慶修改本，故視嘉靖本有詳略之不同。

時先生撰〈先公先王考〉，頗取資於《世本》，因據《史記‧索隱》所引，補《世本》佚文及宋衷注，爲孫馮翼輯本所未備，共得十餘則。

五月，撰《古本竹書紀年輯校》。

六月，撰《今本竹書紀年疏證》成。

六月，輯《英倫哈同所藏龜甲獸骨文字》成，並寫釋文一卷附於書後，乃代姬覺彌所作，大隆羅詩氏序之，實先生代筆。

七月，撰成〈唐韻別考〉，又爲友人張爾田序《玉溪生詩年譜會箋》。

八月，撰〈殷周制度論〉一篇，文長萬餘言。

九月，撰〈韻學餘說〉成，又撰成〈兩周金石韻讀〉成。是月，三女松明生。

十月二十六日，跋魏毋邱儉紀功刻石殘卷，此日本友人內藤虎次郎所贈。

是月，跋江氏音學。清代古韻學除王念孫外，歙縣江有誥為一大家，先生甚推崇之。

十一月，彙集近數年間所為文字，得五十七篇，分為二卷，署名《永觀堂海內外雜文》，先生初號禮堂，其號觀堂或即自此時起。

十二月，據《唐語林》以校《封氏聞見記》，補第七卷〈北方白虹〉及〈西風則雨〉二則，並訂正誤奪處若干字。

民國七年（1918）戊午　四十二歲

元月，校錄日本古寫本及敦煌唐寫本《尚書孔傳》於別紙，並據以校薛李宣撰《書古文訓》，知薛本與眞本隸古定《尚書》文字，實有很大之懸殊。

元月二十一日，以影宋李孟傳刊本《方言》，校盧氏抱經堂本，方知盧氏所說之李本，實與今日所見李本不同，或者盧氏所引非李氏原刊。二月一日又覆校一過，並以釋玄應、慧琳二人《一切經音義》所引《方言》細勘之。因訂正譌奪十餘處。

是月，以敦煌唐寫本及宜都楊氏影日本寫本《尚書》〈盤庚〉〈說命〉〈高宗肜日〉〈山伯〉〈勘黎〉〈微子〉諸篇殘卷，以校影印日本高山寺所藏古寫本。

春節前，於書肆得張船山舊藏明嘉靖黃勉之刊本《楚辭章句》，以校汲古閣本《楚辭補注》，農曆除夕夜校畢三卷有奇，以後中輟。

春節後，羅振玉携眷自日本返國，抵上海，與先生相見，自去春別後，又經一年。

四月，假羅振玉藏宋刻本《一切經音義》以校孫星衍校刊本。

五月，在上海為長子潛明娶妻，子婦即羅振玉次女。先生與振玉初為師生，繼為友朋，終為兒女親家，關係實不同尋常。

五月，假日本富岡謙藏覆宋陳道人本《釋名》，以校畢氏疏證本。先生跋其後曰：「吾鄉查翼甫太守藏元刻本，不知校陳本異同如何也？」

是月，以日本小鳥知足手寫顏本《急就篇》，校王應麟補注。又以葉夢得宋仲溫本校靈鶼閣刊鈕匪石校定皇象碑本。七月二十二日，復以孫伯淵所稱索靖本，及三希堂法帖所刊之俞處芝本校勘之。八月十九日，又校以趙文敏章草本。由是傳世之《急就篇》異本，校得已過其半。

六月，撰〈唐寫本唐韻校記〉及輯《唐韻》佚文成。

七月二十二日，序羅振玉《雪堂校刊群書敘錄》。

九月，假江珍繆荃孫藏大德平水本《爾雅注》，以校崇文書局本。又校以明嘉靖間吳元恭仿宋本、日本松崎復刊北宋本及明刊黑口本。

秋日，遣人往松江府學拓得明正統四年吉水楊政摹刻葉石林所摹皇象本《急就篇》。是歲小除夕無事，手自黏裝成帙，以便循覽。先生云：「吾鄉陳氏王煙堂法帖本，實從此出也。」

十一月，讀《格致叢書本》李匡父《資暇集》，改正誤字十餘處。

十二月，改定前所撰《唐韻別考》、《韻學餘說》二書，合之，署名《續聲韻考》。

是歲，兼任上海倉聖明智大學教授。

冬，撰〈書郭注方言後〉三篇。

民國八年（1919）己未　四十三歲

元月，讀聽雨堂本《文昌雜錄》，以烏程蔣氏藏書舊鈔本校之，復以己意訂正誤字二十餘處。又讀雅南堂本顏師古《匡謬正俗》，書中諸題，悉加校正。

三月三十日，沈曾植七十壽慶，先生為撰壽序一篇，暢論清三百年學術變遷之跡，於沈氏推崇備至。

八月，以《蒙古圖志》所載〈伽可汗碑〉，校《和林金石錄》本一過。

是月，由沈曾植處，鈔得其所撰《和林三唐碑跋》全文。

是月，又成〈摩尼教流行中國考〉一文。

秋，先生又有〈西胡考〉、〈西胡續考〉之作。

九月，患腳氣病。時羅振玉在天津所營新居已落成，先生乃由海道赴津養病，即住羅家，羅氏介先生與蒙古升允認識，後先生被薦為遜清南書房行走，即是此人。次月病方癒即返滬。

是月，譯成法國伯希和教授講演詞〈近日東方古言語學及史學上之發明與其結論〉。

十月，成〈校松江本急就篇〉一卷，凡用十一種版本。

是月，六子登明生。

初，先生為籌諸子學費，欲謀兼一份撰述工作。聞烏程蔣汝藻方擬纂修其密韻樓藏書目錄，已聘吳縣曹元忠任其事，歲餘無所成，羅振玉介人以先生為薦。先生與曹君亦舊識，不忍遽然奪之，因不願就，至是元忠以事辭，先生乃應蔣氏之聘。

是時浙省當局，擬續修《浙江通志》，聘曾植為總纂，先生受聘為分纂，與張爾田共同負責寫賢、掌故、雜記、仙釋、封爵五門之撰述事。

十一月，撰《重輯倉頡篇》成。

十二月八日起，以蔣氏密韻樓藏清嘉靖徐氏刊本《周禮鄭注》，校《士禮居叢書》本，次日又以明翻本相臺岳氏本校於眉端，凡十一日畢。其異同悉錄入藏書志中。

是月，以蔣氏藏嘉靖間復刊宋大字本《禮記》，以校崇文書局張敦仁復宋撫州本。

是月，先生撰〈九姓回鶻可汗碑跋〉及〈圖記〉，以補沈曾植〈和林三唐碑跋〉文之所未備者。

是歲，與費行簡同教授於倉聖明智大學，每日皆相聚論學。

民國九年（1920）庚申　四十四歲

元月二十三日起，以蔣氏密韻樓藏北宋刊《爾雅單疏》，校阮氏嘉慶江西刻本晉郭璞《爾雅注疏》，凡四日而畢。繼又據《爾雅注疏》所引《方言》，以校戴氏疏證本，頗有異同，俱載於藏書志中。

三月，以《續古逸叢書》影風府藏宋刊大學本《孟子章句》，以校《吉石庵叢書》影印日本復宋音注本。又以《孟子音義》檢對一過。

四月，於蔣氏密韻樓見盧弓父校本《穆天子傳》，以校翟云升校注本，又校明天一閣刻本。先生又為增釋若干條，亦兼采沈曾植之說，並註於眉端。

四月九日，以蔣氏密韻樓藏復宋小字本《史記集解索隱》，以校汲古閣《史記索引》末二卷，並有跋語。

九月九日，為友人徐乃昌序《隨庵吉金文字》。

九月二十六日，為明黃省曾刻本《列女傳》，校榮道成管集注本。

十月，讀《詩話總龜》，據以補《封氏聞見記》卷七〈高唐館佚文〉一則。

是月，以蔣氏密韻樓藏士禮居舊藏宋刻本《景定建炎續志》，校漸西村舍本，漸西本據四庫全書本校刊，其遜於宋刻本遠甚。

十一月，以汲古閣影宋有注抄本《焦氏易林》，校士禮居本，訂正甚多。繼又以彭華本校前八卷，以嘉靖四年重刊彭本校後八卷。

民國十年（1921）辛酉　四十五歲

四月四女通明生，七月殤。

五月二十二日，寫定此數年來所爲文字刊於《學術叢刊》及舊作之刊於雪堂、慶倉二叢刊者，刪繁挹華，爲《觀堂集林》二十卷。

六月，以殘宋刊建安本《元微之文集》，校明董氏刻本。宋刻僅存十四卷，篇數篇次皆與董本大不相同，但佳處每出董本之上。

十一月，陳乃乾輯成《金石叢書》，請先生爲序冠其首。

十二月，以蔣氏密韻樓明嘉靖徐氏復刊宋建安大字本及宋刊纂圖互注本《禮記》，校崇文書局重刻張氏影宋撫州刻本。《四部叢刊》即據蔣氏藏影印，但有描失處，因以原本刊正之。

是歲，先生摘出經典中連綿字，爲《連綿字韻》，譜草稿初具，計分三卷，上卷爲〈叠韻連綿字〉，中卷爲〈雙聲聯縣字〉，下卷爲〈非叠韻非雙聲之古成語〉。

民國十一年（1922）壬戌　四十六歲

三月，次子高明完婚，先生歸里主持。

春，北京大學研究所成立，校長蔡元培兼任所長，沈兼士兼國學門主任，聘先生爲函授教授。先生之受聘係胡適之所推薦。先生之高弟周傳儒〈王靜安傳略〉云：「績溪胡氏，是中國近代史上一個奇人，他老家安徽績溪，是中國經學、小學一個重點，故自幼受到中國文化的教育和影響。後來到上海南洋公學，從王雲五學英文，又弄到清華公費留美學哲學，其畢業論文爲中國名家學說的研究，五四以前，到北大講中國哲學史大綱，而提倡白話，反對古文，並且反對儒家。其友人吳虞喊打倒孔家店，吳稚暉主張把線裝書拋在毛廁裏三千年，其同事錢玄同，提倡疑古，其學生顧頡剛又主張堯是土堆，舜是草，禹是大蟲。但是五四以後忽然胡適在思想上，提倡整理國故、整理《水經注》，標榜向歆父子，傳授杜威實驗論，而王靜安先生的出頭，確實是胡適推薦的，否則將埋沒在廣倉明智。五四運動之後數年，海寧先生在上海，學雖大成，名不顯赫，由民國十年胡適把他發掘出來，請他作北研通信導師，一時名震京師，人始知金石、四裔碑銘、漢簡唐卷，皆爲絕學。這些新學問的提出，與大學者的發現，於最近八十年中國學術的發揚與流傳，起了極大的作用，青黃相接，起衰拯弊，承流繼絕，是民族文化最大任務。」

五月，以結一廬刊本《張說之文集》校嘉靖伍氏刻本，至月底校畢。

六月，五女端明生。

八月，爲友人蔣汝藻撰〈傳書堂記〉。

八月，《觀堂集林》刻畢，都文二百篇，詩詞六十七首。

十一月二十一日，沈曾植病歿於滬寓，年七十三。先生哭之慟，並輓以聯，云：「是大詩人，是大學人，是更大哲人。四昭炯心光，豈謂微言絕今日。爲家孝子，爲國純臣，爲世界先覺，一哀感知己，要爲天下哭先生。」

民國十二年（1922）癸亥　四十七歲

元月，洛陽城東南發現一石，面爲尙書無逸君奭，背爲春秋，僖公文公，先生據以作〈魏正始石經殘石考〉。

二月，以明初黑口本《鄧析子》校《四部叢刊》影印本，又以嘉靖丙戌正學書院刻本《國語補音》，校曲阜孔氏微波榭刻本。

是月，先生因事返鄉里，門生趙萬里於戚氏家謁見先生，問以治學之道，先生舉治學必先通《說文》，而後再治詩書三禮以相告。

三月，撰〈高郵王念孫先生訓詁音韻書稿敘錄〉。

是月，《觀堂集林》刊行於世，乃烏程蔣氏以聚珍版印行者。

五月，五女端明殤。岳母潘太夫人病卒於家，先生遂又返里料理喪事。

五月廿五日，先生束裝自上海由海道北上，行前，在滬友朋設宴餞行。廿八日到天津，三十一日抵北平。

七月一日，序商承祚《殷虛文字類編》。

七月，以敦煌所出六朝人寫本《抱朴子內篇》一二卷校《四部叢刊》影明魯藩刻本。餘卷亦通讀一遍，譌字甚多，僅能略訂正其可知者而已。

九月十八日，家眷來北平，先生即賃宅於地安門內織染局。

民國十三年（1924）甲子　四十八歲

元月七日，遜清帝溥儀命先生可在紫禁城騎馬。

五月，養心殿庫中發見散氏盤，溥儀命摹拓六十本賜所屬，先生亦得一本，因草考釋長篇，以補前作〈散氏盤跋〉之所未備。

六月，序容庚《金石編》。

九月二日，羅振玉亦奉清遜帝溥儀詔命，入值南齋，抵北平，即住先生家。

十九日，以日本舊鈔本皇侃《論語義疏》以校正平本《論語集解》。二十一日，又以注疏本勘之，又取阮氏校勘記檢補一過。

十一月五日（十月初九日），北京政府修改對清室優待條款，遜帝溥儀遷出

皇宮，暫住醇王府，是日先生侍行，未敢稍離。

是月，先生日在憂患中，常欲自殺，爲家人監視得免。

民國十四年（1925）乙丑　四十九歲

元月，撰〈魏石經續考〉，草稿略具。

二月，決計應清華大學國學研究院教授之聘。

四月十七日，遷居清華園。

是月，以敦煌所出唐寫殘本《唐律疏義》，以校嘉業堂刻本宋刑統，其缺字，則據《通考》補之。

五月十一日起，從《連筠簃叢書》內鈔出《長春眞人西遊記》，凡十日而畢。

二十二日，又從陶宗儀《輟耕錄》中補鈔詔書及表二篇，凡所注釋，均箋釋於眉端。

八月，門人趙萬里北來受業於先生之所，先生命館於其家，適巧研究院原聘助教陸君以事辭，院主任吳宓命萬里補其缺，日與先生檢閱書籍及校錄文稿。

是月，草《耶律文正公年譜》及《西遊記注》。

九月二十八日研究院開學，先生爲經史小學導師，並爲諸生講《古史新證》每週一小時，《尚書》二小時，《說文》練習一小時。

十月，草《元朝秘史地名索引》成。

十二月，撰成〈遼金時蒙古考〉。

民國十五年（1926）丙寅　五十歲

二月二日，跋《黑韃事略》。

二月十五日，說郛本《親征錄》校畢，借江安溥氏所藏明鈔《說郛》本《蒙韃備錄》，以校《古今說海》本和《古今逸史》本。

二十七日去天津，又從武進陶安處借得明萬曆鈔《說郛》本《親征錄》校勘一過。三月，又從江南圖書館鈔得汪魚亭藏鈔本《親征錄》，以校何秋濤本，知汪本與何本同出一源，雖優於何本，實遜於《說郛》本，乃知《說郛》本爲傳世最古最完備者，因撰校注一卷，至四月五日方寫定，五月下旬，《西遊錄校注》又整理一次，遂成定稿。

七月，爲燕京大學演講「中國歷史尺度」一題，後發表於是年九月出版之《學衡》第五十七期。

九月，研究院開學，先生每週講授《儀禮》二小時，《說文》一小時，是時院中採購中文書籍，均由先生審定。

是月，長子潛明在上海病勢垂危，先生聞訊，即乘車南下，月之廿六日潛明卒於寓所，年僅二十八歲。

十一月，從上海涵芬樓借到盛意園舊藏顧澗賓手校本《元朝秘史》，用以校葉德輝觀古堂刻本。凡訂正誤字一百二十九處，又校《連筠簃叢書》本，校出各本俱誤之字甚多，眉端有考釋十餘處，後即寫爲《蒙古札記》。

是月，爲北京歷史學會講宋代之金石學。

民國十六年（1927）丁卯　五十一歲

元月十四日，寫成《南宋人所傳蒙古史料考》，認爲王大觀《行程錄》，李大諒《征蒙記》及宇文懋昭《大金國志》等所記蒙古史事皆虛誣不可信。

二月，讀《元朝祕史》，見所載主因之語凡五處，就史實上證明之，蓋與遼金二史中之乣軍相當。因草《元朝秘史之主因亦兒堅考》，寄日本藤田豐八入《史學雜誌》刊之。

三月，撰〈金長城考〉，後改爲〈金界壕考〉。

是月，跋校本《水經注箋》，歷述近年來校讎《水經注》之經過。

五月八日，改訂《蒙古上世史》（《遼金時蒙古考》）爲《萌古考》。

五月十四日，考訂〈韃靼考〉完畢。

六月二日，上午先生投身頤和園中之昆明湖自盡。

六月十六日，在全浙會館設位致弔。

八月十四日，諸子遵遺命葬先生於清華園附近西柳村七間房之東。

附錄三　王靜安〈論五聲說書札〉

第四十四札

　　……前日寄一書並〈殷先公先王續考〉，諒達左右。

　　近日續研究音韻，頗怪李登聲類已分宮、商、角、徵、羽五部，而齊梁以來四聲行而五聲廢，迄不知所謂五聲者言何？昨忽悟得古之五聲，平分陰陽二種與上去入爲五，其陽聲一種有平而無上去入（王懷祖，江晉三謂無入，今知並無上去，漢魏以前，此類上入字皆讀平聲，段氏音韻表以爲三代之音如此，今知漢魏亦然），陰聲則大抵具平上去入。陰陽二聲之分，較之陰聲平上去入之分較爲了然。凡陽聲皆有餘音，而收聲於鼻，其性質本不能有上去，其有上去者，乃後日因陰聲之上去而爲之。因沈四聲爲詩文句中平仄而設，以律文而非論韻，以文中陰平陽平可以相代，故減五爲四，古韻與今韻相異之關鍵即在此。本朝古韻之學，自顧、江、戴、段、孔、王、江諸家以後，蓋已盡美盡善，其異乎此諸家者，皆係聲說。今得此說，爲七級浮屠安一相輪，與上七家同一血脈，而又得古韻今韻所以轉變之故。近月湮塞沈晦之心緒，爲之一銷，惜寢叟不在此，無由與共證此說。此老於音韻功力不淺，識見亦極公平，不似對他學時有異說也。惟憶《鄭叔子遺書》中有《五均論》，不知其說何如（自其書名觀之，頗與永說相似）？請檢寄一閱爲感。　　廿三日早

第四十九札

　　前書五聲之說，實因懋堂先生音韻表中自第六部至第十四部但有平聲（其

偶有入聲者，實他部字）觸發，近日以漢魏音證之，尙有可相發者，可見大家讀書眼光直射紙背，此實段勝於王孔諸家處。懷祖先生最平心靜氣，而亦不之從（王江兩家是處，段亦不從），何也？

近作〈遊仙〉一首，係補前年斷句，錄呈尊鑒。七月朔日夕。

蕩蕩青天倚杵低，溶溶玉水旋成泥。五山岐根無著，七聖同車路總迷，員嶠頓沈方丈北，若華還在鄧林西。含生總作征禽化，玄鶴飛鵶自不齊（唐寫本修文殿御覽引汲冢紀年，穆王西征，君子爲鶴，小人爲飛鵶）。

第五十二札

……上午接初三手書，敬悉一切，《五均論》二本亦早收到，其說與永所發現者不同，惟永說術之周秦之音，無乎不合，至漢魏已不盡合，尙不敢謂李登聲韻之五聲即如是也。鶴山〈唐韻後序〉，前托孫君鈔之而不效，乃逕致書劉翰怡，前日書往，今日即鈔來。由序所云，可考見《唐韻》平聲部目與古文四聲韻正同，惟前稿已寫定付印，將來如不易改，尙須加一跋尾耳。斧公跋中引魏序，當係鈔自他書，未必見魏序全文也。

近日擬續古代地理小記，專考自五帝以來至於商末帝王都邑，古帝王都邑，皆在東方，而堯都平陽，舜都蒲坂、禹都安邑之說皆不可信，而於殷商二字仍主前說，蓋衛即殷之音變，本一地也。卜辭地理少欲考之而苦未得概括之見解，須俟之異日矣。…… 初十日

第六十四札

……連日草五聲論，擬分三事證明：一、詩經、群經、楚辭用韻陽聲上去每與平聲通押；二、陽聲字十之九以平聲爲聲；三、陽聲上去亦多兼收平聲（今日檢董、腫諸韻字之七八兼收於平聲字中），然鈎稽殊費事也。

主要參考書目

1. 《王觀堂先生全集》，王國維，文華出版公司。
2. 《海寧王靜安先生遺書》，王國維，商務印書館。
3. 《觀堂集林》，王國維，河洛圖書公司。
4. 《王國維全集》（書信），王國維，華世出版社。
5. 《王國維遺書》，王國維，古籍書局。
6. 《王國維三種》，王國維，國民出版社。
7. 《王國維及其文學批評》，葉嘉瑩，明倫出版社。
8. 《王國維年譜》，王德毅，中國學術著作獎助會。
9. 《王國維文學及文學批評》，蔣英豪，崇基學院華國學會叢書。
10. 《苕華詞與人間詞話述評》，王宗樂，東大圖書公司。
11. 《論王國維人間詞》，周策縱，時報出版公司。
12. 《王靜安先生傳略》，周傳儒，《木鐸雜誌》24、25。
13. 〈王靜安先生整理國學之成績述要〉，耘僧，《國學月報王靜安先生紀念號》。
14. 〈王靜安先生著述表〉，儲皖峰，《國學月報王靜安先生紀念號》。
15. 〈觀堂集林批校表〉，姚名達，《國學月報王靜安先生紀念號》。
16. 〈記王靜安先生自沉事始末〉，柏生，《國學月報王靜安先生紀念號》。
17. 〈王靜安先生墓前悼詞〉，梁啓超，《國學月報王靜安先生紀念號》。
18. 〈哀餘斷憶〉，姚名達，《國學月報王靜安先生紀念號》。
19. 〈友座私語〉，姚名達，《國學月報王靜安先生紀念號》。
20. 〈問學的回憶〉，儲皖峰，《國學月報王靜安先生紀念號》。
21. 〈王靜安先生著述目錄〉，趙萬里，《國學論叢》一卷 3 期。

22. 〈王靜安先生年譜〉，趙萬里，《國學論叢》一卷 3 期。

23. 〈王靜安先生手批手校書目〉，吳其昌，《國學論叢》一卷 3 期。

24. 〈王靜安先生紀念專號序〉，梁啓超，《國學論叢》一卷 3 期。

25. 〈王觀堂先生學述〉，吳其昌，《國學論叢》一卷 3 期。

26. 〈王觀堂先生輓詞〉，陳寅恪，《國學論叢》一卷 3 期。

27. 《王靜安的貢獻》，朱芳圃，商務東方文庫續編。

28. 〈王靜安與叔本華〉，繆鉞，開明書局《詩詞散論》。

29. 〈悼王靜安先生〉，顧頡剛，《文學週報》五卷 1～4 合訂本。

30. 〈追悼一個文字學的革命者王靜安先生〉，周予同，《文學週報》五卷 1～4 合訂本。

31. 〈王國維略傳及著書〉，蔣維喬，中華書局《中國近三百年哲學史》。

32. 〈王國維傳〉，錢基博，明倫出版社《現代中國文學史》。

33. 〈王國維文藝批評著作批判〉，李長之，《文學季刊》創刊號。

34. 〈靜安先生與古文字學〉，徐中舒，《文學週報》五卷 1～4 期合訂本。

35. 〈憶王靜庵君〉，日本狩野直喜，日本《藝文雜誌》第 18 年第 8 號。

36. 〈王靜庵先生之辮髮〉，日本青木正兒，《日本藝文雜誌》第 18 年第 8 號。

37. 〈我所知道的王靜安先生〉，殷南，《國學月報王靜安先生紀念號》。

38. 〈王靜安先生傳〉，徐中舒，《東方雜誌》廿四卷 13 號。

39. 〈海寧王忠慤公傳〉，羅振玉，《哀挽錄》。

40. 〈觀堂先生別傳〉，費行簡，《哀挽錄》。

41. 〈王忠慤公事略〉，樊炳清，《哀挽錄》。

42. 〈王靜安境界說的分析〉，吳宏一，《現代文學季刊》第 33 期。

43. 〈王國維人間詞話與胡適詞選〉，任訪秋，《中法大學月刊》七卷 3 期。

44. 〈王國維的詞〉，左舜生，《萬竹樓隨筆》。

45. 《王國維先生的學術貢獻》，王德毅，國語日報社。

46. 《王國維及其紅樓夢評論》，楊牧，洪範書店。

47. 《再論王國維之死》，楊牧，洪範書店。

48. 《十三經注疏》，藝文印書館。

49. 《十三經注疏》，新文豐出版公司。

50. 《詩經釋義》，屈萬里，中華文化出版事業社。

51. 《爾雅義疏》，郝懿行，復興書局。

52. 《史記》，司馬遷，藝文印書館。

53. 《漢書》，班固，藝文印書館。

54. 《文史通義》，章學誠，鼎文書局。

55. 《中國訓詁學史》，胡樸安，商務印書館。

56. 《訓詁學概要》，林景伊師，正中書局。

57. 《文字學概要》，林景伊師，正中書局。

58. 《訓詁學概論》，齊佩瑢，華正書局。

59. 《訓詁學大綱》，胡楚生，蘭臺書局。

60. 《周代金文圖錄及釋文》，郭沫若，大通書局。

61. 《殷周青銅器銘文研究》，郭沫若，大通書局。

62. 《金文叢考》，郭沫若，大通書局。

63. 《甲骨文字研究》，郭沫若，大通書局。

64. 《兩周金文辭大系考釋》，郭沫若，大通書局。

65. 《雙劍誃吉金文選》，于省吾，楚文印書館。

66. 《吉金文錄》，吳闓生，萬有圖書公司。

67. 《商周彝器通考》，容庚，大通書局。

68. 《積微居金文說》，楊樹達，大通書局。

69. 《積微居甲文說》，楊樹達，大通書局。

70. 《甲骨學五十年》，董作賓，藝文印書館。

71. 《甲骨年表》，董作賓，中研院史語所。

72. 《甲骨文字集釋》，李孝定，中研院史語所。

73. 《戩壽堂所藏殷虛文字考釋》，嚴一萍，藝文印書館。

74. 《金文總集》，嚴一萍，藝文印書館。

75. 《甲骨總集》，嚴一萍，藝文印書館。

76. 《甲骨文字釋林》，于省吾，大通書局。

77. 《先秦石鼓存詩者》，張光遠，中國大典編印會。

78. 〈簡牘篇〉，吳哲夫，《中華五千年文物集刊》。

79. 《古玉論文集》，那志良，國立故宮博物院。

80. 《中國古物通論》，那志良，雯雯出版社。

81. 《金石學》，朱劍心，商務印書館。

82. 《中國文字學》，潘重規師，東大圖書公司。

83. 《古音學發微》，陳新雄，文史哲出版社。

84. 《敦煌古籍敍錄》，王重民，木鐸出版社。

85. 《敦煌雲謠集新書》，潘重規師，石門圖書公司。

86. 《敦煌詞話》，潘重規師，石門圖書公司。

87. 《敦煌論集》，蘇瑩輝，學生書店。

88. 《敦煌學概要》，蘇瑩輝，國立編譯館。

89. 《敦煌曲校錄》，任二北，盤庚出版社。

90. 《中國近三百年學術史》，梁啓超，中華書局。

91. 《中國學術思想變遷大勢》，梁啓超，中華書局。

92. 《清代學術概論》，梁啓超，中華書局。

93. 《近代中國思想學說史》，侯外廬。

94. 《中國文學概論》，鹽谷溫著、孫俍工譯，開明書局。

95. 《中國文學概論》，兒島獻吉易，啓明書局。

96. 《現代中國文學史》，錢基博，明倫出版社。

97. 《高明文輯》，高仲華師，黎明文化事業公司。

98. 《清詞金荃》，汪雨盦師，學生書局。

99. 《文藝心理學》，朱光潛，開明書局。

100. 《談藝錄》，錢鍾書，龍門書店。

圖

圖一　王靜安先生遺像

圖二　王靜安先生留日生活照片

旅居京都田中村的照片

王靜安與羅振玉在日本合影

圖三　王靜安先生鐘鼎題跋遺墨

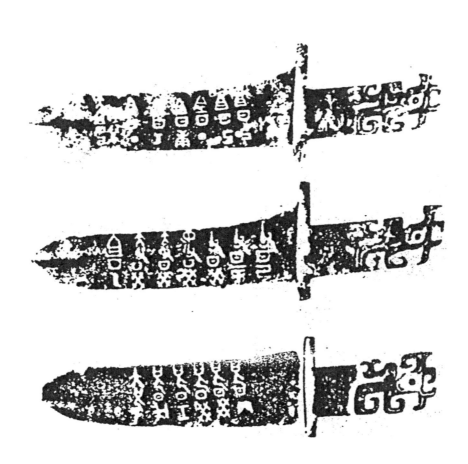

圖四　吾水石鼓拓片及石鼓搬遷路線圖

吾水石鼓拓片

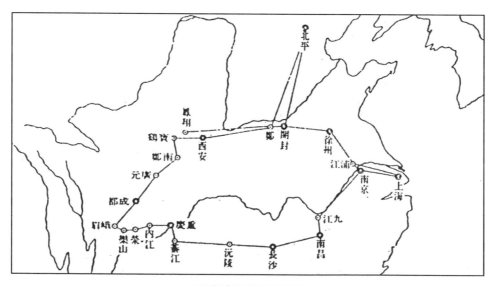

石鼓搬遷路線圖

圖五　王靜安先生跋段懋堂手迹遺墨

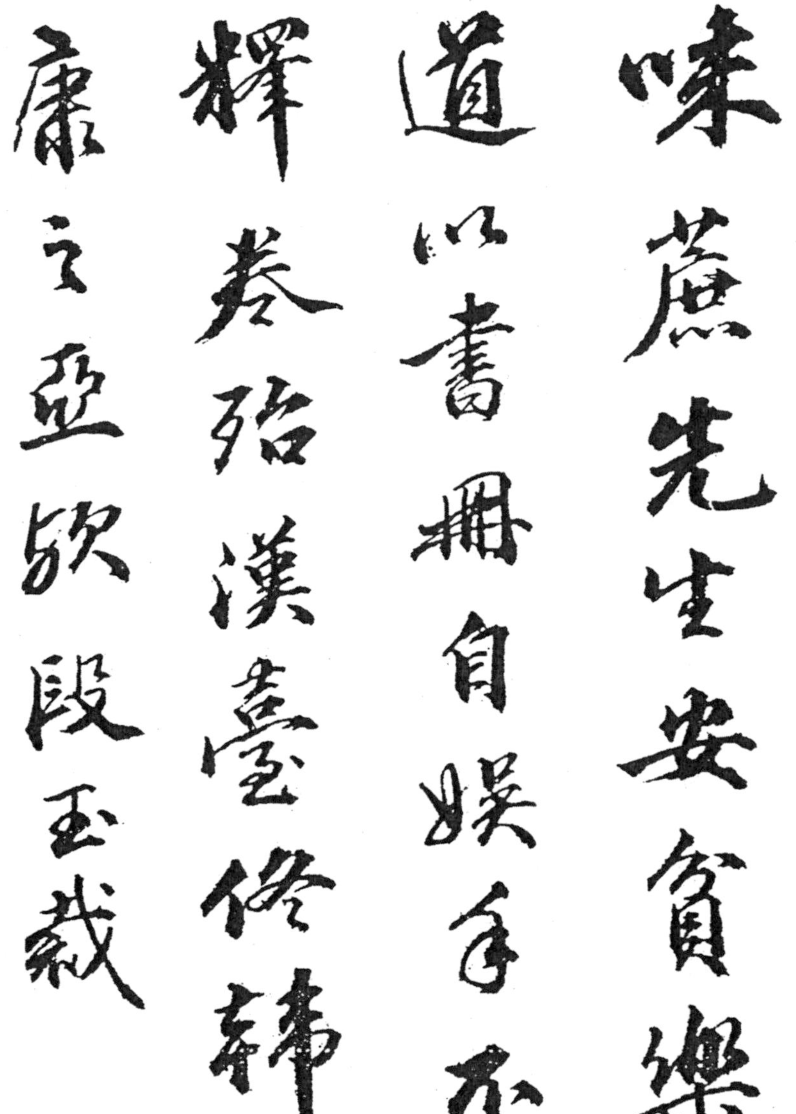

味蔗先生安貧樂道以書冊自娛手不釋卷殆漢臺修靜康之亞欽段玉裁

圖六　王靜安先生致羅振玉、容庚書手迹

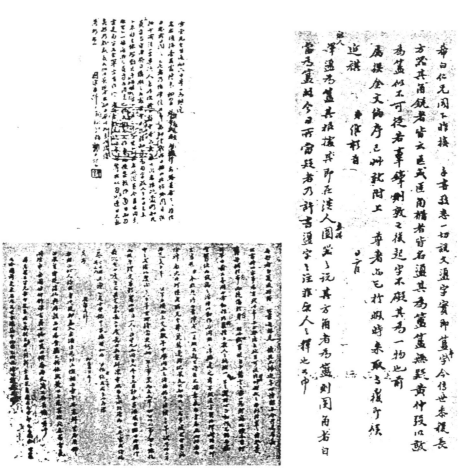

致羅振玉書手跡（羅福頤藏）　　　　致容庚書手跡（羅福頤藏）

圖七　敦煌《兔園策府》寫本

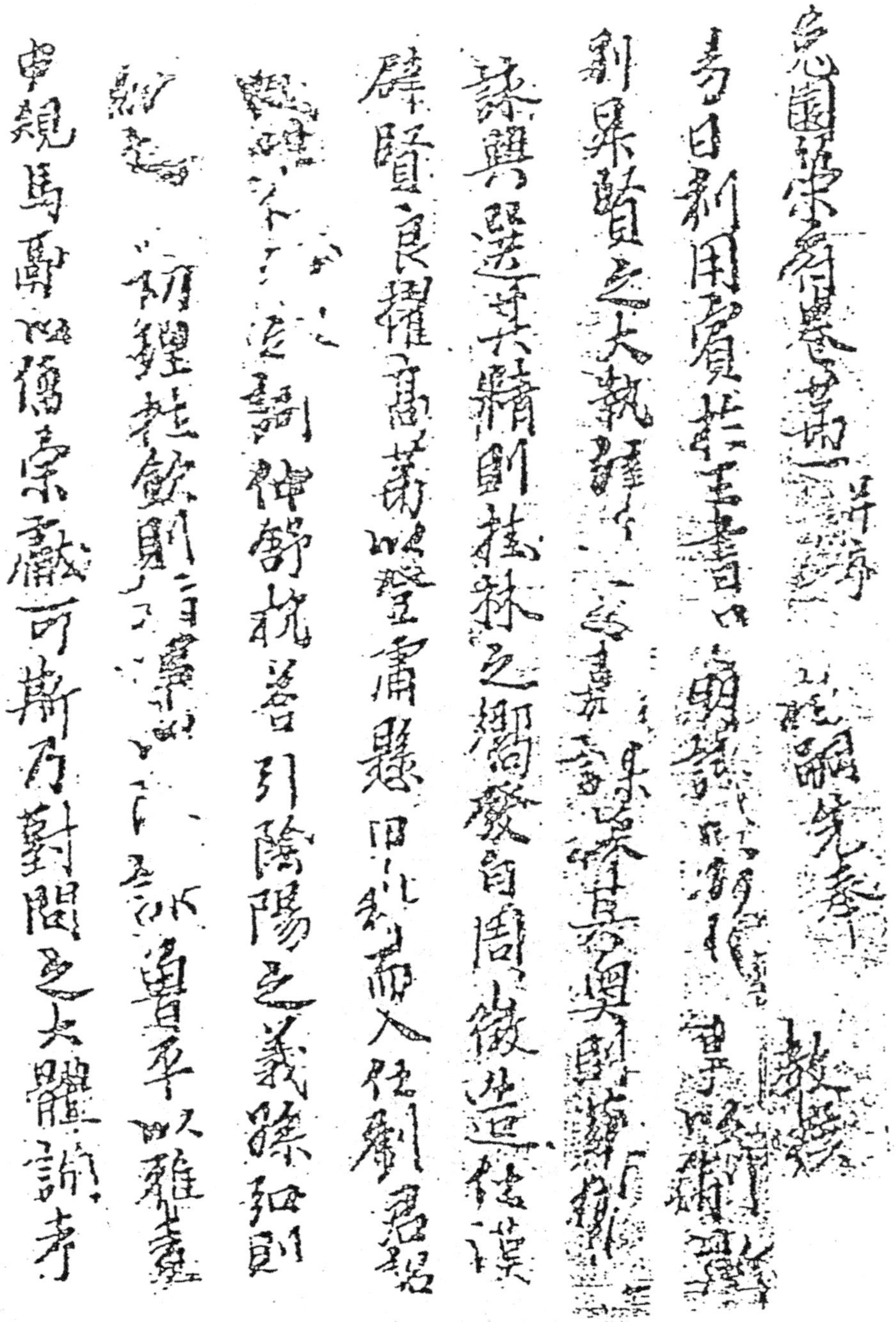

伯二五七三暨斯一七二二卷敦煌《兔園策府》綴合本

圖八　王靜安先生紀念碑及昆明湖位置圖

北平清華園海寧王靜安先生紀念碑

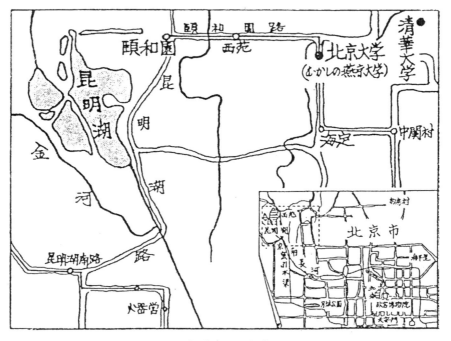

昆明湖位置圖

圖九　《兩周金石文韻讀》書影

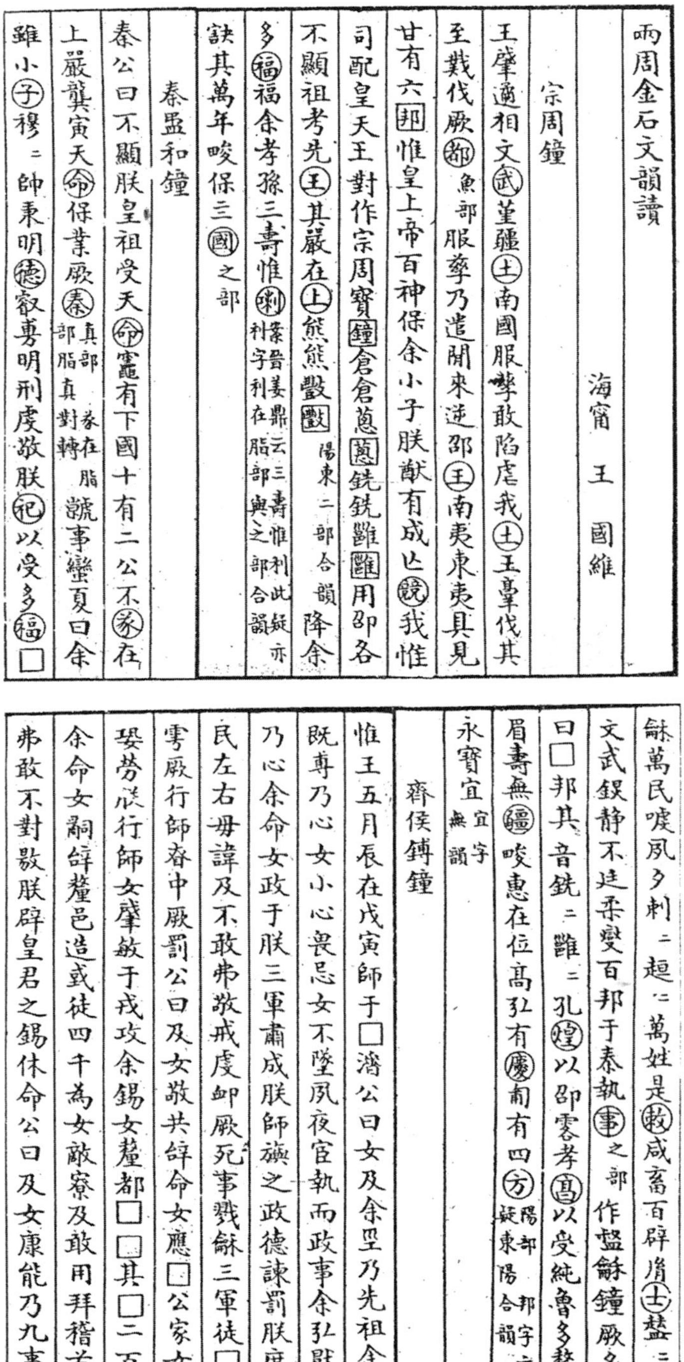

兩周金石文韻讀　　　　海寧　王國維

宗周鐘

王肇遹相文武堇疆土南國服擘敢陷虐我土王隼伐其
至戴伐厥都魚部服擘乃遣閒來逆邵王南夷東夷其見
甘有六邦惟皇上帝百神保余小子朕猷有成亡競我惟
不顯祖考先王其嚴在上熊熊斁斁　陽東二部合韻降余
司配皇天王對作宗周寶鐘倉倉蔥蔥銑銑雝雝用邵各
多福福余孝孫三壽惟利桒字利在脂部與之部合韻亦疑
訣其萬年峻保三國之部

秦盟和鐘

秦公曰不顯朕皇祖受天命竈有下國十有二公不豕在
上嚴龔寅天命保業厥秦真部脂真對轉虢事蠻夏曰余
雖小子穆二帥秉明德叡尃明刑虔敬朕祀以受多福□

齊侯鎛鐘

永寶宜宜字無韻

眉壽無疆唆惠在位高弘有慶葡有四方陽部邦字亦疑東陽合韻
曰□邦其音銑二雖三孔煌以卲嘼孝高以受純魯多釐厥
文武銀靜不廷柔變百邦于秦執軎之部作盟餘鐘餘名
餘萬民嗥夙夕刺二趯□萬姓是斁咸畜百辟胥土蠚三

惟王五月辰在戊寅師于□潛公曰女及余坚乃先祖
既尃乃心女小心畏忌女不墜夙夜宦執而政事余弘厭
乃心余命女政于朕三軍肅成朕師旟之政德諫罰朕庶
民左右毋諱及不敢弗敬戒虔卹死事戁餘三軍徒□
雪厥行師春中厥罰公曰及女應□公家女
婺勞朕行師女擘敏于戎攻余錫女釐都□其□二百
余命女嗣辝釐邑造戟四千為女敵寮及敢用拜稽首
弗敢不對敭朕辟皇君之錫休命公曰及女康能乃九事

□敲賓余用登屯厚乃命女及母曰余小子女勇余于

誤卿虔卿不易左右余一人余命女戚正卿為大事□

命于外內之事中專嗣刑女以專戒公家應卿余于盟卿

女以卿余朕身余錫女車馬戎兵釐僕三百又五十家女

以戒戍作及用或敢再拜頴首應受君公之錫光余弗敢

廢乃命□伐頴同□□□此字宜有韻□□散厥靈師伊小

臣惟輔咸有九州虘禹之堵不顯穆公之

所專輔天命□□□□同者疑摹刻之誤作□□□

妣而鹹公之女雪生叔及是辟於齊侯之所是小心冀遹

靈力若虎董其政事有共于公□□□异吉金玄錫錯鋁

用作鑄其寶鑄魚部用萬于其皇祖皇妣皇考用旂

眉壽靈命難老幽部不顯皇祖其作福元孫其萬福屯

餘協而九事俾若鐘固外內□辟二□磬三魚部造而朋

剝母或丞頼此虞無韻疑有馮焉女考壽萬年兼保其身真部俾百

斯男而凱斯字肅二義政齊侯左右母疾母巳之部至于

葉曰武靈成子孫兼保用萬無韻

齊子仲姜鎛

惟王五月初吉丁亥齊辟鼏叔之孫遬仲之子□作子仲

姜寶鎛用鼏侯氏永命萬年保其身真部用萬用考于

皇祖聖叔皇妣聖姜于皇祖有成惠叔皇妣有成惠姜皇

考遅仲皇母□保鼏兄弟脂部用萬用求□命彌

生肅二義政保鼏子姓耕部鼏叔有成勞于齊邦侯氏錫

之邑二百九十有九邑與□之民人都鄙侯氏從告之曰

葉萬至于辥孫子勿或定□辟子□曰余彌心畏忌余四

事是□余為大攻□大□大都大寧是□之部可使子孫

永保用萬

許子鐘

惟正月初吉丁亥郙子鹽師异其吉金自作鈴鐘中□虘

（揚）元鳴孔煌（陽部）穆二　龢鐘用宴以（喜）用樂嘉賓大夫及

我朋（友）戕二趄（士）萬年無（疆）眉壽無已子二孫二永保鼓

（之）之部

邾公牼鐘

（夫）魚部以喜諸（士）至于萬年分器是（寺）之部

邾公華鐘

作龢鐘曰余畢龏威（忌）鑄辝龢鐘二（鐊）以樂其身以匽大

惟王正月初吉辰在乙亥邾公牼畢罴其吉金玄鏐盧（鋁）自

龢鐘以作其皇祖皇考曰余畢龏威（忌）穆穆不墜于厥身

惟王正月初吉乙亥邾公華畢其吉金玄鏐赤鏽用鑄厥

鑄其舊（哉）之部公眉（壽）邾邦是（保）幽部其萬年無（疆）子

元器其舊（哉）之部公眉（壽）邾邦是（保）幽部其萬年無（疆）子

二孫二永保用（享）陽部

傅兒鐘

惟正九月初吉丁亥曾孫傅兒余迭斯于之孫余鈱俗之

元子曰於虖敬哉余義楚之良臣而□之字（父）余□兒

畋吉金鑄（鋁）以鑄龢鐘以追孝先（祖）樂我父兄飲食訶（舞）

孫二用之後民是（語）魚部

沇兒鐘

鐘中□盧（易）元鳴孔煌陽部孔嘉元（成）以匽以喜以樂嘉賓及我

惟正月初吉丁亥徐王庚之淑子沇兒畢其吉金自作龢

（姓）耕部怒于威儀惠于盟祀（歔）以匽以喜以樂嘉賓及我

父兄庶（士）皇。淲（二）眉壽無（期）子二孫二永保鼓（之）之部

王孫遺諸鐘

惟正月初吉丁亥王孫遺諸畢其吉金自作龢鐘中□盧

元鳴孔皇陽部用（享）以孝于我皇祖文（考）用靳眉（壽）幽

（揚）部余（龏）龏畏忌（二）肅哲聖武惠于政（德）怒于威儀

部□不（敏）闌二龢鐘用匽以喜用樂嘉賓父兄及我朋（友）

誨□

余慈□心延□余德蘇弘民人余尃揚于國鉄⟨二⟩趑⟨三⟩萬

子璋鐘

年無訊葉萬孫子永保鼓⟨之⟩之部

惟正月初吉丁亥羣孫斯子⟨二⟩璋羇其吉金自作龢鐘

用匽以壴用樂父兄諸士其眉壽無期⟨三⟩子⟨二⟩孫⟨二⟩永保鼓之部

⟨之⟩之部
邵鐘

惟王正月初吉丁亥⟨部⟩曰余翼公之孫邵伯之子⟨之部⟩

余頡□事君余畧孔武作為余鐘玄鏐鋁大鐘八肆其

寵遣余四堵喬⟨二⟩其龍旣旃鐵□有虞富大鐘旣蘇玉鑒

鼉鼓魚余不敢為喬我以髙孝樂我先祖以祈眉壽子⟨幽部⟩

二孫⟨二⟩永以為寶⟨幽部⟩

右鐘十二

毛公旅鼎

毛公鞏鼎亦惟敢我用觀厚粟我用啓友⟨二⟩敏其用⟨啓上為朋友案⟩之部

孝友之友下昬為亦弘惟孝肆母有弗饙是以壽考⟨幽部⟩

中師父鼎

中師父作季妏如寶尊鼎其用髙用孝于皇祖帝孝用錫

眉壽無疆其子孫萬年永寶⟨幽部⟩用⟨圖陽部⟩

叔夜鼎

叔夜鑄其饙鼎以征以行用饙用媄用靳眉壽無疆⟨陽部⟩

簠鼎

惟正月初吉辛亥鄰□之孫簠大事神作其造鼎十用征

以遷以御賓客子孫是若⟨魚部⟩

右鼎四

陳公子甗

惟九月初吉丁亥㻞公子□叔原父作旅獻用征用行用

□福（梁）用斯眉壽萬年無（疆）子□孫□是（尚）陽部

右甗一

剌公敦

白梳盧肈作皇考剌公尊敦用（昌）用（孝）萬年眉壽畯在位

子□孫□永（寶）幽部

豐伯車父敦

豐伯車父作尊敦用斯眉壽萬年無（疆）子孫是（尚）子孫之

寶用（孝）（昌）陽部

陳逆敦

□月丁亥陳氏裔孫逆作為□祖大宗敦以卲義命眉（壽）

子孫是（保）幽部

陳侯午敦

惟十有三年陳侯午以羣諸侯獻金作皇妣孝大妃祭器

鑄鐈以蒸以（嘗）保有齊邦永（世）萬

句用韻曰以蒸以（嘗）保有齊邦（世）萬 陽部邦字東陽合韻陳侯

子孫永為典尚永以邦與嘗尚韻 因齊敦末四

右敦四

曾伯霥簠

惟王九月初吉庚午曾伯霥恁聖元武元武孔□此字不可識宜

克狄淮夷印燮繁（湯）金道錫（行）具既卑（方）陽部余為吉

韻 魚部

其金黃（鐈）余用自作旅簠魚部以征以（行）用盛（梁）用（孝）

用（昌）于我皇祖文考天賜之福曾伯霥逍不黃耇萬年眉

壽無（疆）子孫□永寶之（昌）陽部

担仲簠

担仲作寶（医）彝之金□（鑊）魚部其□其玄其黃用盛

□稻糕（梁）陽部用鄉大（正）歆王（賓）耕真合韻（饌）具召（飲）担

求

仲受無疆（福）之部諸友飲具（飽）𦤼仲爯（壽）幽部

鄭大司工簠

鄭伯大司工召叔山父作旅簠用（高）用（匋）眉（壽）子二

孫二用為永（寶）幽部

邾大宰簠

叔家父簠

（韻）

眉壽以（鎭）萬年無（期）子二孫二永寶用（之）之部（惠）字在（脂）部與之部合韻

惟正月初吉邾大宰欉子割鑄其饋匿曰余□冀孔（惠）其

叔家父作仲姬（匡）用盛（稻）（粱）用速先嗣諸兄用鬵眉考無

叔邦父簠

（哲）德不（凶）孫子之（光）陽部

叔邦父作簠用征用（行）用從君（玉）子二孫二其萬年無（疆）

陽部

史兒簠

史兒作旅（匡）從王征（行）用盛（稻）（粱）其子二孫二永寶用（高）

陽部

右簠七

遲簠

（衛）作姜凄簠用（高）孝于姑（公）用鬵眉壽屯魯子二孫二永

（寶）用束部

右簠一

夨季良父壺

夨季良父作姣姒尊壺用盛旨酒用（高）孝于兄弟昏冓諸

召仲考父壺

（老）用鬵（匋）眉（壽）其萬年需終難（老）子二孫二是永（寶）幽部

惟六月初吉丁亥召仲考父自作壺用祀用（鄉）多福滂（三）

用鬵眉壽萬年無（疆）子二孫二永保是（尚）陽部

右壺二

虢季子白盤

惟十有二年正月初吉丁亥虢季子白作寶盤不顯子

白庸武于戎工經緯四方搏伐嚴狁于洛之陽折首五百

執訊五十是以先行趄二子白獻馘于王二孔嘉子白義

王格周廟宣榭爰鄉王曰伯父孔顯有光王錫乘馬是用

左王錫用弓彤矢其央錫用戉用政蠻方子二孫二萬年

無疆陽部

齊侯盤

齊侯作滕寶□孟姜盤盤用靳眉壽萬年無疆定二癸二

男女無期子孫永保用之之部

歸父盤

惟王八月丁亥齊大宰歸父□為□頷盤以靳眉壽靈命

難龙幽部

右盤三

其公匜

其公作為子叔姜盥匜其眉壽萬年永保其身真部定二

郎二受福無蕃子孫永保用之之部

□叔作朕子孟姜盥匜其眉壽萬年永保其身真部沱

孟姜匜

熙二男女無蕃子二孫二永保用之之部

右匜二

喪史鉼

喪史寶自作鈺用征用行用靳眉壽萬年無疆子二孫二

永寶是尚陽部

右不知名器一　　凡金識共三十有七

石鼓文

甲鼓

遒車既工⊙ 避馬既⊙ 東部 避車既好 避馬既⊙ 君子員遒

員遒⊙ 遊慶鹿遫二 君子之⊙ 幽部□二 角弓二 茲以寺

其遊員⊙ 時其來趍二 □⊙ 即⊙ 時⊙ 之部慶鹿遫二

其來大□ 我敺其⊙ 其來遺二 射其殉⊙ 侯之部速當以上 速之速當以

乙鼓

作速速字正與橫遺陽為韻　遹以來聲當在支部

汧殹沔二 烝彼淖淵 真部 鰋鯉⊙ 之君子⊙ 之魚部

小魚其遊二 帛魚⊙二 其盩氐鮮 黃帛其⊙ 又鱒又⊙

元部其胡孔⊙ 鹽之羹二 ⊙二 ⊙魚部其魚佳可鱸

佳⊙可以橐之佳楊及⊙部與之部合韻 柳字在幽

丙鼓

□二□

田車孔⊙ 安鑾勒 □二 □既⊙ 左驂旛二 右驂騧二 我以

丁鼓

陸子原 元部 避戎止陝宮車 其寫秀弓持射麋豕孔庶慶

鹿雉⊙魚部 其⊙ 又旞其 □鑾二 真文合韻大□出各丞

吳⊙ 執而刅 射魚部多庶遬二 君子迺⊙ 宵部

䜌車⊙ 欶上目□ 弓孔碩彤矢□二 四馬其寫六轡

徒駿⊙ 宣⊙ 搏魚部省車飙衍 徒如車原遷

陰陽陽部趯二 如⊙ 馬射之絆二 此字不可 虎獸鹿多

賢連禽 凡⊙ 之部

戊鼓

□二□二□二□

雲雨□ 流迺湧二 盈湒□ 君子即涉二 馬□流

幽部 汧殹泊二 □篝二 □二□ 舫舟西 運脂部□ 自廊徒駿

□二 佳舟以行 或陰或陽極深以 □陽部□ 水一方陽部□

止 其奔其敔□二 其車之部□

己鼓

猷作原作
□□
□□
導延我嗣
□□
□
□□
除帥彼

阪
□
畁為世里
□□
微徵二
迴□□
□□

棫其
□□ □
檝栯晢二
鳴
□
丞箸其華
橐柞

為所斿駐
□□
埶導二日軗
□
五日棄此鼓殘缺
不能得其韻

可知為韻者憒
里吾楷三字耳

庚鼓

□□
□
□
而
弓小大孔庶
□□
□
□
左
□
□
涵

二
□□
是戜
□
不具
□□
具肵來
□
其寫小大具

□□
□
天子
□
嗣王
□
古我來
□
棄此鼓無
韻可讀

辛鼓
可讀無韻

壬鼓

避水既〔静〕
□
導既〔平〕耕部避
□
既〔止〕嘉敊則里 之部 天子

永〔宮〕日佳丙〔申〕耕真合韻 昱 口 □〔遊〕其叀〔導〕幽部 □馬

及 緝部

既連鼓 □康二 駒弄
□□
母不 □□
轍霸
□□
公謂大 □余及如
□□ 害不余

左驂
□□
騼二駁

癸鼓

吳人慮 □夕敬 □覿西覿北勿 □勿〔伐〕磬部 而

獸用
□□
大祝曾章
□
誅寫逢
求

中圜孔
□鹿
避其
驫二大
□□
周讀

又
□□
□□
□□
□□
〔是〕之部